GRANDES PERSONAJES
Inventos e ideas que cambiaron el mundo

Enrique Balaguer Pérez

LIBSA

Para aquell@s que saben que el futuro no importa y
que la vida hay que vivirla ahora, porque mañana es tarde
y todo será igual. Un saludo especial a todos los que confían
en mí y me han mostrado su apoyo;
y a la Barcelona excéntrica y recalcitrante.

© 2008, Editorial LIBSA
C/ San Rafael, 4
28108 Alcobendas. Madrid
Tel. (34) 91 657 25 80
Fax (34) 91 657 25 83
e-mail: libsa@libsa.es
www.libsa.es

COLABORACIÓN EN TEXTOS: Enrique Balaguer Pérez
EDICIÓN: Equipo editorial Libsa
DISEÑO DE CUBIERTA: Equipo de diseño Libsa
MAQUETACIÓN: Diseño y Control Gráfico
ILUSTRACIONES: archivo Libsa

ISBN: 978-84-662-1720-0

CONTENIDO

INTRODUCCIÓN

En el presente trabajo se han incluido 100 personajes, a lo largo de toda la historia de la humanidad (número arbitrario, que podría aumentarse incluso a 1.000 o reducirse a 50), que por alguna acción, reflexión, idea o con la concatenación de varias hayan provocado directamente un cambio drástico en la historia, o en su defecto hayan sentado las bases para que otros hayan podido realizar ese cambio.

No se trata, por tanto, de presentar una lista de los más famosos personajes, pues la fama puede llevar a engaño: ha habido personajes muy famosos que nada han cambiado en cuanto a las macroestructuras o al devenir de la historia se refiere, lo que no es excluyente para que hayan producido cambios importantes en sus respectivos campos de actuación (han provocado cambios «coyunturales», no «estructurales», siendo estos últimos, o en su defecto una serie muy larga e intensa de los primeros, difícilmente realizables por una sola persona, los que cambian la historia); por otra parte, ha habido auténticos «desconocidos», aparentemente, que con sus actos han cambiado la historia. Por ejemplo, el escandinavo Rurik, que fundó Rusia, país que se ha revelado decisivo en la historia de la humanidad; Milton Friedman, el precursor del neoliberalismo; Serguei Necháev, «inventor» del terrorismo tal y como se le conoce hoy en día; o, en sus respectivas épocas Monroe o Kissinger, que sentaron las bases de la política exterior norteamericana heredada por los actuales presidentes de Estados Unidos.

Este trabajo prioriza a ciertos personajes por sus hechos, independientemente de la fama o repercusión mediática (e incluso independientemente de si tuvieron trascendencia en el mismo momento de ser acometidos), no por lo conocidos o desconocidos que sean entre el gran público. Lógicamente la mayoría de los personajes biografiados son conocidos e incluso famosos para el gran público (no podían faltar Cristóbal Colón, Buda o Lenin, por ejemplo) ya que sus hechos repercutieron de manera inminentemente crucial en la historia; pero, no obstante, hay otros personajes «menores» sin cuyos actos los insignes personajes históricos nada hubieran cambiado (por ejemplo, por mucho que predicara Jesucristo, el cristianismo no hubiera sido posible sin Pablo de Tarso) o incluso personajes que lo cambiaron todo en su época y por diferentes motivos (eurocentrismo, motivaciones ideológicas,...) han sido condenados al ostracismo (como por ejemplo Max Stirner o Shaka Zulú, el primero el gran teórico del individualismo, el segundo el artífice del comienzo del desmoronamiento del imperio británico).

Más difícil es aun adentrarnos en el concepto de lo que se llama historia y aseverar que algo en concreto la cambie. Enormes debates historiográficos, filosóficos e incluso religiosos se han celebrado en torno a este hecho. Sin ir más lejos, el asunto de la predestinación creó un cisma en la Iglesia católica, que aun hoy día sigue vigente, y que daría lugar al protestantismo, el cual afirmaba que sólo los elegidos, los predeterminados por su fe, alcanzarían la salvación de Dios, y que las obras (como afirmaba la Iglesia Católica Románica y Apostólica) no eran suficientes por sí mismas. Si la historia esta predeterminada o no, es otro debate arduo y difícil, amén de subjetivo: quizá lo que para unas personas puede cambiar la historia, para otras no es más que un acto relativamente importante, y viceversa. Difícil, muy difícil es delimitar una concisa lista de 100 personajes que hayan cambiado la historia. Todas las personas, en mayor o menor medida podemos cambiar la historia con nuestras acciones, muchas veces sin darnos cuenta. Un acto aparentemente aislado, y tal vez inocuo en el momento en el que se realiza, puede 20 años después, por ejemplo, haberlo cambiado todo. Es muy difícil distinguir pues esos actos, de otros, tal vez de suma importancia, pero que quizás no son tan decisivos pues no tienen tanto valor sin otros actos precedentes. Es decir, es muy complicado diferenciar el acto trascendental que lo cambia todo del acto importante pero más bien continuista, que cambia algo por el momento en el cual se hace, pero que no es trascendental por el simple hecho de que, tarde o temprano, teniendo el acto decisivo como referencia, otro individuo podría realizarlo.

Nuestro objetivo en esta obra es abarcar la complejidad de esa misma historia a través de los actos de los personajes que más activamente la han conformado, y en esa línea, de una manera clara y sencilla, la debe percibir y entender el lector.

EDAD ANTIGUA

1. Hammurabi • 2. Zaratustra • 3. Lao Tse •
4. Pitágoras • 5. Buda • 6. Confucio • 7. Pericles •
8. Heródoto • 9. Hipócrates de Cos • 10. Sócrates •
11. Antístenes • 12. Platón • 13. Alejandro Magno •
14. Sun Tzu • 15. Espartaco • 16. Julio César • 17. Cristo •
18. Pablo de Tarso • 19. Nerón • 20. Arrio • 21. Constantino

1

HAMMURABI

LA PRIMERA LEY ESCRITA

¿QUIÉN FUE?

Hammurabi (1792-1750 a.C.), rey del pueblo amorreo, a la edad de 30 años sucedió a su padre en el trono de Babilonia. Con una gran formación política y militar, emprendió una campaña de conquistas por la cual forjó un imperio en la región de Mesopotamia (Oriente Medio), uno de los primeros de la historia y el primero en importancia historiográfica, cuya capital y sede fue la mítica Babilonia.

EL CÓDIGO DE HAMMURABI

Hammurabi fue el primer legislador conocido que estableció un código legal escrito. Éste constaba de una serie de tablillas de arcilla en las cuales estaban reflejadas las leyes del Imperio babilónico. Este código, que lleva el nombre del emperador, fue más conocido por el código del «Ojo por ojo, diente por diente», y pasó a la historia como el primer cuerpo legislativo. A partir de él se elaboró toda la legislación posterior en la historia humana, independientemente de su contenido.

En el código que lleva su nombre no se distingue entre derecho civil y penal, es decir, se dan leyes que regulan los asuntos de la vida cotidiana y leyes que castigan los delitos. Se regulan el comercio, el trabajo asalariado, los préstamos, los alquileres, las herencias, los divorcios, la propiedad, las penas por delitos de robo, asesinato, etc. La mayoría de las penas que aparecen en el código son pecuniarias (multas), aunque también existe pena de mutilación e incluso pena de muerte. En algunos casos la ley opta por aplicar talión, es decir, hacer al agresor lo mismo que él hizo a su víctima, siempre que ambos sean de la misma categoría.

En el código de Hammurabi aparecen tres categorías de hombres: los libres, los esclavos y una categoría intermedia llamada *muskenu*, que se correspondería con la categoría de siervos (hombres libres pero sujetos al trabajo para un noble).

OBRA

Hammurabi contribuyó de manera decisiva al florecimiento de Babilonia, dotándola de infraestructuras, impulsando su comercio y convirtiéndola en la mayor metrópoli de la región en aquella época. Construyó grandes obras de irrigación, instaló jardines públicos, implantó escuelas y realizó una intensa labor por atraer a los mejores artistas, intelectuales, escribas y eruditos a la ciudad, en un intento por convertirla en la joya de uno de los grandes imperios de la historia. Muy cerca estuvo Hammurabi de lograrlo, pues consiguió sus objetivos, pero su imperio, uno de los primeros de la humanidad, sería superado por civilizaciones posteriores, tanto en extensión, como en esplendor y gloria.

Hammurabi sentó las bases de su Imperio, recomponiéndolo social y económicamente, dotándolo de una nueva estructura de castas en la que destacaba la figura del escriba o funcionario (además de campesinos, artesanos, sacerdotes, guerreros y, gracias a sus reformas, también mercaderes de distinta

LA NOVEDAD de Hammurabi fue recoger las leyes por escrito para que todo el mundo pudiera conocerlas. De esta forma se evitaban las arbitrariedades en su cumplimiento. Este hecho supuso un espectacular avance para la época.

posición social, según su fortuna). Posteriormente se lanzó a una nueva campaña bélica, logrando conquistar el reino asirio y Uruk y creando una potencia que extendió sus fronteras desde el Mediterráneo hasta el actual Kurdistán. En dicho imperio el monarca unificó la lengua, la religión y las leyes, codificando todo ello para un mejor y eficaz funcionamiento, algo único y totalmente novedoso hasta el momento, además de dotarse de un inmenso cuerpo de escribas y funcionarios para tal tarea.

Estos últimos adquirieron gran poder y prestigio social, pues eran fundamentales para la codificación de las leyes y para la formación de los jueces que impartían justicia. Por lo tanto, todo el derecho babilónico se basaba ahora en la escritura, en lugar de la tradición oral, lo que llevaba aparejado importantes cambios y reestructuraciones que Hammurabi supo introducir eficazmente en su imperio.

Tal fue su poder, que el monarca babilónico, de origen amorreo, llegó a autoproclamarse rey de sumerios, acadios, babilonios, amorreos, hurritas y asirios.

2

ZARATUSTRA

EL NACIMIENTO DEL MONOTEÍSMO

¿QUIÉN FUE?

Zarathustra (o Zoroastro en griego), nombre que significa «dueño de camellos», fue un líder religioso que llevó a cabo la creación de la primera religión revelada de la humanidad.

Zaratustra (trascripción castellana del original avéstico Zarathustra) era un sacerdote iraní que vivió aproximadamente entre el 1300 y 1251 a.C. y reformó una religión indo-irania, de carácter védico (antiquísima religión que dio lugar al hinduismo), conocida como mazdeísmo; así nació el neomazdeísmo o zoroastrismo. El nombre de mazdeísmo procedería del nombre de la deidad, Ahura Mazda (llamado Ormuz en árabe), que como es habitual en todas las religiones monoteístas, estaba contrapuesta a un ente maligno, que recibe el nombre de Ahrimán.

LA PRIMERA RELIGIÓN REVELADA

Lo excepcional del caso, que no hubiera pasado de ser una mera e insignificante reforma religiosa más, fue el hecho de que hasta el momento las religiones humanas no eran reveladas; es decir, en un sentido teológico los diversos dioses no se mostraban en persona a un profeta para que éste predicara sus designios, sino que simplemente se manifestaban de múltiples formas, y luego los religiosos interpretaban sus hipotéticos designios. Este hecho fue clave para la constitución de la religión tal y como hoy se la conoce.

Pero esta reforma presenta otro hecho de vital importancia, como fue el paso al monoteísmo.

En efecto la reforma que llevó a cabo Zaratustra suponía de hecho (aunque por el momento no de derecho) el paso por primera vez en la historia a la veneración y reconocimiento de un único Dios, que además revelaba sus designios a un profeta.

Zaratustra expuso sus enseñanzas como las propias de un profeta innovador que desarrolla la antigua religión iránica del mazdeísmo, de la que era sa-

ZARATUSTRA INICIÓ el paso del misticismo a la religión propiamente dicha e incluso a la prédica. Este tipo de credo se extendió de las regiones indo-iranias a Mesopotamia, donde fue adoptado por numerosos pueblos, entre ellos los judíos, que se basaron en el mazdeísmo para elaborar la doctrina de Yahvé. La diferencia con otras creencias radica en la forma de llamar a su dios, no en sus atribuciones.

cerdote. Su doctrina se centra en las cuestiones relativas a la naturaleza espiritual y moral del hombre, y trata de explicar la condición humana, así como el encuentro entre el bien y el mal.

El zoroastrismo o neo-mazdeísmo enseña en realidad un monoteísmo que trata de resolver el problema del mal y afirma la libertad de elección moral en el hombre.

Vida y obra

La vida de Zaratustra es complicada de narrar, debido a la escasez de fuentes y a la confusión que genera el hecho de que su nombre era muy común entre indo-iranios y persas; hay datados al menos cuatro sabios y religiosos con ese nombre, uno de los cuales fue un sacerdote bactriano (Persia, actual Irak) que vivió hacia el 660 a.C. y al que a menudo se le confunde con el fundador del neomazdeísmo.

Lo poco que se sabe de la vida de Zaratustra fue la tenaz oposición que sostuvo respecto a las religiones politeístas, aunque en vida tuvo un relativo escaso éxito en su prédica.

Pero a su muerte el mazdeísmo reformado (o neomazdeísmo), la modificada antigua religión avéstica, se extendió por toda Persia y pervivió hasta la Edad Media, en la que desapareció prácticamente por la conquista islámica, la cual sustituyó el ancestral culto por el credo musulmán.

Influencias

Las bases sentadas por el mazdeísmo y la polarización total del bien y del mal ejercieron una influencia importante en el judaísmo y, a través de él, en todas las religiones judeocristianas (judaísmo, cristianismo), y en el islamismo, así como, anteriormente a la aparición de éstas, en otras importantes religiones de la zona, e incluso, de Oriente Medio, como la sumeria y la acadia, que, a su vez, extenderían su influencia religiosa por el levante mediterráneo (Palestina, Fenicia, entre otros).

3

LAO TSE

LAS BASES DE LA FILOSOFÍA CHINA: EL TAOÍSMO

¿QUIÉN FUE?

Lao Tse, también llamado Lao Zi, Lao Tzu o Lao Tsi, cuyo significado es «Maestro Venerable», es el filósofo más relevante de la civilización china (teniendo en cuenta que sólo la enseñanza de Buda compitió con él en populáridad y grandeza, pero con la salvedad de que aquél era indio y no chino). Vivió en el siglo VI a.C., aunque actualmente hay iniciada una revisión de su figura histórica que lo sitúa en el siglo IV a.C., en la época conocida como de las Cien Escuelas de Pensamiento, el periodo más floreciente económica e intelectualmente de la historia de la China antigua.

Contemporáneo de Confucio, su filosofía llegó a convertirse en toda una escuela religiosa y de pensamiento llamada taoísmo, nombre derivado de la obra cumbre de Lao Tse, *Tao te ching* (o *Dao de jing*, según el modelo de trascripción de los múltiples que hay utilizados, y según se diga en chino cantonés o mandarín), o *Libro de la verdad* (Tao o Dao significa vía o camino –de donde sale el «Do» japonés– y Jing o Ching se traduce como verdad).

EL TAOÍSMO

Lao Tse era un modesto funcionario de la dinastía Zhou que, habiendo acudido a una pequeña aldea en Henan para realizar una pequeña misión imperial, quedó fascinado ante la maravillosa sencillez de la vida en el poblado y la afabilidad de sus anfitriones y decidió escribir un libro sobre la vida. Ese libro se llamó *Tao te ching* y se inspiró en la sencilla vida campestre y las conversaciones con sus habitantes.

En el *Tao te ching* Lao Tse propone un camino de salvación muy distinto al de Confucio. Su doctrina se acerca al hinduismo porque dice que lo importante es alejarse de todo lo sensorial y caminar hacia lo puro, el Tao. El Tao es el origen del cielo y la tierra, de quienes surgen todas las cosas, es quien regula el Yang-Yin. Es el modelo de comportamiento de todos los hombres y el principio de toda actividad justa en lo político y lo social. Para imitar al Tao hay que tener paciencia, ser sencillos y sin pretensiones. Hay que llegar a no hacer nada para poder hacerlo todo. Hay que evitar las tensiones, se desea llegar a una quietud mística.

Las tres virtudes fundamentales del taoísmo son la paz, la tranquilidad y el silencio. Su ideal es la naturaleza, la cual es un buen modelo para el hombre, pues ella, por ejemplo, no prolonga indefinidamente la tormenta o el huracán.

Esta metafísica de la no acción contribuyó a fomentar en el pueblo toda clase de supersticiones y magias, buscando ansiosamente el elixir de la vida.

El taoísmo, plasmado en el libro del *Tao te ching*, recoge la tradición del Yin y el Yang, conceptos presentes desde el inicio de la filosofía oriental de enorme influencia en China. Es un tratado místico que cubre muchas áreas de la filosofía, desde la espiritualidad individual hasta las técnicas de buen gobierno. En esta obra se enfatiza el camino, método a seguir para tratar de abarcar lo inconmensurable del universo y vivir en armonía con él. Asimismo, como en toda obra teleológica, se describe la misión humana (alcanzar

EL TAOÍSMO sentó las bases de la actual filosofía china. A partir de su nacimiento se derivan tanto la medicina tradicional china como las artes marciales modernas, además de suponer la quinta religión mayoritaria del mundo.

la verdad y la armonía) y la creación del universo, realización a través de la aparición del universo (Tao también significa camino en chino), del que surgen el cielo (Yang) y la tierra (Yin), y de la combinación de los tres, es decir, la vida. Esta teoría se recoge en la máxima taoísta que afirma que «del uno sale el dos, del dos el tres, y del tres salen diez mil. Lao Tse destaca el concepto de *wei-wu-wei*, «acción a través de la inacción», que lejos de significar «permanecer inmóvil sin hacer nada», expresa «evitar las intenciones explícitas y la voluntad». Los fines pretendidos se alcanzan observando el comportamiento de la naturaleza, su armonía, y respetando las formas en que las cosas espontáneamente crecen y decrecen; así, las acciones realizadas en comunión con el Tao son más fluidas, menos costosas y más productivas que aquellas que intentan someterlo.

Siguiendo esta máxima, y como se desprende del resto del libro, Lao Tse era contrario a ejercer la violencia (salvo en casos extremos), que siempre debía ser evitada, ya que no veía la necesidad de utilizar la fuerza contra otros seres vivos.

4

PITÁGORAS

EL CREADOR DE LAS MATEMÁTICAS

¿QUIÉN FUE?

Pitágoras (582-507 a.C.) fue músico, matemático, físico y filósofo griego, inventor de las matemáticas, en tanto que ciencia, tal y como las conocemos en la actualidad. Nacido en la isla griega de Samos, Pitágoras pronto mostró una inquietud viajera que se plasmó en sus múltiples recorridos por Asia Menor, Mesopotamia y Egipto, donde, según cuenta el cronista Diógenes Laercio, le enseñaron matemáticas y física. Durante estos viajes estudió y aprendió con grandes maestros de la época.

Al regresar de sus viajes fundó una escuela en Samos, de carácter esotérico, que se dedicó a la enseñanza de las matemáticas pitagóricas, llamadas así en honor a su fundador.

La labor más importante de esta escuela fue la elaboración del teorema de Pitágoras, que, contrariamente a lo que se podría pensar, no fue elaborado por nuestro ínclito matemático de Samos, sino que fue obra de uno de sus discípulos (Hipaso de Metoponto) sobre la base de las enseñanzas de Pitágoras. Dicho discípulo bautizó el teorema con el nombre de su maestro para honrar su memoria.

Obra

La escuela de pensamiento pitagórica postulaba que el universo era esencialmente aritmético y geométrico. Con la extensión de dicha filosofía y su progresiva aceptación por parte de los sabios contemporáneos y posteriores, las matemáticas se convirtieron en la disciplina central de la ciencia y un conocimiento esencial para comprender el mundo.

La labor de Pitágoras cambió la historia de la humanidad, no sólo porque desarrolló una nueva filosofía, ni tan siquiera por el trascendental hecho de que creó las matemáticas, tal y como hoy en día se las conoce, sino porque consiguió introducir un paradigma que, al transcurrir de los siglos, devino axiomático. Es decir, inventó un modo de ver el mundo y de analizarlo, sobre

PITÁGORAS SOSTENÍA que el universo era armonía, y que ésta se podía medir matemáticamente. La música era la mayor expresión de la armonía y por tanto del universo y para perfeccionarla (encontrando así la máxima armonía del alma con el universo, representado por la música), el agudo matemático inventó la trascripción de las notas musicales. Pitágoras inventó las matemáticas y la música al mismo tiempo y cambió por completo el mundo.

el cual se han ido construyendo los sucesivos enfoques que la ciencia en su evolución ha ido exponiendo.

Entre otros logros, Pitágoras pasa por ser el introductor de pesos y medidas, el padre de la física (sentó las bases que después Arquímedes desarrolló), el primer elaborador de la teoría musical (a la que dio un giro radical y también trascendental al convertir las notas en números y diagramas matemáticos, midiendo la altura, la escala, la secuencia,… e inventando, de manera primitiva, el solfeo), el primero en hablar de «teoría» y de «filósofos», en postular el vacío y en considerar que el universo era una obra sólo descifrable a través de las matemáticas.

Los pitagóricos tienen el honor de haber sido la primera escuela en afirmar que la Tierra era esférica y en postular que ésta, junto con el Sol y el resto de los planetas conocidos, no se encontraban en el centro del universo, sino que giraban entorno de una fuerza a la que dieron un signo que la simbolizaba: el número uno.

Como se ha dicho ya, la escuela de Pitágoras era eminentemente esotérica, y se encontraba enormemente influida por el orfismo (religión de Asia Menor que practicaba rituales iniciáticos) con quien compartía la idea de que el alma era una cárcel para el cuerpo (lo que encontraremos más tarde en Platón), además de sostener la creencia en la preexistencia, la inmortalidad y trasmigración de las almas.

Los pitagóricos fueron ante todo matemáticos y esto determina su explicación de la naturaleza.

La música

Además de matemático, Pitágoras era músico, y era músico porque era matemático. Es en el campo de la música donde el filósofo de Samos alcanzó sus mayores logros.

En la música es esencial la determinación numérica: las notas pueden formularse a partir de números, y es posible representar la escala con relaciones numéricas. Y la música es un modelo del funcionamiento del universo, ya que tanto el universo como la música son armonía. Los pitagóricos creyeron que todos los seres son formulables matemáticamente y supusieron que los principios de las matemáticas son también los principios de la naturaleza.

5

BUDA

La religión de Oriente

¿Quién fue?

Siddharta Gautama (560-480 a.C.), príncipe indio del clan de los sakyas, fundador del budismo. Todas las fuentes sobre su vida son posteriores a su tiempo, y además se da el caso de que, en su biografía, se mezclan distintas leyendas y tradiciones, lo que hace realmente difícil el conocimiento exacto de fechas y actos.

Llevó una vida más que cómoda en el palacio real paterno, en la frontera con Nepal, donde su padre era un rey local. Contrajo matrimonio y tuvo un hijo, pero, cansado de su condición de príncipe y muy afectado por los sufrimientos de sus semejantes, a los 29 años decidió abandonar el palacio paterno para encontrar la causa del dolor humano y una vía hacia la libertad. Fue entonces cuando se entregó al ascetismo más riguroso, del cual, sin embargo, no extrajo ningún conocimiento.

La conversión de Siddharta en Buda

Se dice que decidido a alcanzar el verdadero conocimiento (*dharma*), se quedó meditando sin moverse hasta lograrlo, y, una vez alcanzado, se dedicó a predicarlo por el mundo. Según él, el *dharma* estaba compuesto por las cuatro verdades, que era lo que Siddharta predicaba. Tuvo cinco discípulos, o cinco ascetas, que a su vez decidieron predicar también sus enseñanzas.

Siddharta abandonó su nombre y fue rebautizado por sus discípulos como Buda, dedicándose por completo al ascetismo y a la búsqueda del Nirvana, estado de armonía de la mente con el cuerpo y de éstos con el cosmos, alcanzable a través del *dharma* y de la meditación. Tras una vida de entrega a los demás, Buda falleció a los 80 años de disentería, con un gran bagaje de sabiduría, miles de seguidores (que posteriormente fundarían la religión mayoritaria de Oriente, el budismo) y absolutamente ninguna pertenencia material.

EL LEGADO DE BUDA

La doctrina revelada por Buda, que no dejó texto escrito alguno, estaba abierta a los miembros de todas las clases sociales, restaba importancia al papel de las divinidades y defendía que el ser está sometido al *samsara*, la rueda de los nacimientos y las muertes, en movimiento hasta que la acción (karma) no la detenga, entendiendo por karma el destino de un ser vivo condicionado por los actos realizados en sus anteriores vidas.

Buda postuló las cuatro verdades:

1. El mundo es sufrimiento.
2. El sufrimiento es causado por el deseo.

CUANDO EL SER HUMANO aplica las cuatro verdades, se consigue una existencia equilibrada. El objetivo final de la existencia es el nirvana, al cual se llega tras el agotamiento del karma y de la perenne cadena de las reencarnaciones, a través del *dharma*.

3. Para acabar con el sufrimiento hay que reprimir el deseo.
4. Para reprimir el deseo y alcanzar la salvación hay que seguir los ocho nobles principios (la comprensión recta, el pensamiento recto, la palabra recta, la acción recta, el medio de existencia recto, el esfuerzo recto, la atención recta y la concentración recta).

A la muerte de Buda, sus discípulos fundaron el budismo, el cual tiene tres periodos: el primero es, según sus discípulos, el periodo de enseñanza directa de Buda y se basa principalmente en su vida a través de los textos de sus discípulos; el segundo es conocido como el budismo mahayana, y es la época más esplendorosa de esta religión, donde más variedad de escuelas existieron, donde más riqueza de interpretaciones tuvo la doctrina y donde se escribieron las mejores obras (entre ellas el *Bagdavahgita* y la *Epopeya del Pándava*); el último periodo supone la institucionalización de la religión y la aparición de la iglesia budista jerarquizada con el surgimiento de la figura del Dalai Lama.

6

CONFUCIO

LA PRIMERA TEORÍA DEL ESTADO

¿QUIÉN FUE?

Confucio (551-479 a.C.), pensador chino, fue el creador de la doctrina político-filosófica conocida como confucionismo y creador de una de las cinco religiones más importantes del mundo. Fue la figura más influyente en la historia de China y el primer pensador de la historia humana en realizar una teoría filosófica sobre el Estado y las diversas formas de gobierno; esta teoría fue plasmada en la obra *Las maneras del buen gobierno*. De nombre Kong zi, ha pasado a la posteridad con el nombre latinizado que le dieron los jesuitas en la Edad Media al viajar a China con Marco Polo y conocer su obra. Gracias a los contactos que tuvo, su obra fue popularizada en Occidente, aunque sin apenas influencia religiosa, sino más bien como curiosidad literaria.

OBRA

Su pensamiento es un legado trasmitido a través de su obra más importante, las *Analectas,* elaboradas en forma de sentencias al calor de las conversaciones con sus discípulos. Suman más de 300 y son toda una serie de máximas sobre cómo alcanzar la virtud, la armonía social, el buen gobierno, la maestría política, las buenas costumbres, el autocontrol y saber manejarse en público. Todo un manual filosófico-político comparable en importancia y contenido con la primera obra moderna de teoría política: *El príncipe,* de Maquiavelo (evidentemente, salvando las distancias y las formas, pero ambos con un fondo eminentemente pragmático, si bien las *Analectas* son más filosóficas y abstractas).

ANALECTAS

Las *Analectas* se nos presentas en forma de sentencias o aforismos y en forma de breves diálogos que pretenden, de una manera filosófica, transmitir una enseñanza. Una de las analectas más conocidas y ejemplarizantes aparece en el libro XIII y señala:

Zǐlù dijo: «El soberano de Wèi os ha estado esperando, Maestro, para que ordenaréis el gobierno. ¿Qué es lo primero que habrá que hacer?».

Confucio respondió: «Lo que hace falta es rectificar los nombres».

«CUANDO VAYAS a hablar, si lo que vas a decir no es más importante que el silencio, entonces, mejor calla». (Confucio, *Analectas*)

Zîlù dijo: «¿De veras? Maestro, ¿no os estáis tal vez perdiendo un poco? ¿Cuál es la razón de semejante rectificación?».

Confucio dijo: «¡Qué burdo eres! El hombre superior es cauto con lo que no sabe».

Confucio continuó: «Si los nombres no son correctos, las palabras no se ajustarán a lo que representan; y si las palabras no se ajustan a lo que representan, los asuntos no se realizarán».

Y añadió: «Si los asuntos no se terminan, no prosperarán ni los ritos ni la música. Si la música y los ritos no se desarrollan, no se aplicarán con justicia penas y castigos, y si no se aplican penas y castigos con justicia, el pueblo no sabrá cómo obrar».

Para terminar dijo: «En consecuencia, el hombre superior precisa que los nombres se acomoden a los significados y que los significados se ajusten a los hechos. En las palabras del hombre superior no debe haber nada impropio».

VIDA

Nacido en la provincia de Shandong, recibió una exhaustiva y completísima educación fruto de su noble origen. Desde muy pequeño fue educado por su padre, eminente político, y a la muerte de éste continuó su carrera como consejero del Ministro de Justicia. Viendo los excesos estatales y la injusticia que generaba la «Justicia», dimitió de su cargo y se dedicó a la literatura y al pensamiento.

Un tiempo después se le requirió de nuevo para su cargo, esta vez bajo las órdenes de un ministro decidido a escuchar sus consejos y a renovar su ministerio. Confucio aceptó e introdujo el primer código jurídico en China (anteriormente la ley estaba sometida al capricho espontáneo del emperador).

Ya de viejo, se retiró de su cargo y se dedicó a sus enseñanzas, momento en el cual escribió las *Analectas*. Solía viajar de un lado a otro instruyendo a los contados discípulos que se reunían en torno a él. Su fama como hombre de saber y carácter, con gran veneración hacia las ideas y costumbres tradicionales, pronto se propagó por toda China.

FILOSOFÍA

Al principio sus enseñanzas no fueron bien acogidas, y aún menos por el poder, pero este hecho cambió por completo con la ascensión de la nueva dinastía (Han).

La esencia de sus enseñanzas son la buena conducta en la vida, el buen gobierno del Estado (caridad, justicia y respeto a la jerarquía), el cuidado de la tradición, el estudio y la meditación. Las máximas virtudes son: la tolerancia, la bondad, la benevolencia, el amor al prójimo y el respeto a los mayores y antepasados. Según Confucio, una sociedad próspera sólo se conseguirá si se mantienen estas relaciones en plena armonía.

7

PERICLES

EL INVENTOR DE LA DEMOCRACIA

¿QUIÉN FUE?

Pericles (495-429 a.C.), orador, político y dirigente de origen griego, gran estratega y pragmático líder que puso en práctica la teorización que comenzaba a surgir por aquella época sobre un modo de gobierno y de estructuración del Estado conocida como «democracia». También logró aportar a la ciudad de Atenas una relevancia casi infinita, pero en cambio otros estados fueron ignorados.

LA ÉPOCA DORADA DE ATENAS

Pericles vivió en la época más gloriosa de Atenas, entre las guerras del Peloponeso y las Médicas. Gran orador, supo canalizar las ancestrales asambleas de ciudadanos atenienses que funcionaban desde épocas inmemoriales y dotarlas de una estructura y unas instituciones democráticas, por lo que es conocido como el padre de la democracia. Debido a su poder de oratoria, carisma, probada honradez y nuevas reformas, rápidamente llegó al gobierno de la ciudad y convirtió Atenas en la capital cultural del mundo conocido, y a la Confederación de Delos (organización de ciudades-estado de la que Atenas formaba parte) en el Imperio ateniense.

Gracias a sus cualidades consiguió varios cargos políticos en la asamblea ateniense, pero lo que le encumbró como líder y dirigente de la ciudad fue comandar a los ejércitos de la confederación en las guerras del Peloponeso. Dichas guerras se sucedieron en varios periodos a lo largo de los siglos V y IV a.C. pero en el momento en que Pericles dirigía los ejércitos de Delos (y pese a que al final, las guerras del Peloponeso se saldaron con la victoria de Esparta), la victoria, al menos momentánea, cayó del lado ateniense.

Gracias a esto y a sus reformas, consiguió ser elegido magistrado jefe de Atenas y comenzó una labor de saneamiento de cuentas, política expansionista y sobre todo, florecimiento cultural que convirtieron Atenas en la mayor metrópoli de Grecia.

PESE A QUE SUS ENEMIGOS políticos le acusaron de prevaricación, se dice que Pericles era honrado e incorruptible, y que siempre obró buscando el bien de su pueblo. Sea como fuere, fue un líder de luces y sombras: dio una libertad pocas veces antes conocida a Atenas, pero sólo para los ciudadanos (es decir hombres propietarios), porque la ciudad se basaba en el trabajo de los esclavos, mientras negaba esa misma libertad al resto de estados; convirtió su ciudad en una estrella cultural brillante como el Sol, pero a costa de negársela a los demás.

Trajo a filósofos, sabios, artistas, científicos, y dio a Atenas un esplendor cultural hasta entonces nunca conocido.

LA DEMOCRACIA ATENIENSE

En realidad Pericles no hizo nada nuevo, tan sólo reformó el funcionamiento de la asamblea ateniense, y la elección de los cargos. Desde el principio de su historia los aqueos (griegos continentales) se habían reunido en asambleas que decidían los asuntos más cruciales y elegían jefe o rey. Los líderes debían de refrendar sus decisiones ante ellas.

Claro está que estas asambleas eran la de los potentados y no la de todo el pueblo, pero la democracia griega siempre fue elitista (todos los ciudadanos podían decidir, pero ciudadano sólo era aquel hombre nacido libre en Atenas y que tuviera propiedades). Con el tiempo se vio más eficaz que en lugar de un rey, hubiera una república, en la que la asamblea elegía magistrado gobernante cada dos años.

La labor de Pericles fue, apoyándose en ciertas teorías filosóficas relacionadas con algunos seguidores de Sócrates, la de reformar el sistema de elección, acortar los mandatos a un año y establecer nuevos cargos e instituciones, para darle a ese funcionamiento un carácter más formal y más político, más estructurado, en definitiva.

Pero Pericles no se quedó ahí, su labor llevó a Atenas a liderar la Confederación de Delos y a convertirla en un imperio, en su pretensión por salvaguardar los intereses nacionales de la propia Atenas y exportar al mundo la democracia y la libertad, aunque fuera a través de la fuerza, derrocando tiranos locales vecinos y sustituyéndolos por asambleas favorables a la política ateniense.

Tal fue el fervor de Pericles, que acabó por concentrar cada vez más poder en su persona para, supuestamente, defender mejor una democracia débil que acababa de nacer, convirtiéndose en un tirano (en el sentido antiguo del término, es decir, en un líder autoritario elegido por el pueblo para salvaguardarlo de una crisis puntual).

Pericles murió (se dice que de peste, aunque no está demostrado) tras ser derrocado por su propio pueblo, que ya no le soportaba más. Con él murió la democracia, inaugurándose la época de los tiranos y después la monarquía macedonia que llevaría al trono a Alejandro Magno, tan sólo 60 años después.

8

HERÓDOTO

EL PRIMER HISTORIADOR

¿QUIÉN FUE?

Heródoto de Halicarnaso (484-425 a.C.), historiador, geógrafo y cronista griego nacido en Asia Menor (actual Turquía) en las colonias griegas del Bósforo.

Su formación como historiador y geógrafo comenzó en su juventud cuando fue desterrado de Halicarnaso por haberse rebelado contra el dominio persa que sufría dicha ciudad. Durante su destierro viajó por toda la Hélade, escribiendo crónicas sobre los lugares que visitaba, la vida de sus habitantes, la política de sus dirigentes, y la descripción geográfica de los parajes por los que vagaba.

En Atenas, a la edad de 40 años, conoció a Pericles y a Sófocles a cuyo servicio se puso describiéndoles los pueblos bárbaros que había conocido en su periplo por Asia Menor y la Grecia continental, así como la situación y ejército de los persas. A su vez pudo escribir las crónicas de una Atenas que se encontraba en su época más esplendorosa, siendo la fuente básica para poder reconstruir la historia de la ciudad y la vida de sus miembros más destacados, como Perícles.

OBRA

Debido a sus diversas crónicas y a su principal obra, *Historiae*, ha sido considerado como el padre de la historiografía y como el primer historiador profesional y riguroso (en cuanto a trabajo y metodología se refiere) de la humanidad. *Historiae* es una monumental obra que consta de nueve libros, dedicados cada uno de ellos a una musa. En estos libros se describen con detalle varios aspectos históricos y etnográficos del mundo antiguo, como por ejemplo las guerras Médicas (que enfrentaron a los griegos y a los persas y cuyo pasaje más famoso fue la batalla de las Termópilas, que ha inspirado varias famosas películas de Hollywood, entre ellas *300*, de Frank Miller), o la vida y costumbres de la mayoría de los pueblos bárbaros desde Europa hasta la India.

Desde el punto de vista etnogeográfico, Heródoto describió un sinfín de lugares, desde la abrupta Península Ibérica, dominada en aquel entonces por los cartagineses, hasta las orillas del Ganges y desde la nevada Austria hasta la árida Etiopía, convirtiéndose en el mayor cronista de toda una época. Sus estudios tanto históricos como geográficos son la base de la geografía actual, y su método de relatar la historia creó la primera escuela historiográfica del mundo.

No obstante, a la luz de recientes investigaciones sobre su vida y tras una exhaustiva comparación entre sus relatos y otros estudios posteriores, se ha arrojado sombra sobre su figura, no sólo de Heródoto, sino de todos los historiadores griegos en general, sobre los que pesa la duda porque estudios posteriores muestran la falsedad de muchos de sus relatos. Así, las escuelas historiográficas más punteras están cuestionando su objetividad e imparcialidad.

SIN HERÓDOTO la historia y la geografía como hoy se las conoce hubieran sido impensables. No se limitó a ser un espectador que relataba lo que veía, sino que sentó las bases de la historiografía, recopilando información, narrando hechos, poniéndolos en relación con su contexto, describiendo pueblos, maneras de vivir, etc.

A pesar de todo ello, no cabe duda de que la ciencia histórica es hoy en día lo que es gracias a Heródoto y a los historiógrafos griegos.

9

HIPÓCRATES DE COS

EL PADRE DE LA MEDICINA

¿QUIÉN FUE?

Hipócrates de Cos (460-419? a.C.) vivió en el Egeo, en la isla griega de Cos y está considerado como el padre de la medicina occidental moderna.

OBRA

Autor del *Tratado del pronóstico*, además de innumerables obras de medicina, fue un genio de la medicina naturalista que pasó su vida viajando por la antigua Grecia observando y curando las enfermedades más comunes de la época. Recopiló en un libro los 53 tipos de enfermedades y dedicó el último periodo de su vida a la enseñanza de la medicina, disciplina que comenzó a estudiar a la temprana edad de 13 años, llegando a convertirse en un reputado médico.

Genio de la medicina naturalista, Hipócrates clasificó los tipos de enfermedades y dolencias y sistematizó formas de curación acorde con la dolencia, la constitución del enfermo y sus debilidades, e instauró las bases de la medicina moderna. Principios de los que ésta se ha alejado, convirtiéndose, en algunos casos, en un negocio para farmacéuticas, y en una ciencia especializada y totalmente desconocida para muchos de los profanos en la materia.

Hipócrates describía el cuerpo humano como un todo formado por la interacción en su seno de los «cuatro humores»: flema (agua), bilis amarilla (fuego), bilis negra (tierra) y sangre (aire). La enfermedad se desarrolla por una pérdida del equilibrio en la relación de estos elementos (por otra parte, prácticamente idénticos, con ciertas salvedades, a los de la medicina tradicional china y japonesa, que ya por esta época, e incluso un siglo antes, se encontraban en su máximo apogeo científico).

Hipócrates creía que para sanar una dolencia era imprescindible recuperar el equilibrio de estos cuatro humores. Si se había perdido el equilibrio, era inequívocamente por la acción de un agente extraño: mala alimentación, tristeza o depresión, falta de ejercicio,... Para ello recomendaba una buena alimentación y sobre todo higiene (pero no en el concepto actual de pulcritud y limpieza aséptica, sino en el concepto antiguo de armonía con el entorno).

Un concepto importante en la medicina hipocrática era el de «crisis», momento crítico en el desarrollo de la enfermedad en el cual o bien ésta inicia la derrota del paciente produciendo la muerte como consecuencia final, o llegados a este punto, los procesos naturales llevan al paciente a recuperarse. Después de una crisis, podía seguir una recaída, y entonces una crisis definitiva y fatal. Las crisis ocurren en los «días críticos», que, como se suponía, eran un tiempo fijado antes del contagio de la enfermedad. Si una crisis ocurre en un día alejado de un día crítico, se puede esperar una recaída.

El mayor éxito de la medicina hipocrática se demostró en dolencias leves, tales como pequeñas enfermedades óseas (escoliosis leve, fracturas o

SEGÚN EL JURAMENTO hipocrático, el médico debe contar con un carácter honesto, calmado, comprensivo y serio. También debe guardar el secreto profesional sobre la dolencia del paciente y tratar de buscar su bien, intentando para ello salvarle la vida, si esto es posible, por encima de todas las demás consideraciones.

fisuras…), para los cuales Hipócrates desarrolló su famoso «banco», un antiguo potro de tortura que el médico de Cos utilizaba para realizar estiramientos y recolocaciones de vértebras y otros huesos, anticipándose a lo que sería la osteopatía, que se desarrollaría unos pocos años más tarde en China. En este punto cabe mencionar el asombroso parecido entre ambas medicinas y las similares conclusiones –aunque la medicina china era más completa e integral que la hipocrática–, lo que ha hecho pensar en la posibilidad de algún contacto entre ambas civilizaciones, quizás por mediación persa, aunque este hecho es una mera especulación al no tener fuentes confirmadas.

Seguramente fue Cos el lugar donde la exploración física se elevó a la condición de arte médico. Sus prácticos no solamente pensaban que no debía omitirse ningún detalle sobre el aspecto del paciente o el estado de sus funciones, sino que examinaban cuidadosamente sus costumbres, el estado emocional, el ambiente y el comportamiento del enfermo.

También eran objeto de este examen el clima y las costumbres de la ciudad y la región en las que el paciente habitaba. Una vez recogida toda la información y valoradas las respuestas del enfermo, el médico de Cos emitía su juicio sobre las posibilidades de curación (pronóstico) y acerca de lo que el paciente debía hacer para curarse.

La explicación del tipo de enfermedad que padecía estaba siempre en función del pronóstico, ya que en una sociedad en que los médicos viajaban de un lado para otro, su reputación dependía más de la predicción que hicieran del desenlace que del diagnóstico exacto de la enfermedad.

Dentro de lo que serían el comportamiento y las funciones de los facultativos, Hipócrates elaboró un compendio de normas, conocidas como juramento hipocrático (hoy en día con una aplicación práctica, desde el punto de vista ético, aunque un tanto diferente al original), en el que establecía la función médica como únicamente curativa: hasta ese momento los médicos podían curar o matar, en función de su criterio y del de sus gobernantes, ya que cuando en una polis se condenaba a muerte a un ciudadano, al no poder ser ejecutado en muchas de ellas, se le obligaba al suicidio o a una eutanasia administrada por el médico.

10

SÓCRATES

EL PADRE DE LA FILOSOFÍA OCCIDENTAL

¿QUIÉN FUE?

Sócrates (470-399 a.C.) fue el filósofo ateniense que vivió en la época más espléndida y gloriosa de la historia de Grecia. Su padre, un humilde trabajador, le crió sin restricciones a su libertad individual, sin coaccionarle ni reprimir sus impulsos, por eso, según se dice, Sócrates poseía un intelecto superior a la media, una capacidad de autonomía y raciocinio que le hacía sobresalir en las actividades de lógica, razonamiento, y una gran agudeza que llamaba la atención de propios y extraños ya desde sus primeros años.

Inconformista por naturaleza, su ironía, mordacidad y su manera ácida de expresarse levantaban los recelos de los aristócratas.

Impulsado a luchar contra la ignorancia y la miseria moral, trataba de hacer reflexionar a sus conciudadanos sobre los temas más importantes de la polis, pero nunca mostró afán por dar ninguna enseñanza ni por ser un sabio o lo que hoy llamaríamos un intelectual, pese a que dotes no le faltaban para ello.

VIDA Y OBRA

Sócrates fue el creador de la mayéutica o lo que es lo mismo el método inductivo que conducía magistralmente a través de hábiles preguntas para conseguir solucionar dilemas, problemas y grandes o pequeñas cuestiones en general.

Dio a la lógica un nuevo sentido, alejado del determinismo matemático del que tanto adolece en la actualidad, y, pese a que había filósofos mucho antes que él, el hecho de haber sistematizado un método para plantear la cuestión filosófica, le ha convertido ante la historia en el padre de la filosofía occidental.

Lamentablemente no dejó nada escrito y sus ingeniosas proposiciones nos han llegado de la mano de las siempre discutidas (pero en el fondo relativamente fiables) fuentes de los llamados socráticos menores (sobre todo Antístenes), del bastante fiable Jenofonte, del poco creíble Aristófanes (sátiro enemigo del filosofo ateniense) y del capcioso y nada riguroso (en cuanto a la escuela socrática se refiere, ya que se apartó de las enseñanzas de su maestro, al que no obstante adoraba, para crear su propia escuela) Platón, quien hizo hablar a Sócrates a través de sus labios… y de su teoría.

Sócrates presentaba un marcado antagonismo frente al relativismo de los sofistas, a quienes se dedicó a combatir, filosóficamente hablando, al final de sus días (pese a haber sido formado por ellos).

Sostenía la necesaria concordancia entre pensamiento y acción, entre filosofía y conducta, y lejos de creer que la virtud residía en la simple y llana acumulación de conocimientos, pensaba que era virtuoso quien obraba en consonancia con los conocimientos adquiridos, quien no mostraba erudición, sino quien se preocupaba por mejorar su vida y la de los demás, desde un aspecto integral y no únicamente materialista.

Por este motivo, Sócrates fue criticado y hasta a veces temido por las élites de una Atenas progresivamente decadente.

El padre de la filosofía criticaba hasta la extenuación la democracia y el gobierno, pero no desde un punto de vista autoritario, como parece desprenderse de su legado a través de Platón, sino desde un punto de vista humanista y pragmático. Lejos de ser un defensor de la tiranía (algo en lo que de facto se había convertido Atenas, por obra y gracia de Pericles), era un defensor de la no represión de los impulsos del ser humano. Y eso, junto con estar siempre dispuesto a polemizar con cualquiera y a lanzar libremente al viento sus ideas y posiciones, fue lo que le costó la vida.

A la edad de 70 años, el Gobierno ateniense le condenó a muerte, algo que él aceptó de manera sobria e impasible. Pudo haber escapado con la ayuda de sus discípulos, pero prefirió acatar la ley pese a todo (y es que en el fondo Sócrates no era un buen rebelde, pues criticaba desde la aceptación de la norma y no rebelándose contra el poder).

Por fin, en el 399 a.C. murió por la ingesta de cicuta (algo común en la época, pues, paradójicamente, no se podía ejecutar a un ciudadano ateniense, aunque sí condenarle al suicidio) el hombre que describió el alma como aquello en virtud de lo cual se nos califica de sabios o de locos, buenos o malos, una combinación de inteligencia y carácter.

Así llegó al fin de sus días el verdadero iniciador de la filosofía occidental. Aquel que le dio su objetivo primordial, el de ser la disciplina que ahonda en el interior del ser humano, y quien dio, además, fundamento a la dialéctica, planteando proposiciones para después analizar, confrontando las posibles preguntas y respuestas suscitadas por esas mismas proposiciones.

INFLUENCIAS

Lo que, por encima de todo, Sócrates trató de enseñar fue la creencia en una comprensión objetiva de los conceptos abstractos, tales como amor, justicia, virtud, conocimiento, etc. Humanista y bienintencionado, Sócrates creía que el vicio era resultado de la ignorancia y que el ser humano tendía al bien por naturaleza (pese a que rechazaba los conceptos absolutos y ponía la carga de la prueba filosófica en los pequeños ejemplos concretos de la cotidianidad). Su lógica se centró en la discusión racional y la búsqueda de definiciones generales que pudieran ser puestas en práctica en aspectos concretos.

CRITICABA DURAMENTE a los que se decían sabios, percatándose de que, en realidad, la gente de semejante categoría (filósofos, poetas, artistas…) la única cualidad que tenían era creer que sabían más que lo que realmente sabían. La mayor virtud de Sócrates fue su humildad y el hecho de reconocer que pese a todo en realidad apenas si sabía nada.

Los pensadores influidos por Sócrates, directa o indirectamente, fueron su discípulo Platón (quien de su maestro recogió la búsqueda de la virtud a través del conocimiento y la elaboración racional, a través de la lógica), Aristóteles (a través de su maestro Platón), su gran amigo y magnífico iconoclasta Antístenes (fundador de la escuela cínica e indirectamente de la estoica), Aristipo (fundador de la escuela cirenaica del placer de la cual nació el epicureismo) y de manera mucho más indirecta, pues fue muy posterior en el tiempo, Séneca.

Cabe destacar que todas las escuelas socráticas, la mayoría de las cuales, como hemos visto, dieron lugar a su vez a otras importante escuelas filosóficas, se fundaron tras la muerte de Sócrates. Curiosamente quien siempre rechazó la apertura de gimnasios y liceos, prefiriendo transmitir su conocimiento en amigable charla con un reducido grupo de discípulos a los que trataba de igual a igual.

11

ANTÍSTENES

EL PRIMER REFRACTARIO

¿QUIÉN FUE?

Antístenes de Atenas (444-365 a.C.), pensador y rebelde griego de origen tracio, vivió en la Atenas de Sócrates agitando a la juventud (de manera pacífica y a través de la palabra y la desobediencia) y fundó la llamada escuela cínica. Fue el padre de la desobediencia civil, del primitivismo y el primer personaje sobre el que hay fuentes escritas que quiso no reformar la sociedad en la que vivía o alcanzar el poder (como la práctica totalidad de los revolucionarios conocidos hasta la fecha), sino destruirla, olvidarla y abandonarla.

Antístenes desobedecía conscientemente las leyes, se negaba a participar en la política ateniense (podía participar de una forma más bien limitada, pues su condición de *meteco*, ateniense de padres extranjeros, sólo le permitía desempeñar ciertas funciones en la administración), criticó la democracia y la tiranía e incluso el mismo concepto de sociedad. Diógenes de Sinope, el más famoso de sus discípulos, (considerado el primer anarquista, desde un punto de vista político, de la historia), aún iría mucho más allá.

LA SECTA DEL PERRO

Vestido con un báculo y una capa, respondiendo con mordacidad y sarcasmo las preguntas de sus extrañados conciudadanos, comiendo con las manos, viviendo sin casa, rechazando toda riqueza y maldiciendo las instituciones; haciendo en cada momento lo que deseaba y cómo lo deseaba, desafiando a las autoridades: así vivía y se comportaba Antístenes. Maestro sin discípulo, rechazaba uno tras otro a los jóvenes que se le acercaban, fascinados por su figura, para ponerse bajo su tutela intelectual, hasta que, al final, persuadido por la tenaz insistencia de uno de ellos, Diógenes de Sínope (quien, según cuenta Diógenes Laercio, cronista de la época, no se alejaba del lado de su «maestro», pese a que éste le agredía con frecuencia para ahuyentarlo), decidió tomar un puñado de discípulos y abrir un «gimnasio» (en el término griego corresponde a nuestra acepción de escuela o academia).

Fundó su gimnasio en el santuario de Cynosarges (o colina del perro blanco) y su escuela fue conocida popularmente como la de los cínicos (perros, en griego) por un doble motivo, por el nombre donde estaba situado y por el comportamiento de los miembros de esta escuela, nómadas vagabundos que pululaban sin pertenencias molestando a los buenos ciudadanos y torpedeando las asambleas atenienses cuando, por casualidad, se encontraban cerca del ágora donde se celebraban.

Antístenes era un gran devoto de la filosofía socrática, de la que compartía numerosos conceptos, como el rechazo de la figura del sabio, reconocer que pese a que se pueda conocer mucho en la vida en el fondo no se sabe nada, o la creencia de que si no se aplica y se obra en consonancia con la sabiduría, ésta es poco menos que un trasto inútil.

Discípulo de Hippias y Gorgias en su juventud, quedó desencantado por el intelectualismo de los filósofos hasta que conoció a Sócrates, del cual pasó a ser discípulo de inmediato. Impactado por su muerte, se retiró y no quiso saber nada del mundo ni de discípulos hasta que conoció a Diógenes. Considerado un socrático menor, en el fondo fue quien más al pie de la letra aplicó las enseñanzas de Sócrates; para ello fundó el gimnasio de Cynosarges, llevando incluso más allá la filosofía de su gran maestro.

A este gimnasio acudieron algunas decenas de discípulos, entre los que destacan el ya mencionado Diógenes, quien continuó siendo el gran «maestro» de la escuela cínica a la muerte de Antístenes (a quien superó en radicalidad y sabiduría), dándole su verdadero carácter y el contenido ácido y rebelde por el que se hizo famosa; y Zenón, el fundador del estoicismo: la principal escuela filosófica helenística.

La filosofía cínica

En la Grecia del siglo IV a.C. las ciudades-estado griegas, fuentes de riqueza intelectual, se unificaron en una Grecia unida bajo el imperio de la naciente monarquía: primero Filipo (351-336 a.C.) y posteriormente Alejandro Magno (336-323 a.C.). Habría que añadir además a este cambio de sistema político, de unas ciudades significativamente democráticas a monarquías tiránicas, la progresiva degeneración religiosa, tornada en opresión, lo que generó un serio malestar anímico y espiritual del que eran presa los hombres y mujeres de la época.

En este contexto hicieron aparición múltiples escuelas que intentaron dar solución a este problema: tales como el escepticismo, el hedonismo, el cinismo y posteriormente el estoicismo. Pero si a Antístenes se le ha reservado el privilegio de ser reconocido como el fundador, Diógenes de Sínope (412-323 a.C.) pasaría a ser recordado como el máximo representante de dicha filosofía.

El que fueran llamados (y se comportaran) como perros fue una de las señas de identidad de estos provocadores, considerados los abanderados de toda una auténtica contracultura en su época, para los cuales nada procedente del ser humano merecía el más mínimo respeto. La crítica cínica lo abarca todo: Estado, propiedad, religión, familia, trabajo, sociedad... Además de comportarse como perros, vivían como mendigos, siempre con aspecto descuidado, alojándose en cualquier lugar (Diógenes de Sínope era llamado el del tonel dado que éste era el lugar donde vivía).

La filosofía cínica, escandalosa para su época, era totalmente antipolítica y antisocial. Diógenes dijo en una ocasión que «los políticos son mayordomos magnificados». Los cínicos insistían en ver las leyes como construcciones artificiales existiendo y manteniéndose, según ellos, mediante la coacción, mientras que, por el contrario, las disposiciones de la naturaleza son necesarias.

Se opusieron a todo proyecto político, porque no encontraban razón de ser en una autoridad cualquiera, y se declararon «ciudadanos del mundo». Los cínicos buscaban una vuelta a la naturaleza, una forma de vida natural frente al agobio que para ellos, y en aquella coyuntura para una amplia parte de la población, suponía la organización social.

La filosofía cínica tenía por objeto una meta puramente individual, el estado de autarquía (del griego *arkéo*, «yo me basto», y definida de forma más extensa como el medio de liberación de las necesidades externas, es decir, sociales), en el que lo social aparece como perversión de la naturaleza.

Como medio para llegar a la autarquía proponían la ascesis o la renuncia de las seudonecesidades que crea la civilización. En palabras de Antístenes:

Antístenes llegó incluso a postular de manera un tanto precaria el ateísmo. Aunque no se atrevió exactamente a negar a los dioses, afirmaba que éstos tenían tanta importancia como una mariposa o una semilla, es decir, les quitaba su poder divino y creador para convertirlos en meros agentes naturales, tan influyentes como cualquier otra cosa y que simplemente trataban de guiar a quien se dejaba. Más allá iría Diógenes, quien directamente negó a los dioses.

«El equipaje de quien viaja debería ser tal que, en caso de naufragio, pudiera nadar con él». La doctrina cínica despreciaba el dinero, la fama y la nobleza.

Legado

Irreverencia, desobediencia, agitación y sobre todo la crítica a la sociedad de manera coherente, organizada y política es lo que dejó Antístenes, cuyo pensamiento caló profundamente en la filosofía de numerosos movimientos revolucionarios posteriores. Su escuela se extendió tanto y fue tan famosa que acabó desvirtuándose y siendo totalmente asumida por el poder que trataba de criticar. Grandes filósofos como Séneca e incluso dos emperadores romanos se llegaron a declarar cínicos. Como con casi todas las cosas, algo que fue realmente subversivo llegó a convertirse en inofensivo e incluso a contradecir sus posturas iniciales, volviéndose inocuo en la época de Roma, precisamente por no hacer caso a Sócrates y obrar conforme a los principios. Razonaba así: un emperador podrá criticar de pensamiento la sociedad en la que vive e incluso tratar de reformarla, pero cuando lo que piensa en realidad postula que no haya sociedad ni poder institucionalizado, ¿cómo va a poder actuar coherentemente con lo que piensa mientras siga siendo emperador?

12

PLATÓN

La sociedad de clases hecha ideología

¿Quién fue?

Aristocles Podros, más conocido como Platón (427-347 a.C.), filósofo griego, alumno de Sócrates y maestro de Aristóteles, en sus obras teorizó el modo en el que debería articularse la sociedad ideal. Sus escritos políticos y su metafísica sirvieron de base filosófica para que, posteriormente, la diáspora judía en Grecia (a instancias de Pablo de Tarso, en uno de sus múltiples viajes) la combinara con su religiosidad heterodoxa dando nacimiento al cristianismo.

Platón nació en Atenas y ya desde joven recibió una esmerada educación. Participó como soldado en las guerras del Peloponeso (una serie de guerras que enfrentaron a Lacedemonia –más conocida por el nombre de Esparta– con Atenas por la hegemonía de la Hélade), donde se percató de lo injusto de dicha guerra, derivado por una disputa entre dos potencias rivales cuyos gobiernos y sociedades dejaban mucho que desear y eran los causantes de dicha guerra.

A su regreso conoció a Sócrates, quien lo tomó por discípulo, pero de éste sólo aceptó la forma de razonar y la mayeútica, además de otros rasgos algo más profundos de su filosofía como la necesidad de enunciar postulados generales para aplicarlos a un plano más concreto. Salvo estos aspectos, se puede decir que, en el fondo, Platón desvirtuó un poco la filosofía socrática; a la muerte de su gran maestro, fundó una escuela filosófica diferente, la platónica, abriendo la Academia, lugar donde a modo de primitiva universidad enseñaba a sus alumnos, elegidos con un criterio un poco más leve que el que Sócrates empleaba para seleccionar a sus discípulos.

OBRAS

La parte fundamental de su obra son dos libros, *La República* y *Diálogos*, donde expresa el grueso de su pensamiento filosófico. Escribió también *Fedro*, donde habla sobre cosmología, aritmética y física, y varias cartas donde también expone líneas maestras de su pensamiento, fundamentalmente del aspecto metafísico, así como otras dos obras más de menor consideración.

Solía escribir precisamente en forma de diálogos (de ahí el nombre de su segunda obra más importante, de aspecto más metafísico que *La República*) y se cree que éstos son ciertos, es decir que fueron conversaciones que realmente tuvieron lugar. Presenta estos diálogos por boca de Sócrates, en los que el viejo maestro sostiene conversaciones filosóficas y razona con varios discípulos. Es a través de estas obras por las que se conoce la filosofía de

Sócrates, pero, aunque estos diálogos realmente existieron, aún está por determinar si fueron realmente mantenidos por Sócrates con sus discípulos o si lo único auténtico es la conversación, pero a quién se atribuye cada comentario ha sido modificado.

Por el contrario, *La República* es una obra escrita en prosa que describe cómo debería ser el Estado ideal: fue la primera vez que se realizaba en Occidente (si bien Confucio ya había teorizado sobre ello en China unos dos siglos antes).

PENSAMIENTO

Dos son los pilares del pensamiento platónico, por un lado el político y por otro el metafísico.

Desde el punto de vista político, Platón creía que el mejor modelo posible de sociedad era uno dividido en clases sociales, cada una con una función determinada dentro del Estado. Este modelo, además de clasista, era elitista y anulaba un posible ascenso social, ya que cada persona era educada en función de la clase en la que había nacido, con lo cual su función se predeterminaba desde el nacimiento por el mero hecho de las condiciones de vida que tuvieran los padres del recién nacido. Estas clases eran tres: la de los aristócratas (en el sentido griego clásico del término, es decir los más sabios y mejor preparados), sabios filósofos que habrían alcanzado la virtud (*areté*) a través del conocimiento y por ello deberían conducir al resto de la sociedad hacia los fines deseados (como siempre, paz, prosperidad, rectitud y libertad); la de los guerreros, que con su valor y templanza habrían de defender esa sociedad si sus vecinos menos virtuosos decidieran atacarla; y por último, la de los campesinos, que debían trabajar para mantener materialmente esa sociedad (es decir, mantenerse económicamente a sí mismos, a los guerreros y a los sabios, pero no por ese orden necesariamente). Éstos también se harían cargo de las actividades comerciales y, por tanto, de toda labor trabajosa y productiva.

Esta división quedaba justificada, a juicio de Platón, según las pasiones que se encontraban en cada estrato social y que eran innatas. Había tres tipos de pasiones (y aquí entramos ya en el terreno de la metafísica platónica, que, por supuesto está destinada a justificar su propia teoría política): las elevadas, que se encontrarían en el intelecto y que serían exclusivas de los sabios; las del alma, templanza y valor (a veces llamadas medias pasiones) que se encontrarían en el corazón y serían propias de los guerreros; y las bajas pasiones (representación del cuerpo, tenido por Platón como la cárcel del alma), sitas en el bajo vientre y propiedad exclusiva de la clase inferior.

También se encuentra en la metafísica platónica el famoso «mito de la caverna», a través del cual Platón explicó que el acceso al conocimiento, considerado por él como la mayor virtud, nos está vedado, y hemos de salir de la caverna, que simboliza la ignorancia, el mundo de las sombras, de los conceptos predeterminados, para ver la luz y llegar así a la verdad.

LEGADO

Sabiduría, templanza y prudencia eran las virtudes del sabio, y éste ha sido el legado de Platón, además de su organización social ideal. Su herencia llega a través de Aristóteles (quien fue aún más allá que su maestro al afirmar que la esclavitud era algo natural y que se debía utilizar por el bien social) y a través también del cristianismo, que incorporó la filosofía platónica a su religiosidad, pero también, en la Edad Media, por apuntar a su orden social.

Como sucede en muchos casos, el legado de Platón llegó a partir de su muerte en el 347 a.C.; murió en Atenas, en su cama, de anciano y de manera apacible.

EL ORDEN FEUDAL cristiano, basado en los tres órdenes *(oratores, bellatores y laboratores)*, está basado directamente en la concepción platónica de la sociedad (sabios, guerreros, trabajadores), con lo que la estructura social platónica se mantuvo activa hasta la Revolución francesa y la caída del Antiguo Régimen. Anecdóticamente, Platón nos legó el adjetivo platónico (como el «amor platónico») que hace referencia a algo ideal, llamado en principio a no traspasar el mundo de las ideas, cosa que la filosofía platónica sí hizo.

13

ALEJANDRO MAGNO

LA EPOPEYA POR UNIFICAR LA HUMANIDAD

¿QUIÉN FUE?

Alejandro III de Macedonia (356-323 a.C.) fue el mayor líder militar de la historia, creador de un imperio cuyos límites iban desde Sicilia hasta la India y desde la actual Hungría a Sudán. Conquistó casi todo el mundo conocido de su época, incluida la totalidad del Imperio persa, y lo unificó en unos mismos valores filosóficos y culturales (además de económicos y políticos), respetando además las características de los pueblos sometidos. Su reinado duró desde el 336 a.C., fecha en la que subió al trono tras la muerte de su padre, Filipo II de Macedonia, hasta su muerte, a causa de unas fiebres, en la cordillera del Hindukush.

VIDA Y OBRA

Alejandro, también conocido como Shikander, fue educado por su padre, Filipo II (monarca de un pueblo bárbaro del norte de Grecia, Macedonia, al que quiso modernizar), en las artes de la guerra, pero también en las del pensamiento, reuniendo en su corte a los más destacados filósofos y artistas de su tiempo, reclutados de una decadente Atenas, y llevados a una Macedonia tenida por bárbara y provinciana pero que, gracias a la labor diplomática y militar de Filipo II, se estaba haciendo con la hegemonía de la Hélade. Hasta tal punto Filipo quería convertir Macedonia en una potencia, que mandó llamar nada más y nada menos que a Aristóteles para nombrarle instructor de su hijo Alejandro.

Alejandro continuó con la obra de su padre, que había unificado en el 340 a.C. la Hélade bajo su mando, y prosiguió unificando territorios, *manu militari*, esta vez por Anatolia y las regiones griegas de Asia Menor. Allí se enfrentó con el poderío persa, pero lejos de titubear o de replantearse su proyecto (hacer de Grecia un imperio), procedió a lo que jamás nadie antes se había atrevido: conquistar el Imperio persa. En siete años lo logró. No contento con ello, prosiguió conquistando hasta que fue derrotado por unas primitivas tribus del norte del Indo; y decidió regresar a casa para preparar mejor su campaña, momento en el cual, aquejado de unas extrañas fiebres, murió a la edad de 33 años.

Lo más significativo de la obra política de Alejandro, apodado el Magno por los romanos (admiradores de su gesta que siglos más tarde intentarían emular), fue la puesta en práctica de la *ecumene* o unificación cultural de los pueblos sometidos.

Pero lejos de imponerles la cultura griega, supo rodearse de intelectuales, tanto griegos como locales, para llevar a cabo una mezcolanza cultural que recogía aspectos de todas las culturas conquistadas y que se imponía en cada región, desde Atenas a Pakistán, pasando por la mítica Babilonia (capital del Imperio persa), respetando las peculiaridades locales: una moneda, una cultura, una lengua y una religión a la que todos los vasallos debían rendir pleitesía y usar y conocer; pero al mismo tiempo reconocía todos los cultos, lenguas, y filosofías del imperio. Estableció así una cultura supranacional impregnada de valores griegos, persas, egipcios, etc., elevada a la categoría de oficial y obligatoria, pero dejó que sus súbditos siguieran con sus costumbres locales, denominadas como subcultura regional.

En el plano de la organización del Estado, Alejandro se ganó las simpatías de las élites locales que conquistaba, pues una vez vencidas les devolvía el poder a condición de que a partir de ese momento siguieran esta *ecumene*, y le rindieran cuentas a él y sólo a él como gran emperador (lo cual a su vez, despertó las antipatías de los griegos, soberbios y orgullosos que vieron cómo sus puras tradiciones se mezclaban con las de los bárbaros). Como muestra de este respeto político y cultural, tomó como esposa a Roxanna, una noble local afgana. Imitó el modelo persa de organización del imperio, dividiéndolo en satrapías (o grandes provincias autónomas) gobernadas por sus propios hombres o generalmente por un tirano local, asistido por los ayudantes de confianza de Alejandro en la supervisión, que debía aplicar la política general dictada desde Macedonia, con las variantes locales que considerase oportunas, siempre rindiendo pleitesía, cuentas y tributo a Alejandro.

Así dividió el imperio en cinco grandes satrapías, que a su muerte pelearon entre sí por hacerse con el poder del imperio (ya que Alejandro murió sin descendencia, lo que levantó la polémica sobre su verdadera condición sexual); al no poder vencerse mutuamente, dividieron en cinco grandes reinos el sueño de Alejandro. Estas satrapías eran Grecia, Macedonia (en manos de su amigo Antíoco, que inauguró la dinastía antígona), Persia (en manos de Seleuco, iniciador de la dinastía seleúcida), Asia Menor (Lisímaco) y Egipto (en manos de Ptolomeo, fundador de la dinastía Ptolemaica, a la cual pertenecería la famosa Cleopatra VII).

Alejandro inauguró la era helenística, la mezcla de la sabiduría de Grecia con la sabiduría de Oriente, y su legado nos ha llegado hasta hoy, a través del Imperio romano, que conquistó poco a poco todas y cada una de las satrapías que dejó Alejandro.

Alejandro Magno fue el creador del primer imperio moderno (tal y como se conoce hasta el siglo XXI tal concepto) muchos siglos antes de su propia invención. Lógicamente antes de Alejandro hubo muchos imperios y todos intentaron la unificación, pero Alejandro Magno fue el primero en lograrlo.

NO HAY QUE OLVIDAR, como crítica a esta gran figura histórica, que Alejandro, pese haber sido alabado por su obra y admirado, no dejó de ser un tirano que impuso su sueño (y sólo el suyo) a toda la humanidad conocida, y además sin contar con ella, pese a que ese sueño fuera impuesto con condescendencia y cierto respeto.

14

SUN TZU

EL ARTE DE LA GUERRA

¿QUIÉN FUE?

Sun Tzu (siglo IV a. C.), militar y gran estratega chino, vivió en el siglo IV a.C. en el reino de Wu. Poco o nada se conoce de la vida de este hombre, quien con su tratado titulado *El arte de la guerra* cambió la estrategia militar en todo el mundo.

Se cree que Sun Tzu vivió en la época de los Reinos Combatientes (según su cronista Sima Qian), periodo de la historia china que abarca desde el año 481 hasta el 241 a.C., y que, gracias a su pericia militar, los ejércitos del reino de Wu, por él comandados, unificarían China.

Hombre resoluto, agotado de recibir ofertas de diferentes monarcas y de ser solicitado para dar consejos por sus colegas de profesión, decidió exponer en un libro la esencia de la sabiduría, recomendando cómo tenía que comportarse un general tanto en periodo de guerra como de paz. Su libro *El arte de la guerra* sirvió no sólo como obra para «profesionales», sino que se convirtió, por su claridad y alarde de conocimiento sobre el conflicto bélico y sus aspectos adyacentes, en todo un manual para la formación de generales, que circuló por todas las cortes chinas en la época de los reinos combatientes. En este periodo de la historia de China, el gigante asiático se vio inmerso en multitud de guerras civiles alentadas por monarcas que buscaban la unificación del país y el aumento de su poder real; quizá por eso muchos miembros del ejército acudieron al texto de Sun Tzu para aprender más sobre estrategia militar.

LA REVOLUCIÓN MILITAR

Sun Tzu, diseñó toda una estrategia militar, que fue revolucionaria para la época y tremendamente eficaz, dando un nuevo paradigma a la actividad militar, que recordemos era el principal sostén del poder político en el mundo antiguo.

En los siete capítulos del libro, Sun Tzu, con una irrefutable demostración de sabiduría y de profundo conocimiento de su profesión, describe y desgrana una por una las tácticas y métodos para llevar a la victoria, prácticamente bajo cualquier circunstancia posible, a un ejército.

Tal ha sido su influencia, que es el manuscrito más usado de la historia por las fuerzas armadas de la mayoría de los países del mundo (y aún hoy día se enseña en las academias militares) e incluso muchas policías del mundo (entre ellas la española) la emplean como base táctica en el control y supresión de disturbios y desórdenes públicos, tales como huelgas violentas, manifestaciones antiglobalización e incluso en el País Vasco para enfrentarse a episodios de violencia callejera o *kale borroka*.

Por supuesto, con el tiempo dicho manual fue quedándose cada vez más obsoleto (por ejemplo, cuando fue escrito, presumiblemente en el 321 a.C., no se conocía la caballería) y ha sido completado por nuevos tratadistas y teóricos militares (y también por la realidad). No obstante, la obra de Tzu cambió la manera de hacer la guerra y eso ha cambiado la política.

Desde que se escribió el manual, ninguna batalla ha vuelto a ser igual, mostrando una eficiencia sólo superada por las estrategias actuales o las de Napoleón (que a su vez estaban inspiradas en *El arte de la guerra*).

«EL ARTE DE LA GUERRA»

Escrito en siete capítulos, el libro aconseja cómo llevar a cabo una guerra desde todos los niveles, enmarcándola en su contexto. El capítulo primero («Estimaciones») resume perfectamente todo el libro y su primer pasaje nos muestra el espíritu de la obra y de su autor:

«La guerra es un asunto de importancia vital para el Estado; un asunto de vida o muerte, el camino hacia la supervivencia o la destrucción. Por lo tanto, es imperativo estudiarla.

Hay que valorarla en términos de cinco factores fundamentales, y hacer comparaciones entre diversas condiciones de los bandos antagonistas, de cara a determinar el resultado final. Estos factores son: la política, el clima, el terreno, el comandante y la doctrina.

La «política» significa aquello que hace que el pueblo esté en armonía con su gobernante, de modo que le siga donde sea, sin temer por sus vidas ni correr cualquier peligro. El «clima» significa la noche y el día, el frío y el calor, días despejados o lluviosos y el cambio de las estaciones.

El «terreno» implica las distancias, y hace referencia a dónde es fácil o difícil desplazarse, y si es campo abierto o lugares estrechos porque esto influencia las posibilidades de supervivencia. El «comandante» ha de tener como cualidades: sabiduría, sinceridad, benevolencia, coraje y disciplina.

Por último, la «doctrina» ha de ser comprendida como la organización del ejército, las graduaciones y rangos entre los oficiales, la regulación de las rutas de suministros y la provisión de material militar al ejército».

(Sun Tzu, *El arte de la guerra,* Cap. I)

D E GRAN ÉXITO Y DIFUSIÓN, la obra de Sun Tzu se ha traducido a todos los idiomas y aun hoy se sigue publicando. Y no sólo en cuanto a estrategia militar se refiere, también ha sido adaptada a otras esferas como la economía, la política o incluso las conquistas amorosas: en las librerías se pueden encontrar títulos tales como *El arte de la guerra para ejecutivos, El arte de la guerra para estudiantes* o incluso *El arte de la guerra para el amor.*

15

ESPARTACO

LOS ESCLAVOS HACEN TAMBALEARSE ROMA

¿QUIÉN FUE?

Espartaco (113-71 a.C.) fue gladiador y esclavo tracio que dirigió en Roma la mayor rebelión de masas que tuvo lugar en el mundo antiguo. Dicha rebelión, la mayor revuelta nunca conocida en territorio romano, sucedió en época de la República y llegó a hacer tambalear el poderío de Roma.

Espartaco era un bárbaro de Tracia (actual Bulgaria), territorio perteneciente a Roma. Fue enrolado en las tropas auxiliares para extranjeros de las legiones romanas, pero desertó de ellas y como castigo, cuando fue apresado, se le condenó a trabajos forzados en unas minas de yeso del sur de Italia.

Debido a su gran fortaleza física, a su instrucción militar (aunque ésta fue somera) y a sus condiciones atléticas, fue comprado en el 75 a.C. por un esclavista y llevado a la escuela de gladiadores que éste tenía en Capua (Península Itálica), donde fue instruido en las artes de dicho «oficio».

Debido al, se dice, indómito deseo de libertad de las tribus bárbaras y a las miserables condiciones de vida de la escuela de gladiadores, Espartaco, junto con sus camaradas Criso y Enomao (los dos eran de origen galo), encabezó una revuelta de unos 70 gladiadores, que arrasaron la escuela y, agrupados, se dedicaron al pillaje en las villas de la nobleza cercanas al Vesubio, saqueando todo lo que encontraban a su paso y liberando a los esclavos de los nobles despojados.

Estos esclavos se fueron uniendo mayoritariamente al grupo de Espartaco, Criso y Enomao y crearon un ejército de esclavos nunca visto con anterioridad, de más de 70.000 esclavos.

LA REBELIÓN DE ESPARTACO

La revuelta tuvo lugar entre los años 73 a.C. (fecha en la que Espartaco y sus compañeros destruyen la escuela de gladiadores de Capua) y el 71 a.C. (cuando fue sofocada definitivamente por Pompeyo).

Al tener constancia Roma de los primeros saqueos, Craso, cónsul de la República, envió un pequeño contingente del ejército para sofocar lo que consideraba un pequeño desmán realizado por 50 gladiadores fugados. Pero el contingente, de unos 2.000 soldados fue aplastado antes incluso de que pudieran iniciar la lucha. Los esclavos incautaron sus armas y muchos de los soldados (extranjeros o romanos obligados al servicio militar, que duraba 25 años) se pasaron al bando de los esclavos.

Con esto y con las profesiones de muchos de los esclavos liberados (herreros, artesanos, carpinteros...) se fue gestando el ejército de los esclavos, que Espartaco, con ayuda de los soldados desertores, fue organizando e instruyendo.

Mientras tanto, los saqueos a mansiones continuaban por todo el sur de Italia, con la consiguiente liberación de los esclavos. No obstante, Espartaco, que sabía a quién se enfrentaba, ideó un plan para abandonar Italia, cruzando

HA SIGNIFICADO tanto la figura de Espartaco que su nombre ha dado título a innumerables grupos, artículos y periódicos de los más diversos movimientos revolucionarios a lo largo de toda la historia. Incluso su figura ha sido motivo de una excelente y bien documentada película de Hollywood (*Espartaco*), dirigida por Stanley Kubrick y producida y protagonizada por el actor Kirk Douglas.

los Alpes. El plan suscitó un intenso debate, sobre todo porque muchos esclavos querían continuar haciendo la guerra en Italia para tratar de derribar la República y la opresión. Con grandes dosis de realismo, Espartaco consiguió convencer al grueso del grupo: huirían y se separarían y quien quisiera podía quedarse en Italia.

LOS ESCLAVOS HACEN TEMBLAR A LOS AMOS DEL MUNDO

Craso, irritado por el crecimiento y extensión de la revuelta, envió dos legiones (unos 12.000 soldados) con su respectiva maquinaria de guerra y equipamiento, para aplastar una sublevación que empezaba a poner en peligro el sistema esclavista romano (sistema sobre el que se sustentaba económicamente), no sólo por los éxitos de la revuelta, sino por la amenaza de que se contagiara en otros territorios de la República.

El choque entre ambos ejércitos (esclavos y romanos) debió de ser espectacular, y terminó con la derrota estrepitosa de las legiones romanas, dirigidas por Varinio, quien tuvo que huir vergonzosamente a pie. Superiores numéricamente, pero con una brutal inferioridad técnica, logística y armamentística, los esclavos derrotaron a las legiones a base de esfuerzo e ingenio. Desesperado, Craso pidió ayuda al senado.

En su huida hacia el norte, los insurrectos fueron perseguidos por las legiones romanas. Cuando se dispusieron a entablar el último combate para huir definitivamente de Italia, las legiones de Pompeyo, que volvían de Germania hacia Roma, interceptaron al ejército de esclavos. Esto produjo una modificación del plan: en lugar de cruzar los Alpes habrían de derrotar a las tropas del sur y huir por el tacón de la bota itálica hacia Persia. No dio tiempo a tal maniobra, y al estar atrapados por el norte y por el sur, el ejército de esclavos fue derrotado y sus principales miembros crucificados a lo largo de la vía Apia como escarmiento a los demás esclavos de la República. Acababa así una revuelta cuyo principal objetivo, en su inicio, fue acabar con el sistema esclavista romano, convirtiéndose por ello en la primera revuelta popular (esto es, no conducida por alguna facción del poder en su lucha contra otro) documentada de carácter político de la historia. Es decir, no fue una revuelta de subsistencia, sino que tenía un fin político, acabar con un sistema.

Impacto de la rebelión

Por efecto directo de la revuelta, en menos de dos años, Italia perdió 100.000 esclavos, debilitando todos los aspectos de la producción, al basarse ésta en un sistema esclavista. Se empezó a mostrar preferencia por los esclavos que nacían en las villas romanas (hijos de otros esclavos domésticos), pues se los consideraba más fieles que los que eran adquiridos por compra en el mercado; sin embargo, esto era insuficiente para las necesidades de mano de obra.

Muchos esclavos fueron liberados (optándose por el sistema productivo del colonato, o lo que es lo mismo el arrendamiento de tierras a campesinos libres), lo que contribuyó al incremento de la ciudadanía, que vivía (a fin de evitar sublevaciones y para ganarse los poderosos su favor) de las regalías de los políticos (el famoso *panem et circenses*), hecho que terminó agotando a Roma.

Agotado por completo y debilitada su capacidad de resistencia, el mundo romano terminó fragmentándose. En las diversas partes resultantes llegaron a reinar quienes habían sido los principales objetos de la explotación esclavista por parte de Roma: los bárbaros.

16

JULIO CÉSAR

El inicio del Imperio romano

¿Quién fue?

Gaius Iulius Caesar, o en castellano Cayo Julio César (100-44 a.C.), político, militar y dictador romano, inauguró las bases del Imperio romano. Su sucesor fue César Augusto (su sobrino) y se convirtió en el primer emperador de Roma, el imperio que cambió el mundo.

Procedente de una familia patricia venida a menos, que había tenido que convivir con plebeyos, César accedió precozmente a la política de la mano de su padrino Mario gracias a sus grandes dosis de pragmatismo y acercamiento a la realidad. Desde un primer momento destacó por su dotes de orador.

Fue elegido senador y fue asignado para varios cargos militares, que desempeñó con total eficiencia. Destacó también como escritor y se dice que era aficionado a la astronomía.

En el conflicto político que enfrentaba al Senado romano entre conservadores y populistas, César se posicionó en este último bando, junto con sus amigos Octavio, Lépido y Marco Antonio. Pero pronto la facción conservadora (*optimates*) se alzó con el poder político tras una guerra civil que estalló en el 86 a.C., estableciendo una dictadura encabezada por Lucio Sila.

Pese a todo, César, aunque estaba en el bando de los perdedores, fue nombrado general y llevó una legión al extranjero (80 a.C.), donde triunfó estruendosamente. No obstante, su desobediencia al dictador era manifiesta, con lo que se granjeó el apoyo popular.

En el año 78 a.C. cayó la dictadura de Sila y César fue nombrado procónsul. Poco a poco fue ganando poder a la par que se ganaba la simpatía popular, y en año 63 a.C. fue nombrado máximo pontífice de Roma y luego cónsul (58 a.C.), lo que provocó las iras de los *optimates*.

ADEMÁS DE POLÍTICO, militar y escritor (escribió dos obras, una sobre la guerra de las Galias y otra sobre la guerra civil) César fue un gran aficionado a la astronomía, a la que dedicaba mucho tiempo, y por ello decidió crear e imponer su propio calendario. César fue el creador del calendario juliano, que imperó hasta el nacimiento, en la Edad Media, del calendario gregoriano, que es el actual.

César luchó y ganó una nueva guerra civil contra la facción conservadora del senado romano, cuyo líder era Pompeyo. Después de la derrota de los *optimates*, César se alzó con el cargo de dictador vitalicio (en el concepto romano del término), en el 49 a.C., e inició una serie de reformas administrativas y económicas en toda la República de Roma, a la que, de hecho (aunque no de derecho) convirtió en un imperio.

Tal fue el poder que acumuló, que al final fue asesinado por 13 senadores (entre los que se encontraba su hijo, Bruto) en el 44 a.C. Su muerte produjo una nueva guerra por el poder (ganada por su sobrino Augusto) que trajo como consecuencia el final de la República romana.

La obra de César

Más que en la política, donde su carrera se vio magnificada debido a su pericia militar y a las simpatías del pueblo (lo que no significa que no tuviera dotes para esta carrera) fue en el campo militar.

Conquistó las Galias en el 52 a.C., tras lo que escribió una famosa obra literaria donde relataba la conquista, describía a los galos y narraba las vicisitudes de los ejércitos de Roma (*La guerra de las Galias*); participó en las campañas de Hispania con notables éxitos (donde fue relevado a su muerte por su sobrino Augusto), y se lanzó a la conquista de Bretaña. Bajo su gobierno el territorio de la República se duplicó, llevando también la guerra a Judea, Dalmacia y Germania, donde derrotó a varias tribus y estableció la frontera a orillas del Rhin.

Reformó el ejército para darle más movilidad y eficacia y realizó también una serie de reformas político-administrativas que dieron a la moribunda república el cariz y la burocracia de un imperio. Su política expansionista hizo de Roma un imperio, aunque no sería denominado como tal hasta unos años después de su muerte.

Con la expansión militar, extendió un modo de vida, el de la civilización romana: impuso el derecho romano, avance sin igual en el mundo de la época, que esta base del actual derecho.

La mayor audacia realizada por Roma, iniciada con Julio César y terminada por Augusto, fue la conquista de los imperios helenísticos, anexionándose y tomando bajo dominio romano el antiguo Imperio alejandrino, lo que hizo de Roma el mayor imperio del mundo conocido hasta ese momento.

17

CRISTO

EL NACIMIENTO DEL CRISTIANISMO

¿QUIÉN FUE?

Jesús de Nazareth, o Hristos de Nazareth (castellanizado como Cristo o Jesucristo), fue el profeta de mayor renombre de toda la historia (0-33 d.C.).

La figura de Cristo es sin lugar a dudas la más controvertida de la historia. Venerado como encarnación humana del Dios de los cristianos, lo cierto es que se debe hacer una separación entre el Cristo teológico (divinizado) y el histórico (en el cual se inspiran los mitos y leyendas), aunque para otros el Cristo histórico, el profeta, fue el resultado de mezclar biografías y hazañas de varios profetas a su vez.

En el siglo XIX, gracias a las teorías evolucionistas de Darwin y a la progresiva secularización que se venía dando en la sociedad, se realizó la separación del personaje bíblico y del histórico.

No obstante, en ese siglo se negaba la existencia de Cristo, de que hubiera existido el personaje histórico sobre el que se había construido todo un credo religioso y filosófico, creyendo que era una invención de la Iglesia católica.

Ya en el último tercio del siglo XX, con la aparición del manuscrito *El discurso verdadero contra los cristianos* de Celso (escritor romano de época augusta) y su reconstrucción a través de la obra *Contra Celso* (defensa cristiana de la crítica anterior) en la que viene reproducido íntegramente, y de nuevas pruebas científicas (ADN, excavaciones arqueológicas...), numerosos especialistas, entre los que destaca el historiador alemán Markchiest, se ha podido realizar una reconstrucción eminentemente histórica del cristianismo y de la vida de Cristo. Estas reconstrucciones han sido aprobadas por la mayoría de la científicos e historiadores, pero han sido rechazadas por la Iglesia cristiana, tanto católica como ortodoxa, y por las diferentes iglesias protestantes.

Algunas de estas reconstrucciones de la vida de Jesús, basadas en el autor romano Celso, afirman que el profeta fue el hijo bastardo de un legionario romano, de nombre Pancrato, que sirvió en Judea y que habría dejado embarazada a la joven María, habitante de la ciudad de Nazareth, sin muchos medios de subsistencia. Hay una fuerte discusión académica, rechazada absolutamente por el catolicismo, sobre si María ejercería para sobrevivir la prostitución. En estado de gestación y sin medios económicos, María emigraría, buscando trabajo, a la pequeña ciudad de Belén, donde contraería matrimonio con José, humilde carpintero y alumbraría a Jesús (Hristos, en griego).

Lejos está la figura histórica de Cristo, en tanto que ser humano, de la visión teológica del cristianismo. Aunque la visión cristiana es opuesta, el análisis que de Cristo como hombre nos ha llegado mantiene que Jesucristo vivió en pecado con María Magdalena, empleó la violencia contra los romanos, disputó agriamente dentro del fariseísmo y, sin definirse nunca fuera del judaísmo, trató junto con sus compañeros de reformarlo. Sus familiares (algunos de los cuales se autodenominaron como sus descendientes, sin que se haya podido verificar este hecho) criticaron duramente a Pablo de Tarso por haber desfigurado la imagen de Jesús y haber utilizado su nombre para crear una nueva religión, algo a lo que, según dicen, se hubiera negado Cristo.

El profeta pasaría su infancia y juventud con sus padres en la carpintería, hasta que a la edad de 30 años abandonó el hogar paterno. Se dice que pasó por varias peripecias (desde que era curandero, hasta estafador, y, por supuesto, todas ellas rechazadas por la Iglesia) hasta que en el 32 d.C. entraría a formar parte de una secta radical farisea (el judaísmo estaba dividido en varias doctrinas, entre las que destacaban los fariseos, muy numerosos pero con poca influencia religiosa y política, y a su vez éstos estaban divididos en múltiples tendencias, a veces incluso enfrentadas entre sí).

Los fariseos criticaban la ortodoxia judía (sobre todo en cuanto al tema de la circuncisión se refiere, así como al trato dado a los conversos al judaísmo) y políticamente se posicionaban por la igualdad económica y el rechazo a la invasión romana. Los sacerdotes del templo del Sanedrín (guardianes de la ortodoxia judía y gobernadores de Judea) habían llegado a un acuerdo con Roma, aceptando el vasallaje y la conquista para que, supuestamente, el emperador no descargara su ira contra Judea.

Al parecer, Jesús habría sido capturado en el año 33 d.C., en una redada llevada a cabo por los romanos contra la disidencia judaica y condenado a morir en la cruz (habitual forma de ejecución en Roma, recordemos que Espartaco también murió así), donde murió como ser humano. En cambio, para sus fieles, Jesucristo no murió en la cruz: unos días después resucitó para dar al mundo su mensaje.

DOCTRINA

Lo cierto es que Jesús no elaboró ninguna doctrina nueva (el cristianismo se debe en exclusiva a la obra de Pablo de Tarso, hacia el año 70 d.C.). Para unos fue un judío heterodoxo, que malvivió como carpintero, curandero o charlatán hasta que surgió en él una conciencia social y política, convirtiéndose en un icono en la lucha contra Roma y en la disociación con una Iglesia judía ortodoxa autoritaria y decadente. Para los creyentes fue el Mesías.

A su muerte, el fariseísmo radical aumentó sus filas, pero también aumentó la represión que sufrió a manos de los romanos. Un nutrido grupo de exiliados partió al desierto de Arabia, otro permaneció en Judea en la clandestinidad, y un último grupo partió a Grecia (lugar en el que se comenzó a llamar a Jesús con su nombre traducido al griego, Hristos), donde Pablo de Tarso creó una nueva religión basándose en la heterodoxia judía y en la filosofía platónica, tan influyente en la Hélade.

18

PABLO DE TARSO

EL TEÓLOGO Y FUNDADOR DEL CRISTIANISMO

¿QUIÉN FUE?

Saulo de Tarso, o Pablo de Tarso, conocido más tarde como San Pablo (7- 67), teólogo y sacerdote a quien se atribuye la creación del cristianismo en tanto que religión nueva y separada del judaísmo.

Nació en Tarso, región de Cilicia (Asia Menor), bajo dominación romana, por lo que ostentaba tal ciudadanía. Sus padres eran judíos y se dedicaban al comercio. En su madurez acudió a Judea donde entró como funcionario del templo de Sanedrín, pese a sus inclinaciones fariseas moderadas.

VIDA Y OBRA

Como funcionario del templo se encargó de la persecución de las ramas más radicales del judaísmo, tales como sicarios, zelotas, y en particular las tendencias más extremistas del fariseísmo (entre las que se encontrarían los seguidores de Cristo).

Cuando murió Jesucristo, partió hacia el desierto de Arabia, donde estaba afincada una de las comunidades de seguidores del mito religioso, con el fin de infiltrarse en ella y desarticularla. En ese instante, Pablo se convirtió al credo de Cristo, pasó a considerarse uno de sus Apóstoles (pese a que no le conoció) y a fundar el cristianismo en tanto que religión separada del judaísmo.

PABLO ERA un funcionario enviado por Roma, debido a su religión y origen judaicos (sus padres eran hebreos que vivían en el Imperio romano), a supervisar y colaborar con la administración del templo de Sanedrín. Es una paradoja que el mayor perseguidor del cristianismo iniciara su fundación como Iglesia católica separada del judaísmo, y hoy día el credo mayoritario en el mundo. No hace falta decir lo que ha significado tal Iglesia para la humanidad (con sus aciertos y sus acciones discutibles), por lo que con su obra, basada en la prédica anterior de Cristo, Pablo de Tarso cambió la historia.

Los motivos de la conversión son objeto de polémica. Las fuentes históricas más rigurosas señalan que fue debido al contacto con el grupo al infiltrarse en él y al ser Pablo fariseo moderado (no hay que olvidar que estaba persiguiendo a seguidores de su mismo credo, pero más radicalizados), por lo que se convenció de las prédicas de los seguidores de Jesús, uniéndose a ellos.

Por otro lado, entre las fuentes teológicas hay discusión al respecto. Según éstas, Pablo se convertiría por un milagro cuando Cristo se le apareció; la diferencia entre éstas reside en que para un sector minoritario la aparición se produjo justo después de que Pablo se cayese del caballo, mientras que para un sector mayoritario (versión aceptada por la Iglesia), la conversión se habría producido tras pasar 40 días en el desierto, solo y con poca agua en busca de la comunidad de seguidores de Jesucristo.

Algunos historiadores sostienen que la versión teológica es cierta, pero la atribuyen a un ataque epiléptico (enfermedad que sufría Pablo), ya que a menudo debido a estos ataques se producen ceguera temporal y alucinaciones.

Sea como fuere, Pablo se unió al grupo, predicando desde entonces la palabra de Cristo y reformando el credo. Y para los cristianos es un santo, al que llaman San Pablo Apóstol, el Apóstol de los Gentiles o San Pablo de Tarso.

EL NACIMIENTO DEL CRISTIANISMO

La mayor aportación de Pablo es la concepción de que el cristianismo es una Iglesia nueva. Los Apóstoles seguían considerándose judíos, pero Pablo demostró, en un concilio celebrado para la ocasión en Jerusalén, que los seguidores de Cristo ya no estaban sometidos a las leyes religiosas judaicas. En este momento, y ante el asombro de todos, procedió a un desarrollo lógico (siguiendo la dialéctica platónica, disciplina en la que los funcionarios de Roma estaban sobradamente formados) de la supuesta prédica de Jesucristo; tales argumentos fueron aceptados por la mayoría griega del concilio. A dicho concilio había acudido el grupo griego, que finalmente aceptaría el cristianismo; el grupo de Judea, que volvería al judaísmo fariseo original, y el grupo de Arabia, que permaneció indeciso hasta su final conversión al cristianismo en el año 100). Este concilio transformaba la iglesia en algo universal (católico) y que debía ser revelada a todo hombre de buena fe que poblara la tierra, independiente de su origen.

Según Pablo, éstos fueron los designios de Jesús y por ello envió a sus Apóstoles por todo el mundo. Sin embargo, según las teorías históricas más novedosas y creíbles apuntan a que Jesús y los 12 Apóstoles, que pertenecerían a un mismo grupo político-religioso de corte subversivo, se separaron para evitar ser capturados por los romanos y para tratar de ganar apoyos en su lucha contra la invasión de Roma y el colaboracionismo judío. Además del concilio, Pablo escribió las llamadas «cartas paulinas», a través de los cuales difundió sus ideas y creencias. Entre esas epístolas, destacan «Carta a los romanos», «Carta a los corintios» y «Carta a los gálatas», entre otras.

De esta forma, tras este concilio, celebrado en el año 67 d.C. se establecerían las bases del cristianismo en tanto que Iglesia nueva, lo que sería ratificado y elaborado de manera oficial en el año 70 d.C., con la creación oficial de la Iglesia católica.

19

NERÓN

LA TEORÍA DE LA CONSPIRACIÓN

¿QUIÉN FUE?

Lucio Domicio Ahenobarbo, más conocido como Nerón Claudio Druso Germánico (37-68), nombre que se puso cuando llegó a ocupar el trono imperial de Roma, en el año 54 d.C.

Tataranieto de Augusto, se hizo con el principado. El Imperio romano tuvo dos etapas: el principado, inaugurado por Augusto, el primer emperador, en el que el Senado se mantenía y el emperador —*princeps*— debía rendirle cuentas; y el dominado, inaugurado por Marco Aurelio, en el que el emperador —*dominus imperator*— gobernaba con un poder absoluto, eliminando al Senado. Habiendo ascendido al trono a instancias de su madre para suceder al asesinado Claudio, gobernó Roma hasta el año 68, y se le reconoció una muy meritoria gestión de gobierno durante los cinco primeros años, en los que tomó una serie de medidas económicas muy eficaces para asegurar el buen abastecimiento de la ciudad de Roma, como la ampliación del puerto de Ostia.

Sin embargo, a partir del año 60 empezó a destacar por sus extravagancias, delirios de grandeza y gusto por el poder. Quiso elevarse a la categoría de dios viviente e inaugurar su propia religión.

Realizó un proyecto urbanístico para construir una nueva Roma (quizás a instancias de su madre, Agripina, que ejercía una gran influencia sobre él) que fue rechazado por el Senado, alegando que supondría una obra faraónica que supondría el total derribo de la ciudad para levantarla de nuevo. Mandó incendiar (bien él o su propia madre) la ciudad para edificar su proyecto sobre las cenizas de ésta y culpó a los cristianos (minoritarios, desconocidos, con poca influencia y aún no separados del judaísmo) del hecho, lo que supuso la primera conspiración documentada de un gobernante contra su propio pueblo para justificar un proyecto político o una decisión determinada.

Aparentemente paranoico, decidió dedicarse a la música y dejar el gobierno en manos de estrambóticos amigos suyos (aunque se dice que estos amigos eran en realidad títeres de su madre Agripina y de su tutor Séneca, verdaderos gobernantes en la sombra), que tomaban medidas disparatadas. Pero luego desconfiaba de sus amigos y les mandaba ejecutar. Encarceló a senadores competentes para el ejercicio de su función y los sustituyó por estos amigos o incluso por niños o locos.

Al final, debido al desastre al que abocaba al imperio, o quizás a que ya no le era útil a su madre ni a Séneca, estalló una rebelión en varias provincias del imperio, fruto de una conspiración urdida por su progenitora, bisnieta de Augusto y de quien se decía que en realidad era la verdadera gobernadora de Roma (de hecho ella auspició la llegada al trono de Nerón), hasta que su propio hijo le desobedeció con sus extravagancias, momento en que decidió eliminarlo, induciéndolo al suicidio y otorgando el trono imperial del principado a Galba.

Fue tal la influencia de su madre, que las últimas investigaciones históricas apuntan a que quería instaurar un Imperio absoluto (algo que no se lograría hasta Marco Aurelio, en el 180), utilizando como títeres a incapaces como su hijo o como Calígula, eliminando a *princeps* capaces para su ta-

Nerón fue un gran aficionado a la música, en concreto a la lira, pese a que era nefasto tocándola, y aceptó a regañadientes el trono, pues quería ser músico. Su figura fue un pretexto para la conspiración, idea algo extendida incluso hoy día.

rea, y haciendo que sus intentos, cuando eran descubiertos, parecieran locuras del emperador.

20

ARRIO

LA PRIMERA HEREJÍA CRISTIANA

¿QUIÉN FUE?

Arrio (256-336), sacerdote egipcio, de origen libio, destinado en la ciudad de Alejandría, se enfrentó a su obispo y a toda la Iglesia católica al afirmar que el hijo de Dios, Jesucristo, no era Dios, sino que fue creado de la nada por éste para predicar su palabra entre los hombres.

DOCTRINA

Su doctrina fue conocida como arrianismo, aunque las ideas que Arrio sostenía no eran nada nuevo y ya se habían defendido anteriormente, incluso en época de Pablo de Tarso, el primero en argumentar la divinidad de Cristo.

El arrianismo, pese a contar con seguidores entre destacados miembros de la cúpula eclesiástica, fue condenado como herejía en el I Concilio de Nicea (325), donde se reforzó la creencia teológica de la consustancialidad (unidad entre padre e hijo, siendo ambos manifestaciones de Dios, al igual que el espíritu santo), excomulgando por lo tanto a Arrio y a sus seguidores, que pasarían a ser perseguidos.

El arrianismo en realidad se trata de una serie de doctrinas cristianas que surgieron a partir de la interpretación del obispo Arrio de las Sagradas Escrituras y de las teorías de Pablo de Samosata, obispo de Antioquía. Arrio consideraba que Jesús no formaba parte de la Santísima Trinidad, sino que era un simple humano, profeta de Dios.

Por este motivo, el arrianismo fue condenado como una herejía, sobre todo a partir de que la Iglesia concluyó que esta creencia debía ser un dogma de fe. La ortodoxia reveló siempre que Cristo era Dios encarnado en un hombre aunque es cierto que en las llamadas «disputas cristológicas» siempre hubo un debate sobre la verdadera relación entre el Padre y el Hijo.

Pese a que luego hubo intentos por restablecer la figura y las ideas de Arrio, se siguió condenando su doctrina como herejía y a él mismo como hereje, por lo que tuvo que huir constantemente de la persecución de la Iglesia católica, que si bien no empleó la represión física o jurídica, sí que le impidió la prédica de su teología.

Por lo tanto, Arrio fue el primer hereje del cristianismo. Fue perseguido teológica y profesionalmente, pero no físicamente. Arrio cambió el mundo al sostener las ideas del cristianismo primitivo, que degeneraron cuando el catolicismo alcanzó el poder, según el cual Jesucristo era un ser mortal y, aun más, un luchador contra la injusticia y la desigualdad.

Pero la Iglesia consideró que el arrianismo era peligroso porque, como toda herejía, abría la puerta al cuestionamiento de la esencia misma de la religión al desacralizar sus ritos, iconos y normas, pudiendo perder por ello és-

Las concepciones de Arrio provocaron una persecución de las doctrinas disidentes de la Iglesia católica que aun hoy duran (por ejemplo, el conflicto entre el Vaticano y la teología de la liberación), si bien en otros términos. Pero el caso del arrianismo supuso la creación de una primitiva inquisición, un comité que proscribía doctrinas e ideas, pero que en un principio no reprimía físicamente, como lo haría luego la Santa Inquisición.

tos su sentido, y por lo tanto, la Iglesia perdería adeptos, prerrogativas e influencias; en una palabra, perdería poder.

Los libros de Arrio fueron quemados y proscritos. Se prohibió la difusión de sus ideas y minimizaron sus teorías, si bien éstas sobrevivieron entre los pueblos godos, cristianizados a principios del siglo V por contacto con algunas autoridades romanas que sí defendían, clandestinamente, el arrianismo.

Finalmente, Arrio murió envenenado en el año 336, justo cuando comenzaba una corriente favorable a sus tesis en las capas intermedias de la Iglesia, que llevó a que se planteara la invalidez de su excomunión en un concilio extraordinario convocado para tal efecto en el 337. Con Arrio muerto, el concilio finalmente no se celebró, y es más, en el II Concilio de Nicea, cuando se terminó de cohesionar por completo la doctrina católica y se aprobó la edición de la Biblia, Arrio fue ratificado como hereje y su doctrina perseguida aún con más virulencia.

21

CONSTANTINO

EL ASCENSO AL PODER POLÍTICO DE LA RELIGIÓN CRISTIANA

¿QUIÉN FUE?

Cayo Flavio Valerio Aurelio Claudio Constantino (272-337), emperador romano, fue el autor del Edicto de Milán (313), por el cual se legalizaba el cristianismo, que quedaba exento de persecución. Posteriormente este mismo emperador (en el I Concilio de Nicea, convocado en el 325) reconocía la religión cristiana como una de las religiones del Imperio de Roma, lo que supuso el paso definitivo para su expansión y ascenso al poder, hecho éste que se reflejaría en el 380 cuando Teodosio la convirtió en la religión oficial del Imperio. A su muerte dividió en dos el Imperio para legárselo a sus hijos, por lo que Roma quedó dividida entre el Imperio romano de Occidente (de Lisboa a Grecia, de Escocia a Sudán), cuya capital era Roma y que caería en el 476 a manos de los bárbaros de Germania, y el Imperio romano de Oriente (de Atenas a Teherán, de Polonia a Qatar), cuya capital era Constantinopla y que caería en 1473 a manos de los turcos.

¿QUÉ HIZO?

Constantino fundó la ciudad de Bizancio, rebautizada como Constantinopla, y gobernó un imperio que no dejó de crecer hasta su muerte, alcanzando el mayor número de territorios conquistados de su historia. Por ello dividió el territorio entre sus hijos, para no otorgar a nadie el poder que él había congregado y librar así a sus descendientes de tal carga y difícil gestión.

Al dar oficialidad al cristianismo, Constantino lo encumbró al poder político (de donde no se apearía hasta el siglo XIX), hecho que se considera esencial para la expansión de esta religión. Por ello los historiadores le presentan como el primer emperador cristiano, si bien fue bautizado cuando ya se encontraba en su lecho de muerte.

SON MUCHAS LAS DUDAS que presenta la figura de Constantino. De él se dice que fue el primer emperador cristiano, aunque en realidad no fue cristiano. Otorgó bienes y poder a la Iglesia, lo que sería definitivo para la hegemonía de ésta así como para la expansión de un credo que se configuraría definitivamente en época de Constantino (redacción de la Biblia, creación de Satanás y del infierno, unificación de una ortodoxia, etc., siendo por ello el cristianismo la religión del poder). Constantino fue bautizado cuando estaba ya en su lecho de muerte, justo antes de morir, levantándose las dudas sobre si obró por convicción, por presiones o porque la Iglesia habría adquirido algún poder en la sombra.

Constantino representa el nacimiento de la monarquía absoluta hereditaria y por derecho divino (con Marco Aurelio había nacido el *dominado*, eliminando al senado y gozando de un poder casi omnímodo, pero no era hereditario ni por derecho divino y no tenía el rango oficial de monarquía absoluta). Durante su reinado se introdujeron importantes cambios que afectaron a todos los ámbitos de la sociedad del Bajo Imperio. Reformó la corte, las leyes y la estructura del ejército. Constantino trasladó la capitalidad del imperio a Bizancio, a la que cambió el nombre por Constantinopla. En el 337 falleció por enfermedad, 31 años después de haber sido nombrado emperador en Britania.

Constantino dio un gran poder a los cristianos, una buena posición social y económica a su organización, concedió privilegios e hizo importantes donaciones a la Iglesia católica, apoyando la construcción de templos y dando preferencia a los cristianos como colaboradores personales, además les proporcionó una buena imagen y una gran aceptación en la sociedad. Pero no se quedó ahí, por presiones de su familia, de la cual se dice que se había convertido al cristianismo. También conquistó muchos territorios en Judea y edificó numerosos templos, dividió administrativamente roma según las diócesis cristianas. Y, sobre todo, al convocar el I Concilio de Nicea, no sólo estaba reconociendo al cristianismo oficialmente como una de las tantas religiones del Imperio, sino que, aprovechando su poder absoluto en beneficio de esta religión, trató de unificar la doctrina, ocupándose de temas como las heterodoxias cristianas, entre otros. Por ello, tras este concilio, ya a la muerte de Constantino, se encargó la redacción y compilación de la *Biblia a Ieronimus,* cuyo compilado final fue aprobado en el II Concilio de Nicea (385).

EDAD MEDIA

22

BODHIDARMA

INVENTOR DE LAS ARTES MARCIALES

¿QUIÉN FUE?

Bodhidarma, más conocido por el nombre chino de Dao Mo (502-549), monje indio, vigésimo octavo patriarca del budismo, viajó a la región china de Nang Yian, en el centro norte del país, para predicar la palabra de Buda. Fue el inventor de las artes marciales y la persona que introdujo el budismo en China.

EL BUDISMO EN CHINA

Bodhidarma fue el introductor del budismo en China. En su peregrinación entró en contacto con los monjes del templo Shaolin, en donde se instaló y rápidamente les convirtió a la religión budista, por la relativa simplicidad de la misma y el gran parecido con las concepciones tradicionales chinas, como el taoísmo, entre otras.

A través de los monjes Shaolin el budismo se extendió por buena parte de China (hasta convertirse en la tercera religión del país, por detrás del taoísmo y del confucionismo) e incluso a Japón.

LA INVENCIÓN DEL KUNG FU

Uno de los logros más importantes, y que también cambiaría el mundo (por ser un arma marcial, que dio lugar a otras y que practican todos los ejércitos del mundo) fue la invención del kung fu. Este arte marcial, totalmente novedoso para la época, que aplicado al arte militar cambió el concepto de lucha cuerpo a cuerpo y aumentó el poder de los ejércitos que lo practicaban. A partir de la difusión del kung fu por los monjes Shaolin se desarrollaron casi todas las demás artes marciales existentes.

Bodhidarma dedicaba gran parte de su tiempo, al igual que los monjes Shaolin, a la meditación (de hecho se dice que pasó nueve años meditando), pero se dio cuenta de que sin la condición física, la espiritual no es suficiente. Por ello comenzó a realizar ejercicios y a instar a los monjes Shaolin a imitarle. En los descansos de sus meditaciones, y sobre la base de algunos ejercicios del rapalpayatu, primer arte marcial de la historia, inventado en la India, comenzó a imitar el movimiento de varios animales mientras jugaban o peleaban entre ellos (el tigre, el mono, el águila, la serpiente, la grulla, el leopardo...).

Así a través de la imitación de estos movimientos, sobre la base de las posturas básicas del rapalpayatu y de la meditación y la filosofía budista (que utilizaba el yoga), Bodhidarma, ahora Dao Mo, inventó un arte marcial que sería conocido como kung fu.

Este arte pronto sería desarrollado por los monjes para proteger las reliquias de sus templos Shaolin de los ban-

AL INICIO de su vida en Shaolin, Dao Mo solía escalar la montaña durante el día y sentarse en la cueva frente a la pared en estado de chana (meditación) y por las tardes bajaba al monasterio a conversar sobre budismo con los otros monjes. Pero después de un tiempo ya no bajó al monasterio, sino que se quedó sentado frente a la pared, concentrado en lo fundamental. Así pasaron los años, y cuando se cansaba se ponía de pie y comenzaba a hacer ejercicios, algunos imitando a los movimientos y estrategias de defensa de los animales que observaba a su alrededor, desarrollando lo que después se conocería como kung fu Shaolin.

didos. Alcanzaría tal fama que sería aplicado al ejército imperial como modo de combate, siendo tan eficaz que permitió a los ejércitos del reino de Wu, conquistar China (que, como tantas en la historia China, se realizó militarmente a través de la fuerza).

Admirados los ejércitos de Wu en todo Oriente, pronto otros países aprenderían kung fu y a partir de él desarrollarían otros artes marciales como el karate, el sipalki, el taekwondo o el ninjitsu.

El kung fu, como la mayoría de artes marciales, estaba vedado a los occidentales, hasta que en la década de los setenta del siglo XX, el artista conocido como Bruce Lee comenzó su difusión y enseñanza a cualquier persona interesada en aprenderlo.

23

MAHOMA

El profeta del islam

¿Quién fue?

Mohammed, en castellano Mahoma (570-632), fue el profeta y religioso fundador de la religión islámica. Según ésta, Mahoma es el último de una larga cadena de mensajeros, enviados por Allah (Dios) para actualizar su mensaje, que según el islam sería en esencia el mismo que habrían transmitido sus predecesores, Jesús y Moisés.

Mahoma era hijo de un jefe árabe de la tribu Coraix, que fue criado por su abuelo. Nació en La Meca y desde temprana edad se dedicó al oficio familiar del comercio de camellos, llevando caravanas de La Meca a Damasco. Ejerciendo este oficio conoció a una rica viuda, Jadiya, con la que contrajo matrimonio y tuvo cuatro hijas. Gracias a la aventajada posición económica de su esposa, Mahoma pudo dejar su profesión y dedicarse a la espiritualidad y la religión.

El nacimiento del islam

En el 612, cuando tenía la edad de 40 años, afirmó que se le apareció el arcángel san Gabriel, quien le encargó la misión de convertirse en el profeta de Dios, el último de una serie de ellos desde Abraham a Jesucristo, pasando por Moisés.

Según se recoge en el Corán, los hombres habrían acabado por malinterpretar y adorar como dioses a los profetas que Allah (Dios) había enviado a la Tierra y es por esto que la misión de Mahoma sería aclarar definitivamente la voluntad de Dios. Se puede decir por lo tanto que en el 612, nacería el futuro islamismo (oficialmente fundado en el 632, tras la muerte de Mahoma) como una religión, en un principio entroncada con el judaísmo y el cristianismo.

Mahoma, que predicó un estricto monoteísmo, prediciendo el Día del Juicio Final, no llegó, por lo tanto, a rechazar el judaísmo ni el cristianismo, afirmando que había sido enviado por Dios para completar y perfeccionar sus enseñanzas.

Pronto Mahoma comenzaría a predicar, lo que le costaría el exilio, pues la gran mayoría de tribus árabes adoraban a la piedra Ka'aba, situada en La Meca, y veían a los judíos como ignorantes infieles (aunque convivían pacíficamente con ellos). Mahoma abandonó su ciudad natal y se dedicó a orar y predicar entre las tribus del desierto de Arabia.

Mahoma se retiró a Medina, donde sus prédicas consiguieron articular un poderoso movimiento religioso, que comenzó a extenderse por la Península Arábiga y por Siria. Tal expansión de la nueva fe provocó una guerra religiosa entre La Meca y Medina, en la que Mahoma y sus seguidores resultarían victoriosos, extendiendo su doctrina a todos los confines del naciente y próspero reino árabe, que los seguidores de Mahoma, a su muerte, se encargarían de convertir en un imperio que abarcaría el antiguo Imperio persa, gran parte del Imperio romano de Oriente y la Península Ibérica.

Para los musulmanes la victoria obtenida era la prueba definitiva de que Mahoma era el legítimo profeta, por lo que fue aclamado como líder espiritual. Por ello se recogieron sus enseñanzas en el Corán, libro sagrado de los musulmanes y guía tanto religiosa como política, pues según el Islam el hombre ha de obedecer los designios de Dios. Mahoma estableció una serie de leyes como la prohibición de tomar alcohol o del derramamiento de sangre entre musulmanes, así como el respeto hacia las «gentes del libro» (Corán, Torah y Biblia, es decir, musulmanes, judíos y cristianos), por recibir y predicar la palabra de Dios y la guerra santa a los infieles (paganos); posteriormente esto sería malinterpretado.

La nueva fe de Mahoma situaba su centro en Medina, pero al ser el profeta de La Meca, a la que no había vuelto de su exilio, y al haber allí aun una resistencia religiosa a su credo, consideró conveniente ir a predicar allí la nueva fe. En el año 632, poco antes de su muerte, Mahoma hizo la famosa peregrinación a La Meca (algo que todo musulmán debe realizar al menos una vez en su vida).

LA MUERTE DE MAHOMA

Mahoma murió en el 632, año que se toma como inicio del calendario musulmán y como año de nacimiento del islam como religión separada de judaísmo

LA INFLUENCIA DEL ISLAM en la política internacional es hoy día decisiva. En mayor o menor medida su presencia rige los acontecimientos mundiales de la actualidad, directa o indirectamente, sobre todo en los conflictos en Oriente Medio o con el denominado terrorismo fundamentalista islámico que parece sacudir casi todos los confines del planeta.

y cristianismo. Tras su muerte sus sucesores (los califas) se convirtieron en líderes políticos y religiosos, gobernando según el Corán (ley coránica, que aún hoy rige en la inmensa mayoría de los países musulmanes).

No obstante, poco después de su muerte el credo se rompería en varias interpretaciones religiosas: de un lado estarían los fatimíes (seguidores de su hija Fátima), de otro los chiíes (seguidores del marido de ésta, Alí, profeta oficial autorizado a la muerte de Mahoma) y de otro lado los sunníes o seguidores de la Sunna, el libro que recoge la vida de Mahoma, al considerar que el Corán estaba sujeto a interpretaciones y que había sido redactado por varias personas y que no era suficientemente claro.

Posteriormente nacería la secta sufí, que afirma, en paralelo a las herejías cristianas de Dulcino, Jan Hus o los anabaptistas, que Dios está en el interior de cada persona, por lo que no se necesitan ni iglesias ni jerarquías.

LA EXPANSIÓN DEL ISLAM

Antes de su muerte, Mahoma había establecido al islam como una fuerza social, política y religiosa y había unificado la Arabia altomedieval. Algunas décadas después de su muerte sus sucesores llegarían a ampliar con creces el territorio musulmán (Imperio persa, Egipto, Armenia, norte de África, sur de Francia, Península Ibérica –donde entre el 711 y el 716 comenzó una presencia de casi ocho siglos...), y posteriormente, los turcos, también musulmanes, establecerían de manos de Suleiman, un auténtico imperio que perduraría hasta 1917 y abarcaría desde Grecia hasta China y desde el sur de Rumania hasta Etiopía.

Sin duda, el islam es en la actualidad la mayor religión del mundo después del cristianismo (incluyendo aquí católicos, protestantes y ortodoxos), y su influencia política, económica, cultural y religiosa ha cambiado el mundo (para bien o para mal) en más de una ocasión.

Mahoma dejó muchas bellas frases como éstas: «Sabed que quien cambia la fe por la incredulidad, deja lo bello en medio del camino» y «en verdad, hay signos en la Tierra para los hombres que creen firmemente».

24

CARLOMAGNO

EL IMPERIO CAROLINGIO: LA UNIFICACIÓN DE EUROPA

¿QUIÉN FUE?

Carlos Martel, o Carlos I el Grande, más conocido como Carlomagno (742-814), fundador del Imperio carolingio, que después se convertiría en el Sacro Imperio romano germánico o Imperio romano de Occidente restaurado.

Desde la jefatura de los francos, obtenida en el 768, inició una carrera imparable que le llevó, unificando a los diversos pueblos germánicos de Europa, al trono del reino lombardo (774) y así sucesivamente hasta fundar en el 800 el Imperio carolingio y ser proclamado Emperador de Occidente, cuyas extensiones abarcaban desde los Pirineos hasta Moldavia y desde Dinamarca hasta Croacia.

Nieto de Carlos Martel (vencedor de los musulmanes en Poitiers, con lo que impidió que conquistaran Europa), de quien heredó trono y nombre, nació en Renania, y al alcanzar la mayoría de edad se hizo por herencia con el reinado de los francos. Fue coronado como Emperador de Occidente por el Papa León III, y su imperio dominó toda la Europa occidental y Cataluña, a excepción del resto de Hispania, que estaba bajo dominio árabe.

POLÍTICA DE CARLOMAGNO

En cuanto a política exterior se refiere, Carlomagno inició una larga lista de agresivas campañas militares, partiendo desde el reino franco en todas direcciones: conquistó a los germanos, sometió Hungría y Rumanía y llegó a conquistar algunos territorios hispánicos (Cataluña, norte de Aragón y algunas comarcas de Navarra), más conocidos como la marca hispánica.

En política interior llevó a cabo una serie de reformas administrativas que serían el modo de organización por excelencia de la Edad Media europea, base del sistema feudal: creó el condado como unidad administrativa básica (a cargo de un conde), y en cada condado estableció varias marcas, llamadas burgos, a cargo de un marqués, deshaciendo así la división por reinos.

Estas divisiones administrativas eran inspeccionadas en nombre del emperador por los *missi dominici* o duques (un solo duque podía inspeccionar varios condados y sus respectivas marcas).

Carlomagno fue un adalid de la cultura, creando, por ejemplo, la Escuela Palatina (situada en Aquisgrán, la capital de Imperio), entre otras, de cuya dirección se encargaría a petición imperial Alcuino de York, uno de los más importantes eruditos de su tiempo.

El sistema funcionó bien en vida de Carlomagno, gracias a su mano de hierro, pero una vez fallecido, su débil sucesor Ludovico, fue incapaz de contener la desintegración del Imperio, que se dividiría definitivamente en el año 843 por el Tratado de Verdún, hasta que en 962 sería reconstruido de nuevo y rebautizado por Otón I como Sacro Imperio romano germánico.

PESE A SER uno de los grandes gobernantes europeos y muy capaz en el uso de las armas y la diplomacia, su padre Pipino sólo le había educado en el arte militar. Por ello, Carlomagno, hasta la implantación del renacimiento carolingio, no sabía leer ni escribir ni tampoco poseía conocimiento alguno de matemáticas, por lo que desde niño fue apodado «el Palurdo». Este hecho le motivó especialmente para obtener conocimientos, tanto para él como para sus súbditos a lo largo de toda su vida.

Carlomagno pasó a la historia como el primer monarca que realizó un intento serio de unificación de Europa, dotando a este continente de una cultura, moneda y política, además de instituciones comunes, que difundió por todo el territorio.

Su sistema de división administrativa sería utilizado en toda la Edad Media, en los diversos reinos e imperios, por su eficacia y aún hoy, algunos países centralizados como Francia llevan a la práctica (salvando las distancias y con la lógica adaptación al sistema democrático hoy imperante) esta división política.

En materia cultural, Carlomagno procuró estimular el desarrollo de las letras y de las ciencias, en franca decadencia por efecto de las luchas, a través de su propio ejemplo. A tal efecto, dominó el latín (tras aprender a escribir y leer, pues, como ya hemos explicado, era analfabeto) y estudió la lengua germánica.

Siguiendo el afán por aprender que siempre tuvo, Carlomagno decidió fundar escuelas y se rodeó de sabios, entre los cuales sobresalieron, como ya se ha comentado, el teólogo Alcuino, el lombardo Diácono y el germano Eginardo.

Carlomagno asistió a la escuela que funcionó en su propio palacio de Aquisgrán, que más bien tenía el carácter de una academia, donde se trataban y discutían temas de carácter científico y literario, basados en el estudio de las denominadas artes liberales, que comprendían el *trivium* (gramática, retórica y dialéctica) y el *quadrivium* (geometría, aritmética, astrología y música), según el método de lectura y comentario de textos. Paralelamente funcionaba una escuela para niños, que también visitaba con frecuencia.

Conviene recordar que en la época en la que vivió Carlomagno eran pocos los que tenían una cultura clásica. Entre ellos sobresalían los monjes benedictinos, quienes fueron los más celosos custodios de esa valiosa herencia. Este resurgimiento cultural tan intenso ha sido llamado el renacimiento carolingio. Además de los estudios clásicos de literatura, artes, jurisprudencia, arquitectura y religión, se promovió el aprendizaje del llamado latín medieval, gracias al cual los habitantes de la antigua Europa se podían comunicar.

25

RÚRIK

EL FUNDADOR DE RUSIA

¿QUIÉN FUE?

Rúrik o Riúrik (830-879) era un varego (vocablo que en noruego antiguo significa «palabra de honor» y que hace referencia al grupo étnico nórdico, escandinavo del Báltico) que llegó a conquistar el lago Ladoga y sus inmediaciones en el año 862, fundando el asentamiento de Novgorod y posteriormente la ciudad de Kiev. Con el tiempo, tales sucesos significaron la fundación de Rusia.

¿QUIÉNES ERAN LOS VAREGOS?

Los varegos eran una tribu perteneciente al grupo étnico escandinavo procedente del territorio que actualmente corresponde a Noruega, Suecia y norte de Finlandia (es decir, la Península Escandinava). Dedicados a la piratería, solían también actuar como mercenarios y frecuentaban en sus actividades los sistemas y puertos fluviales de lo que más tarde sería Rusia. Con sus continuas incursiones hacia el sur, en busca de riquezas, llegaron a asolar el Mar Caspio y asediaron dos veces Constantinopla.

LA FUNDACIÓN DE RUSIA

Bajo el liderazgo de Rúrik y sus hermanos, los varegos se asentaron alrededor de Novgorod, fundando en el siglo VIII el Principado de Rus Kiev. El

nombre con el que los primeros habitantes, en su mayoría fineses y posteriormente también eslavos, conocían a estos varegos era precisamente los Rus
(nombre con el que los fineses denominan en la actualidad a Suecia, apelativo que aplicaban por extensión a todos los escandinavos).

Curiosamente y en oposición a otros asentamientos escandinavos en Britania o Normandía (normandos y sajones eran nórdicos), los varegos y la mayoría de su cultura no sobrevivieron en el Este (siendo su legado minoritario), donde serían fineses y eslavos quienes alcanzarían la preponderancia
étnica y cultural.

De acuerdo a los textos varegos sobre la fundación de Rusia, las *Crónicas
primarias* (una de las pocas fuentes con que se cuenta para la reconstrucción
de la vida de Rúrik), las más antiguas de la Rus, Rúrik, un nórdico báltico
o varego, se estableció en la ciudad rusa de Novgorod. Aquí fue elegido líder
por varias tribus autóctonas (de población eslava y finesa) y varegas, hacia el
860, desde donde luego avanzó hacia el sur para fundar Kiev (tanto la ciudad
como el principado) dos años más tarde.

Rúrik es un vocablo que significa halcón en serbio (*Rurk*), y pese a emplear otros vocablos, la mitología tanto nórdica como eslava del báltico
(donde ambas etnias convivieron) hace referencia al halcón, símbolo por
antonomasia de los pueblos eslavos (principal motivo folclórico en Polonia
y República Checa, símbolo que aparecía acuñado en monedas rusas en-
contradas en Ucrania,..), así como estandarte de la dinastía fundada por
Rúrik.

A PARTIR DE la fundación de Kiev se construyó Bielorrusia, pilar de la
creación del Imperio ruso, el cual abarcó Ucrania, el Caúcaso y las repúblicas
orientales. Este país, fundado por los halcones del mar, los míticos vikingos,
llegó a convertirse en poco tiempo en una de las principales potencias de la
historia de la humanidad.

Del jefe varego Rúrik poco más se sabe, salvo que gobernó Kiev bajo el rango de Príncipe hasta el final de su vida, momento sobre el cual no hay un acuerdo unánime entre los investigadores. Algunos sostienen que murió en el transcurso de un torneo en el marco de una celebración, otros que murió apuñalado en el seno de una conjura por el poder y por último existe la teoría de que murió luchando contra tribus autóctonas al sur de la actual Bielorrusia.

Lo que está claro es que Rúrik fundaría sin saberlo un país que sería clave en la historia de la humanidad: Rusia.

26

GENGIS KHAN

El fundador del Imperio mongol

¿Quién fue?

Temüjin (en mongol significa «el mejor acero») fue más conocido como «el emperador de todos los hombres», o lo que es lo mismo Yengis Jan o Gengis Khan (1166-1227). Fue un príncipe mongol del norte de Asia que unificó a todas las tribus de dicha etnia, fundando el primer Imperio Mongol, cuyos dominios se extenderían desde la actual Polonia hasta Corea y desde el norte de Rusia, hasta Taiwán, constituyendo el mayor imperio (en extensión geográfica y en número de súbditos) de la historia.

Instauró en China la dinastía Ming, de estirpe mongola, que gobernaría varios siglos dicho país y unificaría toda China.

Temüjin nació en los ambientes aristocráticos de los nómadas mongoles, que, pese a su condición, habían fundado una sociedad feudal bastante cruel, basada en la caza, el pastoreo y sobre todo la guerra.

LOS INICIOS DEL MAYOR DE LOS IMPERIOS

Hijo del príncipe de una tribu nómada de la actual Siberia meridional, llegó al poder a la muerte de su padre, y, congregando a varias tribus siberianas, realizó una alianza entre la etnia mongol, prometiendo que bajo su liderazgo sería la nación más poderosa. Así comenzó su actividad militar con pequeñas razias en los reinos mongoles y en el norte de China, sometiendo a tributo a los soberanos atacados y aumentando así el poder de las tribus nómadas, a la par que su propio prestigio.

Al mismo tiempo, con un liderazgo consolidado, sometió a las demás tribus nómadas, unificándolas a todas y estableciendo un primer reino mongol, que se extendería por toda la actual Mongolia y algunas zonas del sur de Siberia.

En ese momento China inició una campaña de castigo contra los tártaros (emparentados étnicamente con los mongoles), que asediaban sus fronteras. Temuyin, ya nominado Gengis Khan, se alió con los tártaros, a quienes incluyó bajo su reino, y junto con ellos venció a los chinos. Tras la euforia de su victoria puso su punto de mira en China, un enorme compendio de reinos desunidos que peleaban entre sí: uno por uno los conquistó y extendió sus dominios hasta el mar de Japón. En 1214 Gengis Khan fundó el primer Imperio mongol.

APOGEO IMPERIAL

Una vez conquistada China, la unificó, y en 1222 procedió a abrir dos frentes: los tártaros conquistaron el antiguo Imperio persa (arrebatándoselo al Islam, quien previamente se lo había ganado al Imperio romano de Oriente), es decir, desde la India a Turquía; y los mongoles intentaron conquistar Japón, en este caso sin éxito.

La táctica de los mongoles era rápida y eficaz. Fueron los inventores de la guerra relámpago, penetrando hasta la retaguardia de las filas enemigas con sus veloces *ponys* de las estepas, mientras los arqueros mermaban la delantera enemiga con sus poderosas flechas, facilitando el paso de la caballería.

Esta estrategia junto con las razias, antes de declarar abiertamente la guerra, que debilitaban al enemigo, y la invasión silenciosa de sus tierras para llevar a ellas la guerra de guerrillas, dieron grandes frutos al beligerante y duro pueblo nómada.

En 1226 había despojado todo el sector oriental del islam de sus territorios y había llevado a las tropas tártaro-mongolas hasta Polonia.

¿POR QUÉ ESTE IMPERIO?

Son múltiples las teorías que explican las razones del inicio de esta expansión: se puede explicar por la explosión demográfica que se produjo en el centro de Asia a principios del siglo XIII.

Otra teoría sostiene que hubo una desecación de los pastos que empujó a estas poblaciones a buscar nuevas tierras. No obstante la teoría más plausible sería, además de la que afirma que hubo una confluencia de factores, la que se fundamenta en la propia razón de ser del régimen: las tribus de las estepas estaban unidas principalmente, como era de esperar de un pueblo guerrero, por la guerra, por lo que necesitaban además de un enemigo común contra quien pelear, un botín; de no ser así, como ya había ocurrido en otras ocasiones, la coalición de tribus se disolvería fácilmente.

El Imperio mongol sobrevivió a la muerte de su fundador, en 1227, hasta que en el siglo XVI se dividió, quedando una parte bajo dominio turco –pasando otra vez a ser del islam–, y otra parte se independizó (China y Corea).

SE DICE que la motivación de Temüjin para levantar su imperio fue una primera coalición entre las tribus nómadas para rescatar a su esposa raptada por una tribu del norte de China. Esta coalición obtendría, además del rescate de la esposa de Temüjin, un gran botín, por lo que confirmó a Gengis Khan como líder y le siguió en sus andanzas hasta levantar el mayor imperio del mundo.

27

WILLIAM WALLACE

EL PLEBEYO QUE INDEPENDIZÓ ESCOCIA

¿QUIÉN FUE?

William Wallace (1270-1305), plebeyo escocés que, atípicamente para su época y país, poseía una modesta parcela de tierra y un caballo.

Wallace levantó al pueblo escocés contra la invasión británica y aunque finalmente fue derrotado, nueve años después de su muerte, su compatriota Robert Bruce, elegido Rey de Escocia por la corona británica, levantó de nuevo Escocia, apelando al espíritu promovido por Wallace y consiguió la independencia, que duraría hasta 1700.

UNA VIDA AJETREADA

Hijo de Richard Wallace, un pequeño noble de quien William heredó el caballo y la tierra, fue educado por su tío paterno Abigail a la muerte de su padre en un pequeño levantamiento de los nobles de la comarca contra las tropas inglesas. El levantamiento en el que murió Richard, aislado y mal preparado, fracasó estrepitosamente, provocando el odio del pequeño William por los ingleses.

Con su tío Abigail, un comerciante que había sido guerrillero en la lucha contra los ingleses (lucha que nunca cesó, con continuas invasiones inglesas de Escocia desde tiempos de Arturo, pese a la invasión y derrota definitiva de los escoceses en 1100, que desde entonces y esporádicamente transformaron su resistencia en una guerra de guerrillas), llevó al pequeño Wallace por toda Europa, donde aprendió latín, francés, griego y el manejo de la espada y las tácticas militares más eficaces.

A su vuelta se instaló de nuevo en su pequeña aldea y sublevó en 1295 a sus habitantes, quienes saquearon el fuerte inglés y colgaron a sus comandantes.

Tras obtener el control de la comarca hostigó a las pequeñas guarniciones del sur de Escocia, lo que le valió el apoyo de los clanes escoceses más beligerantes, que se unieron a su causa, e incluso de parte de la nobleza de su país.

Uno tras otro, los efectivos que el despiadado Eduardo I, Rey de Inglaterra, fueron derrotados, hasta que el rey, ante el cariz de los acontecimientos (Wallace tenía ya un ejército bajo su mando) decidió enviar al grueso del ejercito inglés, el más moderno y poderoso del mundo en aquella época.

La guerra contra Inglaterra

El 11 de septiembre de 1297, dos ejércitos se dieron cita en la localidad escocesa de Stirling (a pocos kilómetros de la frontera con Inglaterra): de un lado, uno de los ejércitos más preparados del mundo, al servicio de un naciente imperio que Inglaterra estaba formando (en 1100 invadieron y convirtieron por la fuerza al cristianismo a Escocia y a Irlanda, en 1000 habían hecho lo propio con Gales, y en 1297 se disputaba la hegemonía de Europa en una guerra contra Francia); y de otro, en clara inferioridad técnica y numérica, un maltrecho pero motivado ejército de campesinos escoceses.

Stirling pasaría a la historia y a las crónicas escocesas porque el ejército inglés sufrió a campo abierto y en superioridad de condiciones la mayor derrota de su historia (sólo comparable a la derrota que 500 años después les infligirían los zulúes en África). El propio delegado del rey Eduardo I tuvo que huir despavorido en su propio caballo y a penas sin escolta para no ver su cabeza empalada en una afilada estaca de roble.

Pero esta humillante derrota hizo ver a los ingleses, que habían subestimado el levantamiento escocés, que la mera fuerza bruta no era lo que les iba a dar la victoria en esta guerra. Así pues iniciaron una estrategia de soborno a la nobleza escocesa (la cual aceptó mezquinamente) para asegurarse su apoyo y aislar a Wallace. Tierras a ambos lados de la frontera, leyes más suaves y respetuosas con la nación escocesa y cierto grado de autogobierno fue lo que Eduardo I ofreció por la paz y la fidelidad a la corona inglesa.

Wallace no aceptó y, eufórico, se lanzó a la conquista de York, la mayor ciudad del norte de Inglaterra, llevando la guerra a casa de su enemigo.

La nobleza escocesa consideró, pese a no tomar parte en la conquista y destrucción de York, que aquello era demasiado, que la represalia inglesa sería terrible y que Wallace no era más que un soñador que les llevaría a la ruina. Por eso la nobleza escocesa aceptó las condiciones de Eduardo I.

Wallace se quedó solo al frente de la rebelión, comandando un mermado (por las bajas en combate y por el abandono de la nobleza con sus levas) ejército de campesinos. La revuelta adoptaba entonces un cariz no sólo nacional, que ya tenía, sino también de clase, al llevar la insurrección de los campesinos contra el opresor extranjero y «el traidor colaboracionista y explotador local».

LA DERROTA

En 1298, en Falkirk, el propio rey Eduardo I dirigió en batalla al mayor ejército que Inglaterra había empleado en una guerra hasta ese momento; ejército que se vio reforzado con tropas irlandesas, galesas e incluso escocesas. Esta vez, la pericia de Wallace y el valor de los campesinos no fue suficiente ante la aplastante superioridad inglesa, y eso que, con todo, las levas venidas de irlanda abandonaron el campo de batalla negándose a combatir contra sus «hermanos» escoceses.

El ejército insurrecto fue aplastado y Wallace, que consiguió huir malherido, puesto en busca y captura, hasta que finalmente fue apresado, sometido a tormento (según se dice el mayor al que ningún enemigo de la corona inglesa ha sido sometido nunca) y finalmente descuartizado, enterrando cada uno de sus miembros en una esquina de la isla británica y colgando su cabeza en el puente sobre el Támesis (London Bridge) en Londres como advertencia de lo que les ocurre a quienes se rebelan.

LEGADO

Wallace sentó las bases del independentismo escocés, al ser el primero encabezar un ejército contra los ingleses desde la invasión de Escocia, pero también irlandés, al ser tomado también en la otra isla como ejemplo a seguir, junto con sus propios héroes locales.

Por otra parte, la sublevación escocesa impidió directamente a Inglaterra hacerse con la hegemonía de Europa y perder su guerra contra Francia, al tener que sofocar una rebelión en su propio país con todos los efectivos disponibles.

Además, tomado como ejemplo, provocó también directamente la independencia de Escocia, cuando nueve años después de lo sucedido y ante el incumplimiento de las promesas dadas a algunos nobles escoceses, Robert Bruce (1274-1329) encabezó una nueva sublevación que terminó con la derrota británica en Blackburn.

De esta forma, consiguió una independencia que duraría hasta principios del siglo XVIII). Bruce recibió el nombre de Roberto I y fue Rey de Escocia de 1306 a 1329; su hijo fue Robert II de Escocia.

LA VIDA Y HAZAÑAS de Wallace y de los campesinos insurrectos han permanecido en la memoria colectiva escocesa y fueron magníficamente reflejadas en el filme *Braveheart*, dirigido y protagonizado por Mel Gibson en 1995. Pero como hemos dicho, no hay muchos datos sobre la vida de Wallace.

28

DULCINO

EL NACIMIENTO DEL MILENARISMO

¿QUIÉN FUE?

Dulcino (1250-1307) fue el religioso italiano que protagonizó una de las herejías más importantes de todos los tiempos en el seno de la Iglesia católica. Continuando las tesis milenaristas, les dio un impulso decisivo al llevarlas a la práctica tanto en la teoría como en la acción.

Fundador de la secta de los Hermanos Apostólicos (más conocidos como dulcinistas) predicó el Apocalipsis, el fin de los tiempos y la venida del Espíritu Libre a la Tierra.

Su cofradía instó a la vida en el paraíso desde su presente inmediato, sin esperar la muerte para ir a él. Decía que todo ser humano tenía el derecho a vivir así, ya que cada cual sería salvado por su fe en Dios, pero Dios residía en el interior de cada persona, animal o planta. Su doctrina inició revueltas contra la Iglesia y los nobles, con quema de castillos, saqueo de conventos, etc. El papa Clemente V ordenó una cruzada contra él y sus seguidores, lo excomulgó ordenando su captura, tras la cual fue torturado y quemado vivo.

LA REVUELTA DE DULCINO

De nombre verdadero Davide Tornielli, nació en la comarca italiana de Novara (Piamonte) y fue hijo ilegítimo de un cura que había sido proscrito por robar a nobles. Desde pequeño vivió como vagabundo hasta que conoció al creador del milenarismo, Segarelli y su secta de, según la Iglesia, «lujuriosos y sodomitas mendigos locos». Éstos vivían en comunidad y se dedicaban al sexo libre y al saqueo de propiedades eclesiásticas.

Al morir Segarelli, Dulcino sería el guía espiritual del grupo, que se pasó a denominar los Hermanos Apostólicos (aunque serían conocidos como los dulcinistas), dado que reinterpretarían y predicarían la Biblia, tal y como se dice que los Apóstoles predicaron la palabra de Cristo.

Al encontrarse con numerosos problemas con las autoridades eclesiásticas por sus doctrinas, los Hermanos Apostólicos huyeron en 1304 de los obispados y crearon su propia comunidad en el Trentino, donde se dedicaron al pillaje, sobre todo en los conventos de los valles de la vecina Valsesia.

La secta fundada por Dulcino contó en su apogeo con un número máximo de entre 5.000 y 10.000 servidores. El papa Clemente V despachó desde Aviñón una cruzada contra los dulcinistas, concediendo a quienes participaran en ella una indulgencia plenaria. Las tropas fueron dirigidas por el Obispo de Vercelli, Raniero.

En 1307 las tropas de Raniero asediaron a los insurrectos en su propia fortaleza e iniciaron las operaciones militares, derrotándolos relativamente rápido. Todos los dulcinistas, salvo algunas decenas que lograron huir, fueron pasados por las armas, a excepción de Dulcino y su lugarteniente y esposa

LAS BASES DE LAS IDEAS de Dulcino eran: la oposición a la jerarquía eclesiástica y el retorno de la iglesia (entendida en su sentido original de *ecclesia*, es decir, asamblea) a sus ideales originales de pobreza y humildad, la oposición al sistema feudal, la liberación de los hombres de cualquier restricción, la organización de una sociedad igualitaria, de ayuda y respeto mutuos, basada en la propiedad comunitaria y en la igualdad de sexos.

Margheritta, quienes fueron capturados y llevados a la sede papal en Aviñón (en dicha época hubo convulsiones en el seno de la Iglesia y el papa había decidido trasladar su sede a dicha localidad).

Ya preso en Aviñón se dio la oportunidad a Dulcino de retractarse so pena de ser quemado vivo. Al parecer, según las fuentes de la época, el monje rebelde mostró gran entereza y se reafirmó en sus convicciones, por lo que fue torturado hasta la extenuación por la Inquisición y después quemado vivo.

EL MILENARISMO

El milenarismo es una doctrina religiosa, de un carácter político que podría ser denominado revolucionario (aunque tal definición es un tanto anacrónica), que predicaba el fin de los tiempos. Afirmaba que Dios, que estaba en el alma de cada ser vivo, iba a volver a la Tierra para establecer el quinto reino, el paraíso definitivo, donde todos serían iguales. Esta idea disgustaba a la Iglesia, pues de este modo perdería todos sus privilegios y se terminaría su milenaria opresión.

Así pues, las gentes de buena fe, debían preparar la venida de Dios a la Tierra, venciendo las resistencias de los opresores y comenzando a vivir inmediatamente en total comunión de bienes e igualdad política, porque Dios así adelantaría su llegada y les bendeciría.

El milenarismo recibía este nombre por la creencia popular de que en cada cambio de milenio, se anunciaba el fin del mundo. Fue desarrollado originalmente de manera espontánea a finales del siglo X, fue relanzado y dotado de mayor cohesión filosófica por el maestro de Dulcino, revelándose como la mayor herejía religiosa de todos los tiempos y una de las primeras experiencias comunistas de la historia, en su sentido genérico, al predicar la puesta en común de todo y rechazar la jerarquía.

Por estas ideas Dulcino fue considerado uno de los mayores reformadores de la Iglesia, uno de los inspiradores teóricos de la Revolución francesa e incluso uno de los fundadores del socialismo y del anarquismo.

29

MARCO POLO

OCCIDENTE DESCUBRE ORIENTE

¿QUIÉN FUE?

Marco Polo (1254-1324), comerciante y mercader veneciano que, junto a su padre y hermanos, viajó a China por tierra, aportando la primera crónica detallada y los primeros conocimientos sistemáticos y fiables (acompañados de pruebas, productos e incluso personas traídas a Occidente desde China) de ese lugar. Marco Polo introdujo varios novedosos productos en Europa, tales como la pólvora, la pasta y las especias (éstas de la India, por donde lógicamente cruzó para ir a China).

El viaje de los Polo no fue sólo un mero viaje comercial hecho por la ruta de la seda, sino que, una vez llegados a China, permanecieron allí durante 17 años. A su vuelta a Europa, Marco Polo llegó a Génova, donde fue capturado acusado de espía y llevado a prisión, en donde escribió su obra *El libro de las maravillas*. Dos años después, aclarado el asunto de su detención, fue puesto en libertad y le fueron devueltas sus pertenencias. Pudo volver a Venecia, donde expuso sus maravillas. Murió de viejo, cuando ya era considerado el más grande explorador de la historia.

LAS MARAVILLAS DE MARCO POLO

En aquella época, Venecia era una potencia mediterránea, basada en el comercio y apoyada por todo Occidente, pues contrarrestaba el dominio del islam en esa zona geográfica. Los genoveses eran grandes exploradores, excelentes marinos y mejores comerciantes (sin tener escrúpulos sobre con quién comerciar). Solían acudir en caravanas comerciales hasta Oriente Medio, que era lo que Europa llegaba a conocer, más allá de esta demarcación. Los europeos (pese a poder tener como referencias el Imperio alejandrino o el romano) nada conocían, salvo dudosos relatos sobre la ruta de la seda de los árabes hacia la India.

Los Polo, creyendo a los árabes y dando rienda suelta a su espíritu aventurero, además de pensando en un negocio redondo, siguieron por tierra esa ruta y llegaron hasta el Imperio mongol.

Dicho imperio fue fundado por Gengis Khan en 1216 (unificando a todas las tribus mongolas y creando un imperio que iba desde Irak a Corea, abarcando Rusia, partes de India y, algunas zonas de la antigua Siria y Anatolia), y cuando los Polo llegaron a él, el rey acababa de morir. Su sucesor, Kublai Khan, conquistó China e instauró la dinastía Ming.

Allí Marco Polo descubrió las maravillas de un crisol de culturas, como las especias (que más tarde motivarían el expansionismo y el colonialismo portugués, español y posteriormente holandés e inglés, dando lugar a la era de los descubrimientos, por ser un gran negocio), la pólvora, la medicina china, los perfumes orientales, etc.

Polo aportó un conocimiento certero de las regiones de Oriente, ayudado por el hecho de que el Imperio mongol había sometido a los reinos musulmanes y se habían quedado a las mismas puertas de Europa; y los cristianos luchaban contra ellos en unas nuevas cruzadas. Las noticias a partir de ahora ya no serían confusas. Antes se tenía como única fuente a los árabes, ahora las fuentes eran Marco Polo y los propios mongoles que luchaban contra la cristiandad.

AUNQUE LOS POLO no fueron en forma alguna los primeros europeos en llegar a China por tierra, gracias al libro de Marco Polo su viaje fue el primero en ser conocido ampliamente y el mejor documentado hasta entonces.

30

JAN HUS

EL COMUNISMO LIBERTARIO TOMA PRAGA

¿QUIÉN FUE?

Jan Hus (1369-1415) fue predicador, pensador político y religioso checo. Defensor del cristianismo primitivo, fue nombrado sacerdote en 1400, en Praga. Atacaba la bajeza moral del clero y predicaba la vuelta a la pobreza y a la humildad de la institución.

En 1409 debido a su popularidad y su formación fue nombrado rector de la Universidad de Praga, desde donde encendió la mecha que llevaría a la revuelta en toda Bohemia.

Desde la tribuna que le proporcionó la Universidad, organizó un movimiento cristiano de base basado en las ideas de John Wycliff y de Dulcino, que en vida de su impulsor fue pacífico y basado en la predicación y el ejemplo. Pero en esta época las convulsiones en el seno de la Iglesia habían provocado el cisma de Occidente, con la existencia de dos papas desde principios del siglo XIV, uno en Constanza y otro en Avignon (el ejecutor un siglo antes de Dulcino y sus seguidores). El papado de Constanza excomulgó a Hus y lo condenó a morir en la hoguera.

EL LEGADO DE HUS

Hus fue considerado un precursor teórico del protestantismo. Sus tesis tuvieron un enorme calado en el pueblo bohemio, hasta tal punto que tres años después de su muerte comenzaría una serie de revueltas campesinas alentadas por los husitas exigiendo la disposición en común de todos los bienes y la vuelta al cristianismo primitivo (entendiéndose por éste, el movimiento cristiano anterior al I Concilio de Nicea).

Los tres años de revuelta culminaron en una revolución en toda regla en Praga en 1421, tomada por los campesinos husitas y ayudados por los universitarios ávidos de venganza por la muerte de su rector. Durante dos meses en Praga fue proclamado el comunismo (en sentido genérico), aboliendo la jerarquía, poniendo en común todos los bienes y practicando el sexo libre. Fue como dice el medievalista Norman Cohn, «la primera puesta en práctica del comunismo libertario antes de que el anarquismo hubiese sido teorizado como tal».

Las ideas de Dulcino y de Wycliff habían por fin triunfado a través de la trágica muerte del relativamente pacífico y recatado Hus. La experiencia anárquica duró dos meses hasta que llegaron las tropas del papado y de los príncipes germánicos y bohemios, y tras una semana de asedio y combates redujeran la ciudad a cenizas, provocando más de 20.000 muertos entre los husitas y restableciendo el régimen feudal y eclesiástico.

Finalmente, la figura de Hus fue restablecida y reparada por la Iglesia católica en 1999, paradójicamente, por el conservador Juan Pablo II, quien en un discurso en Praga dijo: «Hus es una figura memorable por muchas razones, pero sobre todo por su valentía moral ante las adversidades y la muerte... Siento el deber de expresar mi profunda pena por la cruel muerte infligida a Jan Hus y por la consiguiente herida, fuente de conflictos y divisiones, que se abrió de ese modo en la mente y en el corazón del pueblo bohemio».

LA ÚLTIMA FRASE de Hus estuvo dirigida a sus inquisidores: «Podréis quemar a este ganso, pero tened en cuenta que a no mucho tardar, de sus cenizas nacerá un cisne que restablecerá la justicia que hoy falta aquí». Muchos han reconocido ese cisne en la aparición de Lutero (o quizás más bien de Müntzer) un siglo después.

31

JUANA DE ARCO

LA MUJER CONVERTIDA EN MITO

¿QUIÉN FUE?

Jeanne de Domrémy, o Jeanne de Aircs, más conocida por el nombre castellanizado de Juana de Arco (1412-1431), también conocida como la Doncella de Orleáns, heroína y santa francesa que, encabezando los ejércitos del
país galo, derrotó a los ingleses en la guerra de los Cien Años.

LA HAZAÑA DE LA DONCELLA DE ORLEÁNS

En el siglo XV estalló la guerra de los Cien Años, fruto de la cual Inglaterra
invadió Francia, con la que se disputaba la hegemonía europea desde hacía
más de un siglo (a modo anecdótico hay que decir que pese a tal denominación, la guerra de los Cien Años duró en realidad 57).

Desde 1407 Francia estaba totalmente invadida y bajo control inglés. En
1429 la guerra estaba más que perdida y Carlos V, Rey de Francia, estaba
considerando seriamente la rendición. Fue entonces, durante el asedio de los
franceses a Orleáns (bajo control inglés), última carta de Carlos V, cuando
una chiquilla de 17 años entró en la tienda del capitán francés y le dijo que
Dios le había hablado, comunicándole que ella guiaría a los ejércitos de Francia a la victoria. Parece ser que el capitán, exacerbado creyente, le pidió una
prueba de lo que decía, iluminándose con un haz de luz en dicho momento la
tienda y en concreto la chiquilla, de nombre Juana. El capitán la creyó, le dio
una armadura y una espada y le ordenó dirigir la tropa de asalto a los alrede-

dores de la ciudad de Orleáns, cinturón defensivo sito antes de la amuralla-
da ciudad. Tal fue el ímpetu y convicción que la muchacha puso, que enarde-
ció a las tropas, las cuales consiguieron romper la primera línea defensiva y
asediar la ciudad propiamente dicha.

Una vez conseguido esto y sin plan ninguno, Jeanne no atendió a más órdenes y exhortó a las tropas a penetrar en la ciudad, con tal ímpetu que éstas, avivadas por la victoria precedente, la siguieron. En 12 horas la ciudad
estaba bajo control francés y Jeanne, sin formación militar ni conocimiento
bélico ninguno, fue nombrada capitana de los ejércitos por el rey, siendo conocida desde entonces como la Doncella de Orleáns.

Carlos V en ningún momento creyó a la muchacha ni hizo caso de las visiones que ésta afirmaba tener, asegurando que Juana de Arco era el mismo
Dios en comunión con la joven muchacha, pero se dio cuenta del fervor con
el que las tropas (campesinos ignorantes en su mayoría y soldados profesionales crecidos por la vergüenza de que una chiquilla les superara en valor y
«hombría») la seguían. Viendo que todo estaba perdido, no le importó dar
una oportunidad a la muchacha.

Capitaneando las tropas francesas, Juana de Arco ganó varias batallas
más durante los siguientes dos años, hasta el punto de equilibrar la contienda
(que, como dijimos, Francia tenía perdida), consiguiendo como recompensa
que el rey eximiera a su pueblo natal de pagar impuestos (edicto que estaría
en vigor hasta principios del siglo XX).

Pero en una emboscada fue capturada por los borgoñeses (franceses de la
región de Borgoña, aliados de los ingleses a cambio de la independencia de
Francia y de la constitución de su propio estado soberano).

En manos de los ingleses, fue juzgada y condenada por herejía por el Arzobispo de Manchon, un obispo inglés que la corona de este país había nombrado como arzobispo de la conquistada Francia. Juana, que nunca abjuró
de sus visiones y fue quemada en la hoguera por hereje.

Al parecer las visiones que Juana de Arco tenía no eran una invención,
pues una reciente investigación está manejando la hipótesis, bastante avanza-

da aunque no probada aun, de que Juana de Arco sufriera esquizofrenia, y en efecto viera y oyera unas voces que le ordenaban capitanear al ejército francés y que ella interpretaba como procedentes de Dios.

El hecho es que su muerte estimuló aún más al ejército francés, que saltándose la disciplina militar inició una reconquista espontánea que terminó con la expulsión de los ingleses de Francia y la consideración de Juana como heroína y santa patriota.

Ésta fue la primera vez en la historia europea que una mujer era considerada como una heroína, y una de las primeras veces en que por mérito propio alguien perteneciente a las clases humildes había podido ascender en la escala social.

Juana consiguió dos cosas importantes: que se expulsara a los ingleses de Francia y, por lo tanto, que aquéllos extendieran su imperio al continente europeo; y que a partir de entonces se comenzase a ver a las mujeres de otra manera (lo cual no quiere decir que el machismo imperante cejara, simplemente que perdió algo de terreno).

En 1456, con los ingleses derrotados, la Liga Católica de Francia apeló el juicio por herejía de Juana. Como lo ganó *post mortem* su figura fue rehabilitada con todos los honores. En 1909 fue beatificada y posteriormente santificada. Por lo tanto, la Iglesia católica ha reconocido la fe y fuerza de esta mujer única.

AUNQUE FUE JUZGADA por hereje, Juana de Arco es considerada una mujer valiente, con una gran fe. Tras su muerte, su fama se extendió rápidamente. En los círculos patrióticos franceses desde su época en adelante, particularmente en el siglo XIX y en las dos guerras mundiales, en las que fue una inspiración para las fuerzas aliadas, su figura se convirtió en un símbolo histórico emblemático.

EDAD MODERNA

32

ISABEL LA CATÓLICA

LA MONARQUÍA AUTORITARIA: LOS INICIOS DEL ESTADO MODERNO Y DEL IMPERIALISMO

¿QUIÉN FUE?

Isabel Trastámara, posteriormente Isabel I de Castilla, más conocida como Isabel la Católica (1451-1504), Reina de Castilla, fundadora del Imperio castellano, asentó junto con su esposo Fernando I de Aragón las bases de la monarquía autoritaria, preludio del Estado nacional moderno y punto final del poder político feudal.

También dio los primeros pasos para la constitución de España (algo que tendría lugar de manera oficial en 1700 con la llegada de los borbones al trono de Castilla y Aragón).

Fue hija de Juan II de Castilla y de Isabel de Portugal, y última monarca de la dinastía Trastámara. Fue una madre de Juana, quien contraería matrimonio con Felipe de Habsburgo, dando inicio a la dinastía de los Austrias, y abuela de Carlos I de España (Carlos V de Alemania).

EL REINADO DE ISABEL

Desde su nacimiento, como única hija de Juan II, fue formada para ocupar el trono ante la muerte en extrañas circunstancias de su hermano Alfonso, heredero de la corona. Con este propósito estuvo confinada desde muy joven en diversos conventos y fue educada en la tradición católica, de la que fue fiel devota. Al trono llegó tras una guerra civil contra su sobrina Juana, en 1480, al no haber heredero varón vivo.

Casada en matrimonio de conveniencia con Fernando de Aragón, de quien era prima, unificó ambos tronos en política y aduanas, así como en economía y moneda, si bien ambas monarquías tenían sus propios imperios (Castilla en América, Aragón en el Mediterráneo) y las «cuentas» separadas. La unión se formalizó en una alianza, con leyes similares, colaboración y políticas económicas semejantes. Creyó en el proyecto de Cristóbal Colón, al que financió en sus expediciones, propiciando el descubrimiento para las coronas europeas del continente americano, lo que dio a Castilla gran prestigio, poder y riquezas (que Carlos I dilapidaría más tarde en sus guerras religiosas, más fanáticas que pragmáticas).

Fue por ello la artífice política del descubrimiento y la conquista (para algunos, exterminio) de América, hecho que cambió los designios de la humanidad. Durante su reinado común con Fernando de Aragón estableció el Tribunal de la Santa Inquisición, al mando de Fray Torquemada, autor de graves torturas y severos excesos. Además, Isabel llevó a término las últimas fases de la Reconquista contra el islam (iniciada en el 716) y la expulsión y confiscación de bienes de los judíos sefardíes españoles.

Acabó sus días recluida en Medina del Campo (Valladolid) aquejada de un cáncer de útero, del cual murió en 1504. A su muerte su marido Fernando asumió el trono castellano, convirtiéndose en Fernando II de Aragón y V de Castilla. A la muerte de éste diez años después, su nieto Carlos, menor de edad, se convertiría en Rey de Castilla y Aragón y Emperador de los Habsburgo. Fue el resultado de una astuta política matrimonial, a través del casa-

CUANDO TERMINÓ la guerra civil contra los nobles, partidarios de su sobrina Juana, Isabel accedió al trono. Acabó con el feudalismo y sometió a la nobleza a su monarquía autoritaria, que se considera precursora del Estado moderno.

miento de Juana con Felipe, con lo que la reina Isabel sabía que aumentaría el patrimonio: las dos dinastías quedaban de esta forma enlazadas para la posteridad. El matrimonio de los Reyes Católicos tuvo seis hijos: Isabel (casada con Alfonso y después con Manuel de Portugal), Juan (casado con Margarita de Austria), Juana (casada con Felipe el Hermoso de Habsburgo y madre del futuro Carlos V), María (casada con Manuel de Portugal, al quedarse viudo de su hermana Isabel), Catalina (casada con Enrique VIII) y Pedro (fallecido al poco tiempo de nacer).

33

CRISTÓBAL COLÓN

EL DESCUBRIDOR DE AMÉRICA

¿QUIÉN FUE?

Cristóbal Colón (Génova 1451-Valladolid 1506) fue navegante, cartógrafo, geógrafo y explorador de origen genovés. Aunque la mayoría de autores aceptan este origen, éste no está probado y existen otras teorías que afirman que era portugués o catalán.

Entre sus méritos están el descubrimiento para los europeos de América (aunque él nunca pensó que era un nuevo continente, sino que creyó siempre, y murió con esa creencia, que había llegado a la India), algo que cambio la historia de la humanidad y la demostración de que la Tierra es esférica.

Colón, que sostenía la teoría de que la Tierra no era plana sino esférica, fue recorriendo las diversas cortes europeas para encontrar la financiación necesaria para realizar por fin el viaje que demostrara este hecho (que finalmente demostró de manera empírica Magallanes poco después de la muerte de Colón), pasando por Venecia, Génova, Portugal y, finalmente, Castilla, donde fue creído y apoyado por Isabel I, quien financió su fabuloso viaje. En realidad la esfericidad de la Tierra había sido ya sostenida e incluso probada teóricamente por los griegos; posteriormente también los romanos apoyaron esta creencia. No obstante, en la Edad Media con el pleno apogeo del poder de la Iglesia católica se pensó que esto era un mito, se rechazó esta teoría por herética y se mantuvo que el planeta era plano y además el centro del universo.

UNA VIDA ERRANTE

Desde muy joven, Colón aprendió el oficio de marinero, sin duda alentado por el carácter marítimo de la ciudad de Génova y la ebullición del comercio mediterráneo que inundaba la ciudad. Parece ser que a los 18 años estuvo al servicio del corsario francés Guillaume de Casenove, quien asediaba las naves venecianas que comerciaban con Flandes por el Atlántico hacia el año 1470.

LA EPOPEYA DE COLÓN

Habiendo encontrado financiación, Colón salió del puerto de Palos (Huelva) el 3 de agosto de 1492, con tres naves propiedad de los hermanos Pinzón. Llegó a la actual Cuba el 12 de octubre, cuando toda su tripulación había perdido ya toda fe en el navegante genovés y había estallado un motín que sólo el grito de «tierra» de Rodrigo de Triana consiguió aborta; en ese momento Colón ya estaba maniatado y a punto de ser arrojado por la borda.

COLÓN ES CONSIDERADO un gran descubridor por unos, aunque para otros era un genocida. Colón no sólo proyectó su viaje para demostrar sus teorías, sino para traer oro y especias. El mayor territorio que descubrieron y administraron los españoles se llamó Colombia (en la actualidad tal territorio comprendería los países de Colombia, Venezuela y Ecuador), que recibió este nombre en su honor.

En realidad los cálculos de Colón habían sido erráticos, porque la Tierra era más grande de lo que en realidad él había estimado.

Una vez documentada la existencia de las Indias para los europeos (sería el mismo año de la muerte de Colón que el joven navegante Américo Vespuccio descubrió que en realidad se trataba de otro continente y le bautizó con su nombre), Colón fue nombrado Virrey de esos territorios, tras cuatro viajes en lo que mostró a Europa la maravilla de lo existente en los parajes de «Indias». Murió finalmente en Valladolid sin conocer que había descubierto América, por lo que se hizo necesaria la demostración de Magallanes para probar con un viaje lo que Colón sostuvo.

El reverso tenebroso de Colón

No todo en la vida de Colón fueron luces. Se formó a duras penas y con mucho esfuerzo en Génova, con los mejores cartógrafos, físicos, geógrafos y viajeros del momento.

La infancia de Colón, como su fecha y lugar de nacimiento, aparece envuelta en una nebulosa; se sabe que Colón, tras su etapa de piratería, participó en una flota genovesa que hacia 1474 salió en defensa de la isla de Quíos, asediada por los turcos, en donde los genoveses adquirían la goma. Después de ese episodio fue malviviendo de corte en corte buscando financiación para su viaje (que tenía proyectado desde su juventud, cuando estudió con los maestros cartógrafos genoveses) hasta que la encontró. Tras la gloria tampoco llegó el éxito, debido a los terribles excesos que cometió en América durante su mandato de Virrey, donde esclavizó y ejecutó a miles de indígenas. Estos excesos fueron continuados por la corona castellana los 500 años siguientes, después de que procedieran a explorar el resto del continente.

Las «hazañas» de Pizarro, Cortés y otros conquistadores, lejos de ser gloriosos episodios de la historia fueron masacres execrables para robar el oro a las poblaciones autóctonas y someterlas, imponiéndoles un nuevo modo productivo y de vida. Colón inauguró la era de los descubrimientos y de las expoliaciones.

34

LEONARDO DA VINCI

EL MAYOR SABIO DE LA HISTORIA

¿QUIÉN FUE?

Leonardo di Ser Piero da Vinci (Florencia, 1452-Francia, 1519), fue el hombre del Renacimiento por excelencia: inventor, ingeniero, pintor, arquitecto, escultor... Fue el más importante humanista de su tiempo y muchos de sus inventos cambiaron el rumbo de la historia (en su época o después). Hombre de firmes convicciones éticas, optó desde joven por ser vegetariano y escribió algunos escritos políticos. Es famoso también por un diario privado escrito a modo de códice, que mantuvo en secreto y que escribió de derecha a izquierda, encontrado en el siglo XIX y que dio lugar a múltiples especulaciones tanto de su pensamiento como de sus descubrimientos.

LOS INVENTOS DE LEONARDO

Desde temprana edad destacó en la pintura, la geometría, la mecánica y la música. Su talento y capacidad para la aerodinámica y la inventiva, amén de la ingeniería, fue tal que llegó a preconcebir el avión, el tanque de guerra, el submarino y el helicóptero, aunque todo se quedó en diseños excepto el proyecto de avión, que quedó en estado embrionario: tan solo desarrolló el ala delta.

Pasó la mayor parte de su vida encerrado en su taller, aprendiendo y pintando, ideando e inventando. Trabajó buena parte de su vida por encargo del duque de Milán, de la familia Sforza.

LAS OBRAS

Sus obras más conocidas fueron en el ámbito pictórico. Dejó terminados uno 70 lienzos, entre los cuales los más famosos son la *Gioconda* y *La última cena*. De ésta última se han hecho muchas interpretaciones y elucubraciones debido al contenido religioso de la misma, a la participación en ella (y aparentemente no como mera convidada) de María Magdalena y se ha utilizado como excusa, junto con los bocetos aparecidos en sus códices, para interpretar que habría algún tipo de relación amorosa entre Cristo y María Magdalena, fruto de la cual habría podido nacer un vástago, hecho que habría sido ocultado por la Iglesia.

En 1513 se trasladó a Roma, al igual que Miguel Ángel, Rafael y otros grandes renacentistas que se encontraban trabajando para el Vaticano. No obstante Leonardo apenas tuvo contacto con ellos y nunca trabajó directamente para el Vaticano, con quien se dice que mantenía, al menos de pensamiento, serias discrepancias teológicas.

Al final de sus días, se fue a vivir a Francia, donde murió a los 67 años de edad rodeado de sus allegados, entre ellos el rey de dicho país.

UN HOMBRE DE INGENIO

El hombre de Vitruvio, retrato anatómico que pasó a la historia, y sus trabajos sobre ingeniería, como el funcionamiento de los pájaros, el vuelo y otras

DESDE EL SIGLO XIX, fecha en la que aparecieron los llamados «Códigos de Da Vinci», la leyenda y el misterio no han dejado de surgir. Se trata de textos encriptados que han inspirado la exitosa novela, llevada al cine en 2004, de Dan Brown, *El código Da Vinci,* en la que se ataca al Opus Dei. En la actualidad los «Códigos de Da Vinci» son propiedad del empresario Bill Gates.

áreas que suscitaron su insaciable curiosidad, siguen asombrando a día de hoy y son sus bocetos más admirados y sobre los que más se ha especulado, ya que nuca llegó a desarrollarlos. Es interesante pensar cómo habría cambiado la historia si, realmente, Leonardo hubiera podido desarrollar sus bocetos y maquetas e inventar el tanque, el avión o el batiscafo.

También se le atribuye, aunque no está demostrado, un intento fallido por fabricar la pólvora (de cuya existencia tenía conocimiento, pero que no era accesible al mundo occidental, al estar su secreto en poder de los turcos) en su única aproximación al mundo de la química, pero tal intento sería un completo fracaso, y hubo que esperar a la derrota de los piratas berberiscos en manos venecianas para que la pólvora fuera usada en Occidente y fabricada con éxito.

Sus elucubraciones sobre temas técnicos y científicos eran registrados por Leonardo con todo lujo de detalles, y en ellos se combinaba el arte con la ciencia para representar de la mejor manera posible la materialización de sus ideas.

Se cree que no llegó a desarrollar estos bocetos por el desencanto que le produjo un intento fallido en 1496, cuando ensayó una de sus máquinas para volar sin éxito.

Parece ser que Leonardo había estado muy cerca de hacer volar su avión, pero que, en una empresa con enormes esfuerzos, habría fracasado al realizar los cálculos físicos (materia en la que, pese a destacar, no era un gran experto); no cayó en la cuenta de que el fracaso había tenido lugar por ese error, con lo que, desencantado al desconocer el origen del fallo, habría dejado de insistir en dicho invento. Por eso consiguió «únicamente» desarrollar el ala delta.

Leonardo nunca publicó o distribuyó los contenidos de sus manuscritos que permanecieron inéditos hasta el siglo XIX, fecha en el que fueron descubiertos y difundidos. De esta forma, el resto de la humanidad pudo conocer sus contribuciones al desarrollo técnico y científico. Muchos expertos consideran a Leonardo da Vinci un genio y el primer ingeniero moderno de la historia.

35

THOMAS MÜNTZER

LA REVUELTA ANABAPTISTA QUE HIZO TEMBLAR EL MUNDO

¿QUIÉN FUE?

Thomas Müntzer (1490-1525) fue un predicador partidario del protestantismo, en su forma de credo anabaptista, y revolucionario. Intentó lograr el advenimiento del Reino de Dios mediante la realización de la revolución social. Inicialmente fue seguidor de Lutero, con quien mantuvo una intensa polémica teológica y política, al considerar que el clérigo de Wittemberg en realidad quería constituir una nueva jerarquía eclesiástica y no criticaba la injusticia de la existencia de ricos y pobres. Müntzer, por el contrario, sostenía que las escrituras han de interpretarse con la asistencia del Espíritu Santo, sin el cual no son más que letra muerta e insensible para el creyente. Esta argumentación (conocida teológicamente con el nombre de pneumatología) sólo se manifiesta en los elegidos, es decir, en aquellos que por mediación del sufrimiento han logrado una ascesis mística. Según Müntzer, el pueblo, los campesinos depauperados, los que sólo conservan la esperanza, serían la clase privilegiada para la recepción del Espíritu Santo. No es extraño, pues, que se opusiera virulentamente a la élite intelectual de Wittenberg, pues Lutero y sus seguidores, según Müntzer, habrían despojado a las escrituras del Espíritu Santo y a éste de aquéllas, arrebatándoselas y reduciéndolas a un simple fetiche.

LA «LIGA DE LOS ELEGIDOS» Y LA GUERRA REVOLUCIONARIA

Formó un grupo religioso-político con otros tres anabaptistas: Nicholas Stoch «el Tejedor» (era su oficio), Thomas Dreschel y el teólogo Marcos

Stübner. Rechazaron el bautismo infantil y afirmaron que éste sólo era posible para quien, habiendo comprendido la fe de Dios, aceptara sus creencias y decidiera bautizarse (de ahí el nombre de anabaptistas, los que rechazan el bautismo). Fueron expulsados de Zwickau en 1521.

Tras esta expulsión se dedicó a predicar por varias ciudades alemanas y checas, para propagar su doctrina, pero fue expulsado de varias ciudades por las que peregrinó. En su travesía el grupo iba pregonando el espíritu de la reforma, llevándolo aún más allá: negaban la jerarquía eclesiástica, afirmaban que una Iglesia institucionalizada no era necesaria pues Dios estaba en el interior de cada ser humano, y los predicadores tenían por única misión difundir la palabra divina y ayudar a todos a comprenderla, nunca imponerla o engañar.

Cuando ya se habían dado a conocer las tesis de Lutero, y coincidiendo con la herejía del checo Hus, en 1524 ofreció en la iglesia de Allstedt el denominado *Sermón ante los Príncipes*, en el cual afirmó que laicos y campesinos pobres veían con más claridad que los gobernantes desorientados por los sacerdotes y la avaricia. Lo más destacado de este sermón fue su interpretación revolucionaria de ciertos pasajes de la Biblia, para concluir, tras una soflama antiaristocrática, que cuando las autoridades no cumplen rectamente su papel, su estatus les ha de ser negado: «Y si los fuertes no cumplen su tarea de defender a los débiles con la espada, la espada les será quitada».

Müntzer es considerado como el primer revolucionario de la historia occidental porque no se limitaba a mantener sus ideas y cumplirlas de modo individual (como Antístenes el Refractario) o a vivir de la rapiña en su comunidad (como Dulcino). Müntzer empuñó la espada y organizó un ejército revolucionario con la misión de derribar el orden social e instaurar la igualdad. La novela histórica *Q*, de Luther Blisset, refleja detalladamente la particular historia de este rebelde que fue considerado héroe nacional en la antigua RDA.

Como consecuencia de las ideas que predicaba, Müntzer, junto con sus tres compañeros y su esposa Otilie, crearon la Liga de los Elegidos, una organización clandestina revolucionaria, con la que se unió a la revuelta de los campesinos, iniciada el 7 de agosto de 1524 y motivada por las pésimas condiciones de vida del campesinado e inspirada por las invectivas de teólogos y revolucionarios como él. Finalmente la revuelta terminó cuando en la batalla de Frankenhausen las tropas imperiales y de los príncipes aplastaron al ejército campesino, matando a más de 100.000 insurrectos. En dicha batalla, Müntzer fue capturado, azotado, torturado y decapitado al día siguiente en la vecina ciudad de Mülhausen.

El legado de Müntzer

Pese a que Müntzer no fue original en sus tesis religiosas, sino que se basó en teólogos anteriores a él, tanto de la Edad Media (Dulcino, Hus), como de su propia época, sí tuvo el mérito de crear un *corpus* teórico que permitió el nacimiento del anabaptismo. Después, gracias a su peregrinaje y labor agitadora por múltiples territorios de Europa Central, y a la determinante invención de la imprenta, sus postulados se extendieron, creándose comunidades anabaptistas por todo el centro y norte de Europa, entre las cuales las más destacas fueron las alemanas y las de los Países Bajos. En Alemania, por ejemplo, en la ciudad de Münster, diez años después de la muerte de Thomas Müntzer, hubo un nuevo alzamiento, no sólo de los campesinos de las zonas colindantes (que apoyaron la insurrección de la ciudad), sino también de los artesanos y clases populares de la ciudad, que llegaron a expulsar al obispo católico y a aliarse con los luteranos para crear una comunidad anabaptista igualitaria. Bajo el liderazgo del holandés Jan de Leyden, esta comunidad se convirtió en una de las más importantes prácticas socioeconómicas y políticas igualitarias de la historia. Dicha experiencia, que comenzaría con entusiasmo acabaría convirtiéndose en una pesadilla totalitaria porque al final estaba gobernada por la locura de un demente. Tras el asedio de las tropas católicas, que entraron en la ciudad para reconquistarla, se comprobó el grado extremo de locura mística extática que tenían sus habitantes.

Tras esa experiencia el anabaptismo reformuló, gracias a teóricos posteriores, sus propuestas y teologías. En la actualidad es una facción protestante más de las muchas que tiene este credo, habiendo perdido, casi totalmente, el espíritu y las teorías iniciales expuestas por Müntzer. También ha sufrido un cisma entre anabaptistas y baptistas.

36

MAQUIAVELO

El Estado moderno y la razón de Estado

¿Quién fue?

Niccolo di Bernardo de Maquiavelo (1469-1527), hombre clave en el desarrollo del Renacimiento, nació en Florencia y fue político, filósofo, estadista y escritor. Autor de la obra más importante de teoría política (*El príncipe*), Maquiavelo fue el fundador de la noción de Estado moderno, forma de organización del poder que acabó con el feudalismo y aun hoy sigue vigente (bajo el modelo democrático).

Vida y trayectoria política

Su vida refleja la historia de Florencia. En su juventud, Florencia era una potencia internacional, con gran influencia en el Mediterráneo, habiendo desplazado a Venecia y haciendo de contrapeso al Imperio mongol, ya islamizado. En esta época, Maquiavelo se forma como humanista y político al servicio del regidor de Florencia, de la familia Médicis (1494).

En su madurez los Médicis pierden el poder y se establece una república en la que Maquivelo ocupa una función pública clave como tratadista (1507) y diplomático. Viajó por toda Europa (en especial Alemania) y consolidó con su saber hacer a la República Libre de Florencia como potencia. Finalmente los Médicis volvieron al poder durante la vejez de Maquiavelo, que fue desplazado de su puesto y exiliado. Entonces se dedicó a la creación literaria y al asesoramiento de diversos monarcas europeos, hasta su muerte (1527).

Las obras y consejos de Maquiavelo no fueron apreciados en vida de éste, sino que sus tratados, como suele ocurrir en muchas ocasiones, tuvieron una influencia póstuma.

Su obra fue completada por su contemporáneo Jean Bodin y puesta en práctica por los franceses, que fundarían a mediados del siglo XVI el Estado nacional moderno, bajo un régimen de despotismo ilustrado.

El pensamiento de Maquiavelo

Se considera a Maquiavelo como uno de los teóricos políticos más notables del periodo renacentista, pues con su aportación se inició camino hacia la nueva etapa histórica conocida como Modernidad, en su vertiente política, y a la reestructuración social.

Maquiavelo se declaró partidario de la república, basándose en que toda comunidad convive en el interior de un gran antagonismo: el interés del pueblo y el interés de los gobernantes; dichos intereses siempre están enfrentados.

Para Maquiavelo, el fin de toda organización social es atenuar el conflicto dentro de una comunidad, siendo la república la mejor manera de hacerlo.

Maquiavelo puso siempre como ejemplo a la Roma republicana. Sus concepciones jurídicas y políticas sobre el Estado tienen hoy en día pleno vigor, siendo la fundamentación de todo Estado, incluso el democrático (el Estado es árbitro de los conflictos sociales y garante de la convivencia armoniosa, a través incluso de la fuerza).

Maquiavelo señala que es primordial que en la república se disponga de las instituciones necesarias para canalizar el conflicto dentro de los cauces institucionales, sin los cuales ésta se desarmaría. Ninguna de las otras formas de gobierno (aristocracia, tiranía o monarquía) logran, según Niccolo Maquiavelo, el equilibrio de los partidos dentro del régimen, por lo que son inestables.

«EL PRÍNCIPE»

En 1513, Maquivelo escribió su obra más importante, un tratado de teoría política que lleva por título *El príncipe*, y en el que se describen las funciones y cualidades que éste debe tener para un correcto funcionamiento del Estado, así como el modelo apropiado que dicha estructura debe adoptar. Maquiavelo apoyaba una república, que en el lenguaje de la época no se refiere a un Estado carente de monarquía, sino a una forma estatal regida por un príncipe que concentre todos los poderes y sepa administrarlos. La obra se divide en dos partes: en la primera analiza la problemática a la que cotidianamente debe enfrentarse el Estado (pacificador social y garante del orden), conteniendo además una descripción política de los estados más fuertes del momento; en la segunda parte describe cuáles deben ser las virtudes del gobernante, en este caso el príncipe, y qué pasos debe seguir para conseguir el objetivo de la república (contener a las clases dominadas e imponerse sobre el resto de estados), analizando a modo de ejemplo las buenas obras de gobernantes del momento para ilustrar sus recomendaciones.

Como anécdota, este libro acuñó la expresión de «el fin justifica los medios», tanto en su forma expresiva como en su concepto, ya que Maquiavelo pensaba que cualquier cosa, incluso la más retorcida (de ahí que se acuñara tras la

MAQUIAVELO sostenía que al frente de la república debía estar un príncipe. Éste debe ser un hombre de gran virtud, para saber conciliar intereses contrapuestos y equilibrar, por el fin que fuese necesario (expresado con la frase «el fin siempre justifica los medios», que dio lugar al nacimiento del término maquiavelismo), la propia república. Sin embargo, la república debe estar bien organizada para que el príncipe no se convierta en imprescindible, por muy bueno que sea.

publicación del libro el término maquiavelismo o maquiavélico) o cruel, era apropiada para que el Estado alcanzara sus objetivos, sobreviviendo a toda costa y por cualquier sacrificio.

El príncipe en su época fue criticado y poco leído y seguido, algo que cambió tras la muerte de su autor, sobre todo en los siglos siguientes, hasta convertirse en el manual de cabecera de la mayoría de los gobernantes de toda Europa.

37

MARTIN LUTERO

La reforma protestante

¿Quién fue?

Martin Luther (1483-1546), más conocido por la latinización de su apellido, Lutero, fue un fraile agustino, teólogo y reformador religioso, cuyas doctrinas teológicas dieron lugar al nacimiento del protestantismo. Fundó el credo luterano, además de influir en los demás credos protestantes. Contribuyó además en la difusión de la lengua alemana, la comprensión y simplificación de la Biblia (al traducirla al alemán, cuando hasta ahora debía estar rigurosamente en latín) e, indirectamente, a la alfabetización del campesinado alemán. También contribuyó de forma decisiva al aplastamiento de la revuelta campesina alemana a la que el protestantismo había dado alas.

La reforma protestante

Lutero recibió formación humanista y estudió en profundidad las sagradas escrituras. Redactó las «95 tesis» en 1517, que dieron nacimiento oficialmente al protestantismo. En ellas criticó la salvación a través de la fe y no de las obras; apoyó el matrimonio de los sacerdotes (él mismo se casó con Catalina Bora) al manifestar que nada había en la Biblia que lo contradijera; criticó la jerarquía eclesiástica así como al Papa y combatió la avaricia del clero, sobre todo por las indulgencias (pagar a la Iglesia por alcanzar la salvación), y, sobre todo, puso en duda el milagro de la transubstanciación. Sostuvo que el Papa debería poder absolver sólo los castigos que él mismo hubiera impuesto, y que éstos no se tendrían que extender más allá de la muerte; que la absolución debería ser para todos los penitentes, y que ésta no es indispensable, pues más valen las obras de piedad y de misericordia. En las tesis Lutero se pregunta por qué el Papa no libra a todas las almas de una vez del purgatorio, si es que de verdad tiene este poder, movido por la compasión por sus sufrimientos, en lugar de sacarlas poco a poco por dinero. Estas tesis, que en un principio fueron ignoradas, llegaron a provocar una gran discusión que aumentó progresivamente en intensidad durante más de tres años. Lutero se iba alejando paulatinamente del dogma de la fe apostólica, católica y romana. Llegó a reconocer como verdaderos cristianos a algunos heterodoxos como Wycliffe y Hus, que la Iglesia católica había condenado por herejes, y aún llegó al extremo de criticar severamente resoluciones de papas y concilios alegando que como humanos podían errar. Llegó a basarse en las Sagradas Escrituras y en la razón convincente como las únicas autoridades reconocidas por él.

En un principio el papado ignoró a Lutero, de quien pensó que no era más que un borracho. Sin embargo, poco a poco estas tesis empezaron a extender-

Lutero criticó el autoritarismo católico, pero en los territorios luteranos aumentó considerablemente el poder absoluto de los príncipes. Los príncipes y clérigos católicos y protestantes estuvieron fuertemente enfrentados. Un siglo después de las protestas de Lutero, lo que empezó como una simple revuelta en Bohemia acabó en la Guerra de los Treinta Años, un conflicto entre católicos y protestantes que arrasó gran parte de Alemania y acabó con la vida de cerca de un tercio de la población.

se tanto entre el pueblo como entre los príncipes. Las universidades y príncipes empezaron a convertirse al protestantismo, por lo que la Iglesia católica los excomulgó en 1521 en virtud de la Dieta de Wörms.

Muchos príncipes adoptan las doctrinas de Lutero con el fin de no someterse (sin caer en herejía por ello) a la tutela de Roma y al dominio del ultra-católico Carlos V. Los príncipes se dieron cuenta de que al rechazar el modelo de Iglesia propugnado por el catolicismo, podrían fundar su propia iglesia local, liderando el espíritu de los campesinos y cobrando su propio diezmo.

Por otra parte, los campesinos, gracias a teólogos como Müntzer, adoptaron las tesis luteranas llevándolas mucho más allá, inspiradas en las antiguas herejías de Dulcino y Hus, y buscando la igualdad entre los seres humanos y el reino de Cristo en la Tierra (algo a lo que Lutero ni siquiera se atrevió a llegar en sus prédicas), lo que provocó el estallido de una guerra campesina. Dicha guerra era la consecuencia de una disputa entre príncipes protestantes contra Carlos V, que en alguna ocasión había llevado al enfrentamiento armado. Pero los campesinos pusieron en cuestión la autoridad de los príncipes y la Iglesia e incluso de la propia economía, lo que provocó como resultado final que todos los príncipes, Carlos V, el papado e incluso el propio Lutero (que no participó en ella directamente, pero que llamó a los campesinos a obedecer a sus príncipes fuera cual fuera el credo religioso de éstos) se aliaran para sofocar la revuelta. Sofocada la revuelta, la guerra religiosa entre los príncipes y el Imperio continuó hasta que en 1555 con la Paz de Augsburgo, cada príncipe podía escoger su propia religión e imponérsela a sus siervos.

Para frenar el impacto del protestantismo, la Iglesia católica procedió a elaborar la Contrarreforma, una renovación interna y teórica para no perder más adeptos.

LAS REVUELTAS CAMPESINAS Y LAS GUERRAS DE RELIGIÓN

La revuelta del campesinado (1524-1525) fue una respuesta a las teorías predicadas por Lutero y otros reformadores, que las llevaron a la práctica. Las revueltas del campesinado habían existido en pequeña escala durante todo el siglo XIV, pero ahora muchos campesinos creían erróneamente (porque Lutero jamás afirmó tal cosa) que el ataque de Lutero a la Iglesia y a su jerarquía significaba que los reformadores les ayudarían en su ataque a las clases dominantes.

Dado que los sublevados percibían lazos profundos entre los príncipes seculares y los príncipes de la Iglesia, interpretaban equivocadamente que Lutero, al condenar a los segundos, condenaba también a los primeros. Dichas revueltas, encabezadas por el religioso Thomas Müntzer, empezaron en Suabia y se cobraron la vida de más de 100.000 campesinos a manos de las tropas imperiales o principescas.

Lutero, asustado por su propia prédica, trató de refrenarlas. Se ganó la animadversión de los campesinos y fue considerado el jerarca espiritual de su nueva Iglesia sin cargos materiales (se convirtió en un nuevo papa sin gorro papal ni bastón, pero con la misma autoridad).

Actualmente las diversas iglesias protestantes (luteranos, calvinistas, evangelistas, presbiterianos, baptistas, anabaptistas, puritanos…) conforman, junto con el catolicismo y el credo ortodoxo, la religión cristiana.

38

MIGUEL SERVET

El descubrimiento de la circulación sanguínea

¿Quién fue?

Miguel Servet Conesa (1511-1553) fue un teólogo y científico español, cuyos numerosísimos estudios abarcaron muchas disciplinas, desde la anatomía a las matemáticas, pasando por la astronomía o la meteorología. Pero el área en el que mayores logros obtuvo fue en la medicina, donde logró uno de los mayores descubrimientos de la historia de la humanidad cuando logró demostrar que la sangre circulaba por el interior de las venas y arterias.

LA DÉBIL REFORMA ESPAÑOLA Y EL ATÍPICO CASO DE SERVET

Segundo hijo de una familia noble, fue ordenado sacerdote como mandaba la tradición española. Dentro del sacerdocio demostró sus dotes intelectuales y se centró en los estudios de medicina, donde fue un destacado facultativo. Viajó a Francia para continuar con sus estudios y allí contactó con los círculos de reformadores franceses y conoció la doctrina luterana.

A su vuelta a Aragón, trabajó como médico en el séquito del emperador Carlos I, con quien viajó por Italia y Alemania, profundizando en secreto en su conocimiento por el protestantismo, que difundió discretamente por España, donde tuvo un impacto prácticamente nulo (salvo en la comunidad gitana, donde el evangelismo es bien acogido).

OBRA CIENTÍFICA Y TEOLÓGICA

Animado por el espíritu de la reforma, estudió las escrituras más a fondo y decidió viajar por el centro Europa, instalándose en Francia, Austria y finalmente Suiza. En 1531 editó su primera obra teológica *De Trinitatis Erroribus* (*De los errores acerca de la Trinidad*), que produjo gran escándalo entre los reformadores alemanes y fue prohibida en Estrasburgo y Basilea; en

INDEPENDIENTEMENTE de la importancia de sus descubrimientos fisiológicos o de su labor como polemista religioso, la figura de Miguel Servet ha quedado como mártir de la libertad de pensamiento y de expresión.

esta última ciudad a instancias de Calvino, quien comenzaría a profesar un odio irracional por Servet. Tampoco caló bien en su patria, a la que ya no podría regresar al ser requerido e investigado por la Inquisición. *De Trinitatis Erroribus* salió a la luz el verano de 1531, en Hagenau (Alsacia) y no era más que un pequeño libreto teológico que, sin embargo, provocó una profunda revolución en el mundo religioso. Fue escrito en latín utilizando expresiones fáciles de comprender. A pesar de presentar pensamientos no demasiado bien compendiados, ni bien estructurados, tenía una intención bastante clara y demostraba el sorprendente bagaje lector de su joven autor. Fue puesto a la venta en las ciudades del Rhin y rápidamente se propagó por Suiza, Alemania y el norte de Italia, sitios donde despertó un gran interés.

Miguel Servet había confiado inocentemente en que los reformadores recibirían de buen grado su contribución a la causa de la Reforma tan pronto como tuvieran tiempo de reflexionar sobre lo que decía; sin embargo, la obra de Servet les indignó, especialmente a los calvinistas.

En el año 1537 se matriculó en la Universidad de París para ampliar sus estudios de medicina. Allí estudió junto a los grandes médicos de la época, enseñando matemáticas y medicina. En 1541, debido a sus innovaciones médicas (como la defensa de los jarabes como remedios curativos o la influencia de los astros en la salud de los pacientes o el descubrimiento de la circulación de la sangre) se encontró con serias dificultades primero entre la comunidad científica y luego con la justicia, por lo que decidió abandonar París y ejercer en Viena. En ese tiempo, en el que aun no había tenido lugar la revolución científica, y donde las diferentes ortodoxias eclesiásticas y doctrinales tenían una gran influencia, los nuevos descubrimientos que cuestionaran las verdades tenidas por absolutas, no sólo no eran bien vistas por la «comunidad científica» (que era muy religiosa) sino condenadas severamente.

Durante un viaje de Austria a Italia, decidió parar un tiempo en Ginebra, donde, reconocido por los calvinistas en la fonda donde se alojaba, fue detenido por orden de Calvino y juzgado y condenado por herejía (por su negación de la Trinidad y por su defensa del bautismo a la edad adulta). La sentencia fue morir en la hoguera, el 26 de octubre de 1553.

39

CARLOS V

EL IMPERIO DEL CATOLICISMO ESPAÑOL

¿QUIÉN FUE?

Carlos de Habsburgo, posteriormente Carlos I de España y V de Alemania (Gante, Bélgica, 1500-Yuste, España, 1558), Rey de España, primera persona que unificó en su persona las coronas de Castilla y Aragón (aunque no fundó como tal la nación española, que fue obra borbónica en 1700), Emperador de Alemania. Recibió en herencia los imperios de sus abuelos Maximiliano I de Habsburgo (Sacro Imperio Romano Germánico), María de Borgoña (norte de Francia y región de Borgoña, Países Bajos), Isabel I (Castilla, Portugal y América) y Fernando II (Aragón, Nápoles, Sicilia, Malta, Cerdeña). Fundó la dinastía de los Austrias, administró con mano de hierro América y declaró la guerra al protestantismo, que nació durante su reinado, siendo el paladín del catolicismo y del Papa, con quien, paradójicamente, estaba enfrentado en una soterrada disputa por el poder «terrenal». Rigió el mayor imperio ultramarino de la historia (el mayor, en términos absolutos fue el de Gengis Khan) y se decía que en sus dominios «no se ponía el sol».

REINADO EN ESPAÑA

No accedió al trono español hasta 1516, año de la muerte de Fernando de Aragón. Entre 1519 y 1521 tuvo que hacer frente a dos dobles revueltas en territorio ibérico, las comunidades en Castilla y las germanías en Cataluña (corona de Aragón). Estas dos revueltas fueron dobles porque en cada una coincidieron los intereses de la nobleza con los del campesinado.

En Castilla se alzaron los campesinos contra el sistema feudal que, si bien no políticamente, económicamente aún sufrían, y contra el modelo político, siendo, según Maravall, la primera revolución democrática de la historia. Por otro lado, el descontento de la nobleza era manifiesto para con el emperador, pero por otros motivos: Carlos V se había traído de Flandes (donde fue educado) a todo su gobierno germánico y había desplazado a los nobles castellanos del poder. El resultado de esto fue que los campesinos se alzaron y rápidamente los nobles, por otros motivos, se pusieron al frente de tal rebelión. Carlos se percató de la situación y nombró gobernantes castellanos, lo que produjo que los nobles frenaran la rebelión e incluso, aliados con las tropas imperiales, sofocaran los focos de la revuelta campesina.

En Cataluña fue más de lo mismo: los campesinos luchaban contra la explotación feudal, los nobles por el logro de más fueros, pero aquí cada bando insurrecto fue por su lado y Carlos tuvo que pactar con la nobleza catalana otorgándoles más autonomía, y acabar a sangre y fuego con los campesinos.

LA CUESTIÓN AMERICANA Y LA GUERRA CONTRA EL PROTESTANTISMO

Durante su reinado, Pizarro conquistó el imperio incaico y Cortés el azteca, se asentó la presencia española en el continente (hasta ahora limitada al Caribe), y, gracias al expolio y esclavitud de los indios, se obtuvieron ingentes cantidades de oro, que Carlos V tuvo que coger con una mano y con la otra dar, en concepto de devolución de préstamos bancarios, a los Flügger, los mayores banqueros de la época, por las enormes cantidades de dinero que se estaba gastando en su guerra en Alemania contra el protestantismo y contra las mencionadas rebeliones pe-

FORMADO EN FLANDES con rígidas convicciones, Carlos V se ganó muchos enemigos, entre otras cosas por colocar gobernantes belgas en España y utilizar a las tropas españolas para mantener el orden social en Bélgica y Holanda.
Tuvo que mantener su dominio a base de sangre y fuego y, sólo cuando veía que iba a perder a través de la fuerza, el emperador recurría a pactos y negociaciones.

ninsulares. Todo el oro que Carlos obtuvo de América durante su reinado lo dilapidó en guerras religiosas. Tras 25 años de guerra contra los protestantes, finalmente se llegó, en 1555, a la Paz de Augsburgo, por la que cada príncipe alemán podría escoger e imponer en sus dominios su credo. Pero desde 1521, en virtud de la Dieta de Wörns, los protestantes estaban todos excomulgados.

EL FINAL DEL REINADO DE CARLOS I

Al final casi de su vida, ya viudo de Isabel de Portugal, Carlos se sintió cansado. Su reinado había estado repleto de guerras contra un sinfin de adversarios y había conseguido consolidar España como potencia hegemónica mundial. Pero los acontecimientos políticos y las coyunturas internacionales cambiaban, el mundo se transformaba, empezaba a nacer el capitalismo, en versión mercantilista y el concepto de Estado. Con unas concepciones desfasadas, el emperador se sentía muy viejo ya para comprender el nuevo mundo y dirigirlo, por lo que en 1556, dos años antes de su muerte, abdicó en Bruselas a favor de su hijo Felipe II, quien continuó la labor de su padre, aumentando el poder de España y adaptándose a los nuevos cambios. Se retiró al monasterio de Yuste, donde murió.

40

CALVINO

LA INQUISICIÓN PROTESTANTE

¿QUIÉN FUE?

Jean Calvin, más conocido por su nombre castellanizado, Calvino (1506-1564), predicador y líder protestante francés, exiliado en Suiza, interpretó las tesis de Lutero (negación de la autoridad de Roma, salvación por los actos y no por la fe, única verdad revelada en la Biblia...) de manera intransigente y doctrinaria. Fundó y encabezó una inquisición no institucionalizada en los cantones suizos, que se cobró la vida de muchos católicos, científicos y protestantes disidentes, entre ellos Miguel Servet.

Vida

A la edad de 20 años, Calvino, de familia acomodada (su padre era abogado), entró en contacto con las tesis de la Reforma luterana y se convirtió rápidamente a dicho credo. Por tal conversión, en 1534, y debido a la crudeza de la represión católica francesa a los disidentes reformistas (llevados uno tras otro a la hoguera), Calvino se vio obligado a huir de Francia, exiliándose en Suiza, donde se dedicó al estudio de las sagradas escrituras y a la difusión del luteranismo.

El fanatismo religioso de los católicos franceses no le fue ajeno y provocó que rechazara el catolicismo y defendiera el credo luterano con igual o mayor fanatismo.

Refugiado en Basilea, se hastió de ver cómo las tesis reformistas combatían entre sí, dispersándose, naciendo tesis radicales y revolucionarias, y permaneciendo desunidas mientras la Iglesia católica ganaba terreno gracias a la Contrarreforma. A partir de este momento centró sus esfuerzos en la creación de una nueva Iglesia protestante, evangélica y fuerte, capaz de competir con la católica. Para dicha misión, se trasladó a Ginebra en 1536,

ALGUNAS DE LAS IDEAS de la doctrina calvinista, como la de admitir el préstamo con intereses, ha dado pie a muchos historiadores y sociólogos a considerar la ética calvinista el embrión para el futuro desarrollo del capitalismo moderno.

donde continuó con sus estudios de las escrituras y trató de unificar las corrientes evangelistas, combatiendo con firmeza el catolicismo y la heterodoxia protestante.

En la primavera de 1536 publicó el libro en el cual se sistematiza la doctrina protestante, *Institutio christianae religio (Doctrina de la religión cristiana)*, que fue determinante. Si bien Lutero inspiró y puso en marcha la Reforma, fue Calvino quien la sostuvo gracias a las ideas expuestas en esta obra clave para el futuro de Europa.

En Ginebra, Calvino tuvo ocasión de demostrar su intolerancia, intentando imponer a todo el pueblo ginebrino su credo, al hacerles jurar fidelidad a la nueva fe calvinista y el rechazo del papado, llegando a amenazar incluso a todo el consejo municipal de Berna para que la declararan obligatoria en todo el cantón. No contento con esto, hizo enviar a Miguel Servet a la hoguera. Cuando fue acusado de emplear los mismos métodos y la misma intolerancia de los católicos, publicó su obra *En defensa de la legitimidad de la verdadera fe*, cuyo título en nada se diferenciaba de cualquier obra católica.

Finalmente, ante la oposición de las autoridades suizas a sus métodos, regresó a Francia y fundó una nueva Iglesia calvinista, siguiendo con sus esfuerzos de unificación doctrinal y organizativa. Calvino pensaba que el principal problema del protestantismo era la disparidad de credos y la multiplicación de las distintas iglesias nacionales. A los pocos años, ante los problemas que encontró en Francia, volvió a Ginebra donde murió en la pobreza.

EL CALVINISMO

Este credo simplificó el ritual católico (que constaba de música, imágenes de santos, etc.), apagó el sonido de las campanas, retiró los instrumentos musicales, el arte religioso y todo ornato. El culto se redujo a la oración y a la recitación de salmos, y, en templos extremadamente austeros, también fueron eliminados los altares. Estas imposiciones provocaron una lucha que duraría hasta 1555, con persecuciones, destierros y ejecuciones; después, Calvino reinó como un gobernador incontestado.

Después de la muerte de Lutero y de los principales teólogos protestantes, como Zwinglio, Calvino dedicó toda su vida al proselitismo y quedó como el principal dirigente del protestantismo, ubicando su sede en Ginebra, que quedaría, tras resistencias iniciales, bajo su mandato, convertida en la principal capital protestante. El calvinismo superó pronto en influencia al luteranismo y se extendió por Alemania, Suiza, Francia (hugonotes) e Inglaterra (puritanos)

Al desarrollar sus interpretaciones luteranas, Calvino llegó a romper con la doctrina de Lutero, y, al final de sus días, se opuso a la unificación de ambas iglesias. Alegaba diferencias teológicas insalvables como la predestinación, por la que afirmaba que las obras no eran motivo de salvación, ni tampoco la fe, sino sólo la voluntad del Señor, que predestinaba antes del nacimiento a los que serían salvados.

41

SULEIMAN

EL IMPERIO OTOMANO A LA CONQUISTA DE EUROPA

¿QUIÉN FUE?

Suleiman I (1494-1566) fue el emperador del Imperio otomano. Hijo de Selim I, ascendió al trono otomano en 1520, convirtiéndolo en una de las mayores potencias mundiales. Con Suleiman, el imperio alcanzó la cúspide de su poder.

¿QUÉ HIZO?

Conquistó la parte occidental del antiguo imperio mongol (del que por estas fechas sólo quedó China), lo que no le fue difícil, ya que este imperio se empezó a resquebrajar cuando los conquistadores tártaros se convirtieron al islam. Los turcos ascendieron entonces dentro del Islam como etnia dominante (asumiendo los califatos y el papel que en la Edad Media habían desempeñado los árabes) y le devolvieron su grandeza, apoderándose de buena parte del Imperio mongol (en concreto de la parte que comprendía de Irán a Turquía) y conquistando el Imperio romano de Oriente (obra de Selim I, padre de Suleiman).

El propio Suleiman encabezó en la batalla sus tropas, logrando grandes éxitos militares, como la conquista de Belgrado, o el sometimiento de los territorios de Hungría o Marruecos, además del asedio a Viena, que no llegó a tomar a cambio de que le fuera entregado un gran tributo, escandaloso para la época.

EL IMPERIO TURCO

El imperio que construyó siguió expandiéndose incluso un siglo después de su muerte, y, con mayor o menor integridad, no se desmoronaría hasta 1914 a causa de la Primera Guerra Mundial.

Suleiman además fue conocido como «el Filósofo» y atrajo a Constantinopla, a la que convirtió en capital de su reinado, a numerosos artistas, filósofos y científicos, tanto árabes como de Occidente.

SULEIMAN fue reconocido en su época como un gobernante eficiente porque elegía sus subordinados según sus méritos en lugar de por su estatus social o riquezas. El embajador austriaco en Constantinopla escribió sobre él: «Al realizar nombramientos, el sultán no presta atención a riqueza o rango, ni a las recomendaciones o a la popularidad; considera cada caso por sus propios méritos y examina cuidadosamente el carácter, la capacidad y la disposición del hombre de cuya promoción se trata».

Compitió con el imperio de Carlos V, su gran y acérrimo rival, y con las potencias veneciana y florentina, albergando en su seno a muchos refugiados de estas potencias, demostrando así, mucha más tolerancia que la cristiandad.

En cuanto a la legislación, Suleiman realizó numerosas reformas que suavizaron la rígida *Sharía* (ley islámica) por la que se regían los turcos, reduciendo el número de delitos castigados con la muerte y sustituyendo el castigo corporal por multas Resultaron tan efectivas que su figura se consolidó como la de un hombre razonable y benevolente.

La educación fue otra área importante para el sultán. Las escuelas religiosas adjuntas a las mezquitas obtenían sus fondos de fundaciones religiosas, lo que proporcionaba una educación casi gratis para los muchachos musulmanes, en lo que el Imperio otomano aventajaba a los países cristianos de la época. En la capital incrementó el número de *mektebs* (escuelas primarias) hasta 14. En ellas se enseñaba a los niños a leer, escribir y los principios del islam. Fundó además bibliotecas, hospitales y comedores gratuitos, tratando de llevar a cabo una cierta obra social. Además, como el Corán condena la usura, supo combinar el comercio y la actividad económica de una gran potencia con la asistencia social a los desfavorecidos, desterrando el lucro excesivo, la especulación y limitando la propiedad privada; de esta forma consiguió una sociedad mucho menos desequilibrada que la occidental.

El imperio levantado por Suleiman, fue, además, una gran potencia militar, que contó con un gran ejército y enormes medios tecnológicos para la época. Así, por ejemplo, debido a su conquista por parte del Imperio mongol (que recordemos, incluía China) y a su posterior emergencia y liderazgo dentro del mismo (convirtiéndolo en el Imperio otomano), los turcos tuvieron acceso a la pólvora, invento chino desarrollado en el siglo XV, gracias a la cual el padre de Suleiman conquistó Constantinopla. El uso de la pólvora, que no llegaría a Occidente hasta entrado el siglo XVI, dio al ejército de Selim, padre de Suleiman, y luego a éste, un poderío tecnológico y una capacidad devastadora asombrosa para la época y difícilmente contenible para el resto de países. Por si esto fuera poco, Suleiman acogió y alentó la actividad de los piratas berberiscos en el Mediterráneo, para que saquearan ciudades europeas y abordaran barcos, llevando consigo sus riquezas hasta la nueva Constantinopla (ahora Estambul), en un ardid militar y político que sería emulado por las coronas europeas (sobre todo Inglaterra) que utilizarían la piratería en el Caribe como arma política y militar contra la poderosa Castilla.

Suleiman innovó tanto en lo social, como en lo político, lo militar, lo cultural e incluso lo científico, haciendo de sus dominios uno de los primeros imperios modernos, si no el primero, de la historia y pasaría a la posteridad como un sólido gobernante.

42

DESCARTES

EL PADRE DEL RACIONALISMO

¿QUIÉN FUE?

René Descartes (1596-1650), matemático y filósofo francés, es considerado el padre del racionalismo, de la filosofía y las matemáticas modernas y del diagrama cartesiano. Sus estudios filosóficos, sobre todo el desarrollo del racionalismo, cambiaron el paradigma filosófico y matemático imperante e hicieron nacer, además de la separación entre filosofía y matemáticas, la modernidad.

Murió en Estocolmo, donde ejercía de preceptor de la Reina de Suecia, dejando un impresionante legado.

PRIMEROS AÑOS

Hijo de abogados y comerciantes ricos, tuvo una brillante formación clásica que despertó su gusto por la filosofía. Fue educado por jesuitas y, pese a haber desarrollado el racionalismo, nunca negó, sino todo lo contrario, la existencia de Dios. En la Universidad de París, donde cursó estudios, se apasionó por las matemáticas y comenzó sus primeras investigaciones en las que creó el diagrama cartesiano, el estudio de los poliedros y la teoría de conjuntos, lo que revolucionó las matemáticas de su tiempo, en especial la geometría.

FILOSOFÍA

Artífice de la frase «pienso luego existo» y padre de la duda metódica, desarrolló una filosofía racionalista basada en que no nos podemos fiar de nuestros sentidos ya que la percepción podría engañarnos. El conocimiento humano debía basarse, según Descartes, única y exclusivamente, en la capacidad de razonar del ser humano, guiada paradójicamente por Dios. Para elaborar sus demostraciones creó una enrevesada teoría de un genio maligno que nos confunde, haciéndonos dudar incluso de nuestra existencia, que quedaba demostrada por el hecho de que para dudar de ella, tenemos que pensar, lo que de por sí demuestra nuestra existencia.

La base de la filosofía para Descartes, era la duda, ya que dudando de lo que percibimos y sentimos es cuando comenzamos a razonar, analizando las circunstancias, lo cual significa el alcance del conocimiento a través de la razón.

Además de su filosofía, destaca su labor matemática, ya que fue el inventor de los diagramas que llevan su nombre, de la teoría de conjuntos y de-

PESE A HABER revolucionado el mundo con su pensamiento, su método se basó en la idea tradicional (usada en las épocas clásica y medieval) de la prueba dialéctica. De esta forma, se toma algo tenido por verdadero y se confronta a la realidad; si supera la prueba, es aceptado.

sarrolló la geometría, creando nuevos conceptos matemáticos y revolucionando totalmente esta ciencia, hasta tal punto que produjo un cambio de paradigma científico que, junto a otros, como los postulados por Newton o Galileo, producirían la posterior revolución científica.

A las «formas» y las «cualidades» de la física aristotélica, que habían resultado ser un callejón sin salida, Descartes contraponía la «idea clara y fundamental» de que el mundo físico no es más que un puro mecanismo.

En geometría analítica, Descartes creó una técnica que le permitía expresar las leyes de la mecánica, que constituían las leyes últimas de la Naturaleza, mediante ecuaciones algebraicas. Y entonces propuso el programa ideal de toda ciencia teórica: construir, con un mínimo número de principios, un sistema que diese razón de todos los hechos conocidos y que permitiese descubrir hechos nuevos. Toda la física teórica subsiguiente se ha planteado como objetivo la consecución de este ideal. Podemos afirmar que, en el siglo XVII, Blaise Pascal e Isaac Newton lograron llevar a cabo el programa cartesiano, que consiste en ofrecer la explicación del mundo físico en función de su mecanismo. Sus teorías aún no han sido refutadas por las matemáticas, y se mantienen con algunos cambios, vigentes la mayor parte de las mismas.

No obstante, ello se debe (ya que, en cierto modo, su sistema matemático sí que fue un fracaso en un principio) a que en el siglo XVII, Pascal y Newton lograron llevar a cabo el programa cartesiano, que consiste en ofrecer la explicación del mundo físico en función de su mecanismo.

Obras

De entre todas sus obras, destaca como libro clave para conocer su pensamiento *El discurso del método* donde explica el método a seguir para la reflexión filosófica (en este caso la duda). Dicha obra es un compendio de filosofía y matemáticas que ha sido clave para el desarrollo de la filosofía occidental y de las matemáticas. En ella Descartes quiso emplear el método matemático también en la reflexión filosófica, cuya meta era lograr un conocimiento certero sobre la naturaleza de la vida.

43

OLIVER CROMWELL

LA REPÚBLICA DE INGLATERRA

¿QUIÉN FUE?

Oliver Cromwell (1599-1658) fue un político, militar y dictador inglés, proclamó la república por primera y única vez en el país anglosajón en 1653 hasta 1658, lideró la Commonwealth y gobernó con mano de hierro para, según él, asegurar la democracia en peligro. Gobernó como Lord Protector hasta su muerte en 1658, legando el título a su hijo Richard, de escasas habilidades políticas, quien no supo mantener la obra paterna. Cromwell fue un personaje polémico donde los haya y el primero en instaurar una república moderna en una Europa dominada por las monarquías.

DE CAMPESINO A GENERAL

Cromwell era un campesino cuando, patrocinado por la familia Montagu (importantes parlamentarios ingleses), fue elegido diputado por Huntington en la Cámara de los Comunes.

Un año más tarde, el rey Carlos I la disolvió hasta 1640, cuando se vio obligado a convocarla para votar nuevos impuestos. Durante este periodo, Cromwell volvió a su tranquila vida calvinista (era puritano) y campesina.

En 1640 volvió al Parlamento y encabezó las reformas que el partido protestante quiso realizar, entre ellas la abolición del episcopado inglés y su sustitución por una iglesia nacional puritana, como única iglesia oficial de Gran

Bretaña. El Parlamento aprobó tal medida, pero esto fue el detonante de fuertes disputas con el rey.

En 1642 una serie de disputas en el Parlamento o Cámara de los Comunes entre los parlamentarios (protestantes, partidarios de dar más poder al Parlamento) y realistas (partidarios de la monarquía absoluta) dio lugar a una guerra civil que duró cuatro años y en la que Cromwell se encumbró como general al reclutar personalmente a un ejército de campesinos y lograr la victoria en la contienda, pese a no tener ninguna formación militar (como él mismo decía, se guiaba por su intuición, su audacia y la ayuda de Dios).

Derrotado el rey y con los parlamentarios en el poder, éstos trataron de hacer aceptar a aquél una monarquía constitucional con una severa limitación de los poderes reales, relegados a mera figura simbólica y a arbitraje en conflictos irresolubles. El rey se negó a aceptar y entre los parlamentarios surgió el enfrentamiento entre el ala más radical (partidarios de una democracia republicana) con Cromwell al frente, y apoyados por el ejército que fielmente le obedecía (Cromwell no había dejado de ejercer el poder militar desde la guerra civil) y el ala más moderada, liderada por la nobleza inglesa.

EL ALTO PROTECTOR DE INGLATERRA

Ante las incansables disputas, que no llevaban a ningún lado, Cromwell decidió en 1648 disolver provisionalmente el Parlamento, convocar nuevas elecciones y nombrarse Lord Protector de Inglaterra. Con esta figura legal, cuando el Parlamento fuese inútil a los intereses del pueblo, él asumiría los poderes del país hasta haberse resuelto la situación. Además, decidió que si el rey no aceptaba la propuesta que el Parlamento le había hecho para limitar sus poderes sería declarado traidor a la patria. Carlos I volvió a negarse y en 1653 fue juzgado, condenado y ejecutado por alta traición por un tribunal presidido por Cromwell y sus partidarios. Durante 1648, las cartas y discursos de Oliver Cromwell se llenaron de imaginería bíblica, en gran parte meditaciones sobre el significado de pasajes particulares. Por ejemplo, tras la batalla de Preston, el estudio de los Salmos 17 y 105 le llevó a decir al Parlamento que «aquellos que son implacables y no cesan de asolar la tierra serán velozmente destruidos y expulsados de ella». En una carta a Oliver St. John en septiembre de 1648, le urgía a leer Isaías, 8, donde el reino cae y solo los fieles sobreviven. Esta carta sugiere que fue la fe de Oliver Cromwell, más que un empeño en las políticas radicales, junto con la decisión del Parlamento de entablar negociaciones con el rey en el Tratado de Newport, lo que le llevó a creer que Dios mismo hablaba en contra tanto del Parlamento como del rey como autoridades legales. Para Oliver Cromwell, el ejército era ahora el instrumento elegido por Dios. El episodio es una muestra de la firme creencia de Oliver Cromwell en el providencialismo, es decir, la creencia de que Dios mismo estaba interviniendo en los asuntos mundanos a través de las acciones de «personas escogidas» (que Dios había «provisto» para ese fin). Cromwell creía, durante las Guerras Civiles, que él mismo era una de esas personas e interpretaba las victorias como indicaciones de la aprobación de Dios a sus actos, así como las derrotas eran signos de que Dios deseaba dirigirle en otra dirección.

Esta situación llegó hasta 1653, fecha en la que Cromwell, harto de parásitos que vivían a costa del pueblo y de los vicios de la democracia, disolvió definitivamente el Parlamento, eliminó a toda la disidencia, se proclamó dictador bajo la figura ya conocida de Lord Protector permanente, redactó una nueva constitución y proclamó la república, siguiendo con su discurso ultrapuritano, bíblico y mesiánico.

En 1657 sus partidarios le ofrecieron la corona, pero éste la rechazó, alegando que él no era más que un condestable y que el verdadero soberano era el pueblo.

Finalmente Cromwell murió de fiebres en 1658, legando el cargo a su hijo, quien no supo mantener la obra de su padre. En 1659 el protectorado llegó a

LA FIGURA DE CROMWELL ha sido llevada varias veces a la gran pantalla. Entre estas adaptaciones, destaca *Cromwell*, protagonizada por el actor inglés Richard Harris. Más recientemente, en 2004, se realizó otra versión, más cercana aun si cabe a los episodios históricos, protagonizada por Tim Roth, en el papel del polémico general y Rupert Everet en el del rey Carlos I.

su fin y la nobleza, con el apoyo de Guillermo de Orange, Rey de Holanda, restituyó la monarquía, obligando a Ricardo a abdicar y nombrando Rey de Inglaterra a Carlos II.

Cromwell fue un personaje lleno de contradicciones. Regicida, defensor de la separación de poderes, acumuló más poder que el propio Carlos I; demócrata, disolvió dos parlamentos; aunque campesino, fue el general jefe de Inglaterra; defensor de la libertad, fue un tirano que instauró la primera y única república inglesa durante seis años y creó la Commonwealth como hoy se la conoce.

44

GERRARD WINSTANLEY

EL PRECURSOR DEL COMUNISMO

¿QUIÉN FUE?

Gerrard Winstanley (1609-1676) fue un comunista utópico y revolucionario inglés del siglo XVII, ideólogo de las corrientes comunistas durante la revolución burguesa inglesa. Participó junto con su facción política (los *diggers*) en la guerra civil británica en el bando de los parlamentaristas, pero muy crítico con éstos, obrando como fuerza autónoma e indisciplinada del ejército de Cromwell, quien le encarceló durante la dictadura (1653-1659) por formar parte de la disidencia.

DE LA MISERIA A LA AGITACIÓN

De origen proletario, era miembro de sectas disidentes que practicaban un cristianismo herético y radical, inspirado en Hus. En 1648 se hizo racionalista y, un año después, fundó un grupo político, los *diggers* (cavadores). Influido por su pasado cristiano radical y por los postulados comunistas utópicos que comenzaba a desarrollar gracias a la lectura (su padre fue un comerciante arruinado que le consiguió dar una buena educación antes de caer en bancarrota) de Tomás Moro y de los socráticos menores, empezó a interpretar la doctrina del derecho natural como negación de la propiedad privada.

En los años 50 del siglo XVII inició una agitación comunista en protesta contra los *enclousures* o cercamientos de tierras comunales, llamando a la ocupación pacífica de las tierras expropiadas. Además se distinguió como teórico, humilde y sencillo, comprensible para el pueblo.

En 1652 escribió y publicó su principal obra, llamada *The Law of freedom* (*La ley de la libertad*), la cual se inspiraba en un comunismo libertario (pues postulaba la inutilidad del Estado) y estaba repleta de tendencias no ateas, pero sí panteístas-deístas, sin negar concretamente a Dios (afirmaba que estaba en todos los seres y las cosas de la creación), pero sí la liturgia e historia cristianas, en especial la Biblia, contemplada como «gran mentira». Era un revolucionario que intentaba llevar sus ideas a la práctica mediante el pacifismo.

LOS CAVADORES

Un domingo de abril de 1649 se reunían en la colina de St. George un grupo de jornaleros sin tierra; su intención era la de crear un ejemplo de propiedad comunal. Comenzaron a «cavar» las tierras baldías (de aquí su sobre nombre de «cavadores»), y así hacer frente al hambre de los más

CON SU PRÁCTICA y sus formulaciones teóricas, Winstanley sentó las bases tanto del comunismo como del anarquismo. Fue motivo inspirador tanto para el padre del anarquismo, William Godwin, como de la tradición marxista británica.

pobres. La zona donde el grupo se fundó estaba a las afueras de Londres y se había caracterizado durante la guerra como una región de «radicales». De esta zona era Winstanley, que se convirtió en el verdadero inspirador y creador de la doctrina de los cavadores. Según decía Winstanley, en una visión se le ordenaba «dar a conocer que la tierra podía convertirse en un tesoro común de subsistencia de toda la humanidad, sin acepción de personas». Pronto familias enteras se asentaron en el lugar, lo que asustó sobremanera a los terratenientes de la región, así como al párroco, que temía el ambiente anticlerical que inspiraba su movimiento. Con el miedo a que se extendiera este modelo de explotación comunal, los nobles denunciaron a los cavadores a los tribunales y les hostigaron con un boicot y bloqueo económico. Un año después de empezar a trabajar las tierras, los campesinos fueron expulsados tras la decisión del tribunal, sus chozas fueron quemadas y la colonia dispersada.

Y así acabó una de las primeras experiencias registradas históricamente de colectivización de la tierra y los medios de producción debidamente documentada (aunque hubo otras antes sin documentar).

Este movimiento de creación de nuevas comunidades se extendió por el sur y centro de Inglaterra, pero todas fueron desmanteladas al poco tiempo. Aún así, contribuyeron a la toma de conciencia de otros grupos radicales o sectarios, como los cuáqueros y hombres de la «Quinta Monarquía» (cristianos primitivos radicales).

EL PRIMER COMUNISTA

Su comunismo nivelador abogaba por la colectivización de la tierra y de todos los recursos naturales como bienes fundamentales de todo el pueblo. Pensaba que debía desarrollarse una economía comunista primitiva a pequeña escala que eliminara el dinero, el comercio y la propiedad, y se estableciera en el marco de una comunidad política y social regida por asambleas, donde las decisiones se tomarían por votación popular y los cargos electos (de un año de duración) no tendrían otra misión que aplicar las decisiones tomadas por todas las personas mayores de edad, sin importar el sexo, en las asambleas populares. Winstanley pensaba, además, que las normas de convivencia (refrendadas por todos) que debían regir su utópica sociedad habían de tener tal simpleza que pudieran ser entendidas por cualquiera, sin tener doble sentido ni diversas interpretaciones posibles.

Su utopismo se entrelazaba, a la par que representaba, con la lucha de clases de su tiempo. En esa época la naciente burguesía pugnaba por el poder político y comenzaba a desarrollar una política de privatización de los, hasta ahora, terrenos comunales, conocida como *enclousures*, cercando las tierras, ahora en manos de terratenientes e impidiendo el paso a los campesinos.

45

ISAAC NEWTON

LA LEY DE LA GRAVEDAD

¿QUIÉN FUE?

Sir Isaac Newton (1643-1727), físico, matemático, químico, astrónomo y filósofo británico, fue el descubridor de la ley de la gravedad y creador de la física mecánica (llamada newtoniana en su honor). Cambió el paradigma de la ciencia hasta la actualidad. Sus estudios se aplicaron a todos los campos de la vida, creando el paradigma científico hasta la época de Einstein. Junto con Descartes y Copérnico, fue uno de los artífices de la revolución científica, que cambiaría el mundo, enseñando durante tres siglos a ver el mundo, sentando las bases para el desarrollo de la revolución industrial y creando la ciencia en la que hoy, pese a haber un nuevo paradigma, se basa casi todo porque las nuevas teorías se relacionan con sus tesis aunque sea para refutarlas.

Newton supuso la verdad de la burguesía y el sustrato cultural de la modernidad (sustituido ahora por la postmodernidad), con todo lo que eso implica.

¿QUÉ HIZO?

Newton está presente en todos los grandes descubrimientos físicos, químicos y aritméticos de su tiempo. Descubrió el prisma y el cambio de color de la luz a su paso por él. Además de descubrir que la luz emitía calor y que estaba compuesta de partículas, enunció las leyes de la termodinámica, así como las de la mecánica clásica, amén de las leyes de gravitación universal y revolucionó el cálculo, creando las integrales y el cálculo diferencial junto con Leibniz.

No obstante, en sus últimos años la sombra de la duda se cernió sobre él, debido a una gran controversia que tuvo con Leibniz, quien le acusó de plagio e hizo dudar sobre su figura a toda la comunidad internacional. Pese a todo, siempre gozó de gran prestigio y se le ha considerado tradicionalmente un genio.

LEGADO

Isaac Newton nos ha legado la física que lleva su nombre, basada en la mecánica cuántica y en la teoría gravitacional (aunque, paradójicamente, el «problema» de la gravedad ha sido soslayado continuamente durante siglos en las ecuaciones deterministas de la mecánica cuántica, sustituyéndolo por variables y constantes), que ha dirigido el rumbo científico durante más de cuatro siglos, hasta que fue desbancada por las tesis de Einstein, la termodinámica de fluidos y las teorías del caos.

NEWTON FUE EL PRIMERO en demostrar que las leyes naturales que gobiernan el movimiento de la Tierra y las que gobiernan el movimiento de los cuerpos celestes son las mismas. Debido a sus trabajos de astrofísica y de óptica es considerado como el investigador científico más grande de todos los tiempos, y a su obra se la ha calificado como la culminación de la revolución científica.

La diferencia de las nuevas teorías científicas, sobre todo la termodinámica de fluidos (nombre por el que se conoce a buena parte de las teorías actuales en física y química, sobre todo las que abogan por las tesis del caos) es el cambio de perspectiva. Si Newton planteaba una física determinista, estableciendo leyes naturales, con la intención de, a través de las ecuaciones, predecir los fenómenos físicos, las nuevas teorías científicas (elaboradas desde el siglo XX) apuestan por la mera descripción del proceso, a través de la ecuación (que es el lenguaje matemático al que es traducido el fenómeno observado), dejando de desarrollar éstas mientras «traducen» lo que está sucediendo en el proceso físico, en lugar de preestablecerlo y «conducirlo» hasta donde se quiere.

Pese a estas discusiones y polémicas, y pese a que la física newtoniana esté prácticamente desbancada actualmente, su influencia en la vida de la humanidad y los desarrollos que ha sido capaz de lograr, para bien o para mal, han sido enormes e indescriptibles en unas pocas líneas, siendo Newton para muchos el mayor genio de la historia (compartiendo tal honor con Einstein).

46

ROUSSEAU

LA DEMOCRACIA ILUSTRADA

¿QUIÉN FUE?

Jean Jacques Rousseau (1712-1778), filósofo francés de origen suizo, ha sido considerado como el hombre ilustrado por excelencia pese a que él rechazara la Ilustración. Sus ideas, sobre todo las políticas, influyeron en la Revolución francesa de manera decisiva, así como algunos escritos filosóficos en el romanticismo posterior, en el crecimiento del nacionalismo e incluso en el liberalismo.

Autor de un buen número de escritos filosóficos y de teoría política, entre los que destaca *El contrato social*, su legado pasa desde la democracia hasta el comunismo por su defensa del interés general frente al particular, influyendo en prácticamente todas las ideologías progresistas y revolucionarias desde su época hasta la actualidad. Incluso hoy influye en un buen número de cambios políticos y de organizaciones (tanto políticas como sindicales).

LA FORMACIÓN Y LOS ESCRITOS POLÍTICOS

Ginebrino de nacimiento, su infancia fue accidentada debido a la miseria familiar. En plena adolescencia emigró a Francia, siendo acogido por una rica viuda, quien le proporcionó una esmerada educación. Creció, tanto física como intelectualmente, rodeado de intelectuales de la talla de Diderot. Muy pronto empezó a perfilar su pensamiento sociopolítico, expresándolo en una serie de obras desde su juventud hasta su muerte, entre las que destacan, ya en su madurez, dos títulos decisivos en la historia política de Occidente, al formular la democracia radical, como son *Emile* (1761) y *El contrato social* (1762).

EL PENSAMIENTO DE ROUSSEAU

Precursor del pensamiento democrático, criticó la ingenuidad del pensamiento ilustrado, sobre todo el papel político de la cultura y el conocimiento como proveedores de bondad en la doctrina ilustrada, doctrina de la que, pese a todo, y de una manera un tanto heterodoxa, él fue su mayor represen-

ROUSSEAU FUE UN PECULIAR CASO de hombre ilustrado anti-ilustrado, demócrata radical, que encarnó como nadie el espíritu de la Ilustración, pero que criticó su insuficiencia y su servilismo al Antiguo Régimen. También fue el primero en realizar alguna teoría sobre la democracia moderna.

tante. A diferencia del pensamiento general ilustrado, Rousseau creía que la cultura es un disfraz de convenciones y arbitrariedades que oculta y subyuga al ser humano natural, pervirtiendo las condiciones que éste, intrínsecamente, posee. Para Rousseau el estado idóneo del ser humano es el natural, pero, según el filósofo, desgraciadamente, este estado ha sido falseado por la cultura y la política y si se volviera a él tal cual, sería un desastre, por lo que el mejor estado posible es una república social (pactada a través de un contrato) en la que el depositario de la voluntad popular sea el propio pueblo a través de sus asambleas y órganos representativos correspondientes, elegidos por sufragio universal, que evitarían la gran desnaturalización que provocan la cultura y la política, tristemente necesarias, según Rousseau, para la convivencia humana.

Por sus obras fue expulsado de Francia y se refugió en su Suiza natal. Años después pudo volver a Francia, pese a que la prohibición sobre sus obras se mantuvo, donde vivió hasta el final de sus días, dejando un gran legado ideológico y decenas de seguidores. Su influencia fue decisiva en la Revolución francesa, que tuvo lugar una década después de su muerte.

«EL CONTRATO SOCIAL»

Rousseau se suma a la lista de autores filosóficos que, en materia política, postulan el contrato social, es decir, el pacto tácito e imaginario (pues nunca se habría plasmado en un documento o fórmula alguna) por el cual la sociedad regula su convivencia y se dota de unos órganos adecuados para ello (como por ejemplo las instituciones). Entre estos pensadores destacan los más ilustres representantes de la tradición liberal inglesa, como Hobbes (más autoritario, en cuya obra el contrato social se pacta con un soberano casi absoluto) o Locke (más moderado, partidario de la monarquía democrática y constitucional). Rousseau llevaría este tipo de pensamiento al campo revolucionario, postulando una democracia popular en la que la voluntad residiría en el pueblo. La mayoría de las ideologías revolucionarias (y también las progresistas) modernas han recogido la filosofía rousseauniana para elaborar sus proyectos, utilizando el contrato social de Rousseau más o menos explícitamente (desde las más diversas tendencias marxistas, a sectores del anarquismo, demócratas liberales...).

Según todas estas teorías, que en el caso de las de Rousseau se intentarían aplicar durante la Revolución francesa, a manos de los jacobinos, la sociedad sería algo decadente pero necesario para el ser humano al ser éste un ser social.

En la sociedad, ya que está configurada por «naturaleza», se debe convivir, por lo que ésta debe escoger el modo más apropiado, para lo que harían un pacto ficticio todos y cada uno de sus miembros para articularla.

Actualmente con las aportaciones posteriores de Kant, Hegel y los más diversos filósofos, las tesis del contrato social tienen plena vigencia e inspiran (matizadas por las propuestas políticas kantianas sobre la metafísica, del bien y de la moral) nuestras sociedades.

47

TUPAC AMARU II

LA REBELIÓN INDÍGENA EN AMÉRICA

¿QUIÉN FUE?

José Gabriel Yupanqui Quispe Condorcanqui Noguera, más conocido como Tupac Amaru II (1742-1781), biznieto del rey Inca Tupac Amaru, encabezó la mayor rebelión anticolonial de la historia de la América hispánica, sucedida en el Virreinato del Perú. A pesar de ser aplastada, no obstante esta revuelta sirvió de ejemplo y debilitó tanto el poder español en América que facilitó el posterior proceso de independencia, tan sólo 25 años después. Se hizo llamar Tupac Amaru II en honor a su bisabuelo Tupac Amaru, último rey Inca, derrotado por Pizarro, y comenzó una sublevación anticolonial y antiesclavista que trajo de cabeza a la corona española durante casi más de dos años.

Finalmente, Tupac Amaru II fue capturado y condenado a morir descuartizado públicamente como escarmiento. La rebelión aún duraría casi un año más pero había perdido mucha fuerza hasta que al final fue sofocada.

La revuelta

Hijo de un cacique local y de una mestiza (hija de padre español y madre indígena), José Gabriel, de etnia quechua, había visto desde su más tierna infancia los excesos de los españoles, que llegaban a su aldea en busca de esclavos y posteriormente la corrupción de los corregidores (cobradores de impuestos) cuando el sistema esclavista se había atenuado. Teniendo en cuenta el linaje del que procedía, creció con visceral odio hacia los españoles, aunque que su abuelo materno lo era.

Pese a ser hijo de caciques, económicamente había pasado más de una penuria, ya que los españoles respetaron sus privilegios sociales (por ello pudo recibir una buena educación en Cuzco a manos de los clérigos), pero no así sus propiedades.

La rebelión estalló en la región de Tinta, su aldea natal, en 1780 con la *mita* (impuesto especial al que estaban sometidos los indígenas y que se pagaba con trabajo a los españoles), los impuestos abusivos y los excesos de los corregidores como detonante. Poco a poco se fue extiendo por toda la comarca hasta que, en 1781, se había convertido ya en la mayor rebelión de la historia del Virreinato del Perú, haciendo peligrar incluso la propia presencia de los españoles en Sudamérica. Inicialmente la revuelta reconocía la autoridad

La rebelión de Tupac Amaru II marcó el inicio de la etapa emancipadora de la historia del Perú y de Bolivia. Y es considerado el precursor del indigenismo y de la independencia de Perú. Su imagen ha servido de icono de las luchas populares que se iniciaron después.

de la corona española y sólo pretendía que pararan los abusos, pero paulatinamente se fue radicalizando hasta pretender no sólo la abolición de la esclavitud sino la expulsión de España de los territorios americanos.

Pero la rebelión no fue meramente independentista, sino que tuvo un gran componente social, al ser los indios misérrimos y rebelarse no sólo contra los españoles, sino también contra la injusticia social y contra los colaboradores indios de los españoles.

Muerte de Tupac Amaru II y fin de la revuelta

Justo al año de haberse iniciado la rebelión, ésta llegaba a su fin. Desde España vinieron contingentes enteros de tropas que lanzaron una gran ofensiva sobre Tinta, mermando los efectivos indígenas hasta que, cuando aún no había sido vencida, fue capturado Tupac Amaru (6 de abril de 1781). No obstante, pese a tal varapalo para los rebeldes, la revuelta siguió acaudillada por el hermano de José Gabriel, Diego Noguera, extendiéndose a Bolivia y Argentina. Duró casi otro año más hasta que, finalmente, en feroz guerra de resistencia fue vencida. El 18 de mayo José Gabriel fue juzgado y condenado a muerte, sentencia que se ejecutó mediante descuartizamiento en la plaza pública de Cuzco, atando a Tupac Amaru II por los miembros a cuatro caballos que galoparon en direcciones opuestas. La rebelión fue sofocada y Tupac Amaru, al igual que cientos de indígenas, muerto, pero esta victoria le saldría a la postre muy cara a la corona española.

Después de Tupac Amaru II

Actualmente su nombre y figura son acogidos ampliamente por los movimientos indígenas así como por los movimientos de izquierda política y hasta por los guerrilleros. Así, los tupamaros en Uruguay, grupo comunista surgido al calor de la dictadura uruguaya en los años sesenta y setenta del siglo XX; o el Movimiento Revolucionario Tupac Amaru (MRTA), en Perú, de tendencia guevarista, nacido en los años ochenta del siglo XX y célebre en el país andino por el secuestro de rehenes en la Embajada de Japón en 1997, durante el régimen de Fujimori, para exigir la libertad de los presos políticos.

48

LUIS XVI

El fin del absolutismo

¿Quién fue?

Luis de Borbón, más tarde cuando fue entronizado Luis XVI (1753-1793) fue monarca francés. Su ejecución en 1793, a manos de la Convención Nacional, durante la Revolución francesa, marcó el final de la era absolutista y el paso a un nuevo régimen. Con Luis XVI murió no sólo un monarca sino también un régimen despótico y feudal.

¿Qué hizo?

Hombre débil de carácter, poco interesado en los asuntos políticos, se dejó influenciar por la reina, María Antonieta, y por una camarilla de cortesanos. En los primeros años de su reinado, hubo reformas económicas liberales que intentaron sacar adelante sus ministros. La verdad es que, pese a su absolutismo (o más bien al de sus ministros) y a que se le consideró el adalid del sistema feudal, Luis XVI llevó a la práctica el despotismo ilustrado de una manera muy *sui generis*. De hecho, y como pequeña muestra de ello, sus ministros llevaron una serie de profundas reformas económicas que estaban propiciando el paso del Antiguo Régimen a un sistema de libre mercado. Este hecho propició que la nobleza y el clero, afectados por estas reformas, que iban en su detrimento y a favor de la burguesía, se opusieran firmemente, presionando cada vez más a un monarca cuya política no gustaba a nadie, y tensando progresivamente una situación que llegó a ser insostenible. Temiendo una rebelión de la nobleza, Luis XVI dio una serie de pasos poco firmes y erráticos, que acabarían a la postre perjudicando los intereses de todos lo sectores sociales, lo que propició el estallido de la Revolución francesa.

Para contentar a la nobleza dio marcha atrás en las reformas, lo cual produjo un híbrido económico entre un feudalismo decadente y un embrionario y tibio liberalismo, que, además, no fue acompañado de las correspondientes y necesarias reformas políticas y jurídicas. Esto mejoró en cierta medida la situación de la nobleza, en pronunciada crisis socioeconómica, pero empeoró la de la burguesía y campesinado. Este desastre llevó el país a la bancarrota, y para tratar de solucionar la catástrofe, Luis XVI comenzó a gobernar de manera despótica, disolviendo el Parlamento, lo que produjo la primera revuelta de envergadura de artesanos y campesinos, unos por motivos políticos, otros por motivos económicos.

LA REVOLUCIÓN FRANCESA Y EL FIN DE SU REINADO

Ante tal situación, Luis XVI se vio obligado a convocar los Estados Generales (asamblea consultiva que representaba a toda la sociedad y que se convocaba sólo en momentos trágicos, normalmente para buscar el consenso de toda la nación a fin de tomar medidas importantes), lo cual no sucedía desde 1614. En ella el tercer estado, la burguesía se negó. Con el plante del tercer estado y la proclamación de la Asamblea Nacional, el rey estaba con una revolución al cuello que le apartó, de hecho, de su corona. Una vez iniciada la Revolución de 1789, el rey no pudo frenar al tercer estado y los incidentes se precipitaron. El 14 de julio de 1789 tuvo lugar la toma de la Bastilla. Tras el levantamiento de octubre, se instaló en París y fingió aceptar la Constitución de 1790. Sin embargo, tras su aparente conformidad, Luis XVI

EL PROCESO contra Luis XVI comenzó en diciembre de 1792, bajo cargos de alta traición. Fue sentenciado a morir en la guillotina en enero de 1793, tras una votación que tuvo el siguiente resultado: 361 votos a favor, 288 en contra y 72 abstenciones.

había pedido ayuda a los monarcas extranjeros e intentó huir de Francia, pero fue capturado en Varennes. Se produjo entonces la suspensión de la realeza y una aguda polémica sobre la conveniencia de mantener a Luis XVI en el trono. Volvió a reinar en 1791, con unos poderes tan escasos que él mismo urdió intrigas para llevar el país hacia el desastre. En 1792, tras el asalto a las Tullerías, fue suspendido definitivamente, juzgado por el delito de traición y condenado a morir en la guillotina. Durante el periodo de la Revolución hubo de compartir el poder con la Asamblea Nacional, con una paulatina reducción de sus competencias a medida que se radicalizaba la Revolución (pasando de monarca absoluto a monarca constitucional liberal, y, por último, a mera figura simbólica), hasta que en 1792, con la llegada de los jacobinos al poder, fue declarado culpable de crímenes contra la nación y guillotinado junto a sus esposa María Antonieta. Luis XVI moría y con él su régimen.

49

ROBESPIERRE

El impulsor del jacobinismo y el terror de Estado

¿Quién fue?

Maximilien François Marie Isidore de Robespierre (1758-1794), político francés, fue uno de los líderes más destacados de la Revolución francesa. Llegado al poder en 1793, transformó la República en Comuna y dio el impulso más democrático a la Revolución, pero a la vez su actuación supuso la dictadura del Terror para, paradójicamente, democratizar más el país. Fue uno de los miembros más influyentes del Comité de la Salvación Pública, que gobernó *de facto* durante el periodo en el que los revolucionarios consolidaron su poder. Robespierre murió guillotinado por sus propios compañeros, quienes le adoraban, pero le temían al mismo tiempo.

De diputado a líder de Francia

En 1789 Robespierre, artesano radical de ideas revolucionarias (simpatizaba con Danton y Marat, con quienes llegaría a formar el partido de los montañeses, más conocido como partido jacobino) decidió presentarse a los Estados Generales y fue elegido diputado. Una vez que Luis XVI disolvió el Parlamento y estalló la revolución, apoyó a los revolucionarios *sans culottes* y fue elegido por sufragio universal miembro de la Convención Nacional. Desde 1789 se sucedían uno tras otro los gobiernos (primero gobernarían los monárquicos, después, tras varias tensiones en el Parlamento, obtendrían el poder los girondinos, y finalmente el partido de Robespierre, en el que él representaba la facción más dura y radical) sin que la situación llegara a cambiar realmente hasta que los revolucionarios obtuvieron la mayoría en la Convención y, por lo tanto, el poder.

La era del terror

El apoyo de algunas facciones de los revolucionarios parisinos, más conocidos como *sans coulottes* (literalmente «sin pantalones», en francés, que equivaldría al vocablo castellano de «descamisados») llevó a Robespierre al poder: primero como miembro de la Comuna revolucionaria que ostentaba el poder local, luego como representante de la ciudad en la Convención Nacional, la cual había asumido todos los poderes, y en la que Robespierre apareció como portavoz del *partido radical de la Montaña*. Pasó a formar parte del comité de seguridad, convirtiéndose en el alma de la «dictadura jacobina», que impuso un régimen de terror al más puro estilo de las posteriores dictaduras soviéticas (que, de hecho, se basaron en el régimen de Robespierre, tomado como modelo para sus respectivos gobiernos), medidas excepcionales que se consideraban indispensables para salvaguardar la República de las graves amenazas, tanto internas como externas, e instauró un régimen basado a la vez en la profundización de las reformas democráticas y en el terror. El clima de terror llegó a ser tal que daba miedo incluso a sus compañeros, tanto a los partidarios del terror como a los más moderados, quienes realizaron una conjura para detenerlo y ejecutarlo de un disparo.

Se le ha considerado como el primer dictador moderno, a la vez de ser el verdadero instaurador de la democracia durante la Revolución francesa, la democracia más antigua de Europa que, paradójicamente, nació gracias al terror de Estado.

EL JACOBINISMO

El jacobinismo fue el ideario político fundado por Robespierre. Su nombre procede de la denominación que recibía su partido, jacobino. Este modelo político, más que ideológico, se basaba en las ideas del contrato social de Rousseau y pretendía instaurar (como de hecho hizo) una república democrática en Francia, que sirviera al pueblo y que estuviera constituida por éste. Pero este modelo se caracterizó por llevar a cabo dichas ideas a través de una forma de actuar realmente particular: mediante imposiciones, con una férrea jerarquía que no tenía ningún pudor en recurrir al terror, al golpe de Estado o a la purga política.

El modelo jacobino fue calcado literalmente, más de un siglo después, por los bolcheviques, y dio lugar a toda una tradición revolucionaria decimonónica que inauguraría, basándose directamente en el jacobinismo, el rebelde francés Louis Blanqui en las revoluciones de 1848 y en la posterior Comuna de París de 1871. Desde aquí, el jacobinismo siguió su curso, adaptándose a las situaciones, épocas y países en los que caló, hasta acabar modernizado en el marxismo (Marx tenía mucho de jacobino en sus estrategias y propuestas) y, por lógica consecuencia, en la Unión Soviética. A día de hoy, este concepto político pervive en algunas dictaduras africanas de tinte socializante, como Libia o Mozambique.

CURIOSAMENTE, ROBESPIERRE participó en la elaboración de la Declaración de Derechos del Hombre y del Ciudadano, así como en la primera Constitución francesa en 1791. Era conocido como «el Incorruptible», tanto por sus convicciones como por su modo de vida austero.

EDAD CONTEMPORÁNEA

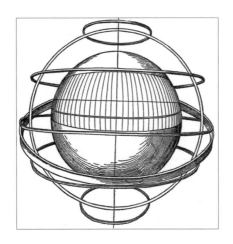

50. Benjamin Franklin • 51. Mary Wollstonecraft • 52. George Washington • 53. Kant • 54. James Watt • 55. Napoleón Bonaparte • 56. Edward Jenner • 57. Shaka Zulú • 58. James Monroe • 59. Hegel • 60. William Godwin • 61. Max Stirner • 62. Abraham Lincoln • 63. Bakunin • 64. Charles Darwin • 65. Serguei Nechaev • 66. Karl Marx • 67. Otto von Bismarck • 68. Louis Pasteur • 69. Susan Brownell Anthony • 70. Mutsu-Hito Meiji • 71. Frederic W. Taylor • 72. Emiliano Zapata • 73. Piotr Kropotkin • 74. Woodrow Wilson • 75. Lenin • 76. Thomas Edison • 77. Sigmund Freud • 78. Franklin D. Roosevelt • 79. Adolph Hitler • 80. Henry Ford • 81. Gandhi • 82. Stalin • 83. Albert Einstein • 84. Winston Churchill • 85. Malcolm X • 86. Robert Oppenheimer • 87. Che Guevara • 88. Dwight Eisenhower • 89. Nikita Kruchev • 90. Rosa Parks • 91. Mao Tse Tung • 92. Milton Friedman • 93. Edward Lorenz • 94. Henry Kissinger • 95. Fidel Castro • 96. Mijail Gorbachov • 97. Ted Kaczynski • 98. Stephen Hawking • 99. Bill Gates • 100. Osama Ben Laden

50

BENJAMIN FRANKLIN

EL DESCUBRIDOR DE LA ELECTRICIDAD

¿QUIÉN FUE?

Benjamín Franklin (1706-1790) político, científico e inventor estadounidense. Franklin no tenía más formación que la elemental, pero pese a ello comenzó a interesarse por la ciencia una vez iniciada su carrera política, a mediados del siglo XVIII. Como político participó activamente en la redacción de la Declaración de Independencia, junto con Adams y Jefferson, y contribuyó a la redacción de la Constitución de Estados Unidos.

EL CIENTÍFICO

Desde joven, Franklin mostró un carácter emprendedor e inquieto, comenzando su carrera profesional en el mundo editorial y periodístico. Ya desde 1721 colaboraba con su hermano James en la redacción y edición del *New England Courant*. En octubre de 1723 se trasladó a Filadelfia, donde conoció y trabó amistad con William Keith, Gobernador de Pensilvania, el cual le recomendó viajar a Gran Bretaña para completar su formación como impresor y comprar el equipo necesario para fundar su propia imprenta en Filadelfia. Llegó a Londres en diciembre de 1724 y encontró empleo en dos de las más destacadas imprentas de Londres, Palmer's y Watt's.

En octubre de 1726 volvió a Filadelfia y, al año siguiente, organizó un grupo de debate que más tarde se convertiría en la Sociedad Filosófica de Estados Unidos. En septiembre de 1729 compró el *Pennsylvania Gazette*. En 1731 fundó la que probablemente fue la primera biblioteca pública de Estados Unidos, inaugurada en 1742 con el nombre de Biblioteca de Filadelfia.

Por lo que respecta a su actividad científica, en 1747 inició sus experimentos sobre la electricidad. Adelantó una posible teoría de la botella de Leyden, defendió la hipótesis de que las tormentas son un fenómeno eléctrico y propuso un método efectivo para demostrarlo. En 1752, llevó a cabo el famoso experimento de la cometa que le permitió demostrar que las nubes están cargadas de electricidad y que, por lo tanto, los rayos son esencialmente descargas de tipo eléctrico.

Gracias a su descubrimiento inventó el pararrayos, lo que le motivó para realizar más descubrimientos relacionados con la electricidad como el conductor eléctrico, y así realizar la primera instalación eléctrica de la historia, que consiguió iluminar con luz artificial una estancia de una casa de Filadelfia. Pero pese a este descubrimiento, era aún muy difícil y costoso realizar una instalación eléctrica en una casa y más aun en una ciudad. No sería hasta un siglo más tarde, gracias al genio de los inventos, Thomas Edison, que se podría realizar la instalación eléctrica de una manera eficaz, barata y generalizada.

Inventó también el llamado «horno de Franklin» y las denominadas lentes bifocales. La gran curiosidad que sentía por los fenómenos naturales le indujo a estudiar, entre otros, el curso de las tormentas que se forman en el continente americano. Fue el primero en analizar la corriente cálida que discurre por el Atlántico norte y que, en la actualidad, se conoce con el nombre de corriente del Golfo.

B ENJAMIN FRANKLIN era activo y polifacético: participó en la creación de instituciones como el cuerpo de bomberos de Filadelfia, la Biblioteca Pública y la Universidad de Pensilvania, así como la Sociedad Filosófica de Estados Unidos.

SU CARRERA COMO POLÍTICO

Una vez iniciada la guerra de independencia entre las colonias norteamericanas y la corona británica, Franklin se alistó en las milicias coloniales y, a las órdenes de Washington, serviría, primero en ellas y luego en el ejército regular norteamericano a lo largo de toda la guerra. Una vez finalizada ésta, y debido al prestigio adquirido en el combate, realizó una intensa labor política junto a Jefferson en el partido republicano, siendo uno de los elegidos, junto a este último y a Adams para realizar la redacción de la Declaración de Independencia, que más tarde reconocerían los británicos. Además fue uno de los encargados, junto con Jefferson, Madison, Washington y Adams, entre otros, de la redacción de la Constitución de los nacientes Estados Unidos de Norteamérica, carta magna aún vigente en dicho país (si bien es cierto que, lógicamente, ha recibido numerosas enmiendas para su actualización a los tiempos actuales). Por estos motivos, es considerado en Estados Unidos como uno de los «padres de la patria», fundadores de esta nación.

Además de cómo inventor y político, Franklin (cuya cara está impresa en los billetes de diez dólares) destacó por su iniciativa comunitaria y su temperamento cívico, que le llevaron a proponer y fundar numerosas reformas, asociaciones y normativas municipales en la ciudad de Filadelfia.

51

MARY WOLLSTONECRAFT

LA PIONERA DEL FEMINISMO

¿QUIÉN FUE?

Mary Wollstonecraft (1759-1797), escritora inglesa e iniciadora del pensamiento feminista, fue la madre de la famosa escritora Mary Shelley, autora entre otras obras de *Frankenstein*. Compañera del anarquista Godwin, pese a no coincidir ideológicamente en muchos temas, entabló con él una colaboración política para llevar a buen término su pensamiento feminista, apoyado siempre por el libertario británico, algo tremendamente difícil en una época como la que vivió Wollstonecraft.

Su padre, regio y de carácter fuerte, era un hombre que despilfarró su fortuna en el juego, el alcohol y la ostentación. Por este motivo, Mary se escapó de casa y comenzó a ganarse la vida a los 17 años, primero como señorita de compañía, y más tarde como modista, maestra, niñera... lo que combinaba con la escritura, campo en el que empezó a destacar por su preclaridad e inteligencia. Tuvo una vida viajera e intelectualmente muy activa. Vivió en diversos sitios, como en Irlanda, Francia e Inglaterra, y frecuentó círculos de pintores, escritores, filósofos y editores. Contraria al matrimonio, tuvo una hija, Fanny, con un escritor estadounidense y más tarde tuvo su segunda hija, Mary, con el filósofo y escritor anarquista Godwin, con quien poco antes se había unido en secreto.

OBRAS

Sus principales obras fueron *Vindicación de los derechos del hombre* (1791) y *Vindicación de los derechos de la mujer* (1792), obra en la que condena la educación que se daba a las mujeres porque las hacía «más artificiales y débiles de carácter de lo que de otra forma podrían haber sido» y porque deformaba sus valores, inculcándoles ideas equivocadas respecto a la condición femenina.

PENSAMIENTO

Por aquel entonces, partiendo de varias intelectuales y de algunos filósofos, se

Wollstonecraft murió dos días después de dar a luz a su segunda hija Mary (quien posteriormente contraería matrimonio con el discípulo de su padre, de quien adoptó el apellido Shelley) por falta de higiene en el parto. Este hecho causó siempre un profundo dolor en su hija, que continuó con la labor iniciada por su madre.

empezaban a esbozar teorías «filofeministas» y de exigencia de la igualdad de sexos, además de igualdad en la educación. Pero Wollstonecraft las llevó más allá al postular que el Estado, sobre todo el gobierno revolucionario, y en concreto el de Francia (con quien mantuvo una agria polémica por el asunto de la condición femenina), debía utilizar sus leyes y su fuerza para garantizar la igualdad de sexos en todos los aspectos.

Al creer que el Estado debía reformar el matrimonio y la educación, que las leyes debían acabar con la subordinación de las mujeres y que éstas no debían ser excluidas de la vida política, Mary Wollstonecraft inició una nueva era en el discurso feminista, postulando el feminismo tal y como hoy es conocido.

Su legado sería importantísimo para los movimientos feministas: sus teorías y reivindicaciones, especialmente en los años setenta del siglo XX, han contribuido en buena manera a modificar muchas conductas sociales, así como legislaciones y comportamientos. Su obra fue continuada por escritoras e intelectuales como Virginia Woolf y, más tarde, por sufragistas, con Susan Brownell Anthony a la cabeza, y por diversos colectivos y grupos feministas ya bien entrado el siglo XX.

52

GEORGE WASHINGTON

EL FUNDADOR DE ESTADOS UNIDOS

¿QUIÉN FUE?

George Washington (1732-1799), político y militar norteamericano, fue el primer presidente de los Estados Unidos y líder de la rebelión contra la monarquía británica, que en 1783 otorgó la independencia a sus 13 colonias norteamericanas, permitiendo que tuviera el estatus de nación bajo el nombre de Estados Unidos de Norteamérica.

Washington era un rico terrateniente y hábil político que había adquirido experiencia militar en el ejército colonial británico, donde alcanzó el grado de coronel, en la guerra contra los franceses y contra los indios (1752-1758). Poco a poco la presión de la corona sobre sus súbditos americanos se hizo intolerable para éstos, y estalló una revuelta liderada por Washington que significaría a la postre el nacimiento de los Estados Unidos.

LA GUERRA DE INDEPENDENCIA AMERICANA

En 1775 ante el constante abuso de la monarquía británica sobre sus territorios de ultramar, en los que los súbditos eran considerados ciudadanos de segunda clase y estaban sometidos a duras cargas, un grupo de terratenientes, encabezados por Jefferson, Madison y Washington, considerando lesionados sus intereses, encabezaron una rebelión convencidos de que la mejor manera de solucionar el problema que padecían era independizarse del Imperio británico y establecer su propia nación soberana. Dicha rebelión pronto se propagó entre las colonias dando comienzo a una guerra de Independencia que duraría hasta 1883 (aunque la Declaración de Independencia fue firmada en 1779, no sería reconocida hasta 1883).

Enseguida Francia y Prusia apoyaron la sublevación, enviando asesores militares y armas la primera y mercenarios la segunda, para socavar el poder británico. Asimismo, algunas tribus sometidas por Washington durante las guerras indias (auténticas guerras de exterminio para expoliar a las naciones indias), se añadieron a la rebelión bajo falsas promesas de mejora de sus condiciones.

Washington es uno de los presidentes más famosos de Estados Unidos. Su busto, junto al de Jefferson, Franklin y Lincoln, se encuentra tallado en piedra, en tamaño colosal, en las colinas de Mountain Creek, uno de los lugares más populares y visitados del país.

Con un espíritu de sacrificio realmente escaso por parte de los colonos y una manifiesta inferioridad tanto técnica como de efectivos militares, Washington tuvo que echar mano de todo su ingenio, experiencia y táctica guerrillera (imitada de la forma de lucha india) para conseguir poco a poco y con estrategias militares nada ortodoxas el éxito final en la empresa. Una vez finalizada la guerra, fue tal el prestigio que había adquirido que se le propuso como presidente, ganando por sobrada mayoría la elección en 1787 y elaborando junto a Madison la Constitución de los Estados Unidos de Norteamérica (aun vigente) en Philadelphia, primera capital del país.

Durante sus dos mandatos (1789-1797), puso en práctica el modelo político liberal-democrático diseñado en la Constitución, que rodeó de autoridad y solemnidad la figura del presidente, impulsó el programa de desarrollo económico capitalista de su secretario del Tesoro (Hamilton), inició la colonización de los territorios indios hacia el oeste (Kentucky, Tennessee) y sentó las bases de una política exterior aislacionista (rehuyendo entrar en las guerras europeas de la Revolución francesa).

Últimas palabras

Como todas las grandes figuras, Washington está lleno de luces y sombras: inició una rebelión basándose en la libertad para instaurar un régimen capitalista, aun no desarrollado (y obstaculizado) por Gran Bretaña; no quiso perpetuarse en el poder, fijando la costumbre de las dos legislaturas, pero fundó un Estado presidencialista donde el líder político gozaba de un inmenso poder, y, finalmente, inicio la masacre de los indios americanos para mayor gloria de su nación. Fue aislacionista y sólo le importó su país y sus intereses nacionales. Inauguró la primera democracia contemporánea del mundo. Washington se retiró en 1798 de la política, pero sólo disfrutó de uno año de retiro en Mount Vernon. Todavía, demostrando su voluntad para hacer sacrificios por su patria en 1799, año de su muerte, cuando la nación estaba a punto de entrar en guerra con Francia, aceptó el mando del ejército; pero sus servicios finalmente no fueron requeridos. Murió a la edad de 67 años. En su testamento le otorgó la libertad a los esclavos, gesto loable pero que, por supuesto, no se cumplió (habría que esperar al mandato de Lincoln, más de 60 años después para que se promulgara la abolición de la esclavitud).

53

KANT

EL DEBER Y LA RAZÓN

¿QUIÉN FUE?

Inmannuel Kant (1724-1804), filósofo alemán con cuya obra estableció las bases filosóficas de la actual democracia, teorizando acerca del deber, de la razón y de que ésta debe ir acompañada por la experiencia, sintetizando así por primera vez racionalismo y empirismo. En la actualidad las mayoría de las constituciones democráticas, e incluso la Declaración Universal de los Derechos Humanos (1948), están inspiradas en la filosofía metafísica y la política kantiana, al teorizar sobre los derechos y los deberes, y al contemplar la ley en sí misma, en cuanto a concepto genérico, como algo abstractamente «bueno» (aunque determinadas leyes, sobre todo las propias de regímenes no democráticos, puedan estar consideradas como algo nocivo y perjudicial).

VIDA

De origen humilde, Kant logró cursar estudios en la modesta Universidad de Köningsberg, donde se doctoró en filosofía y pasó después a ser profesor, impartiendo clases de filosofía y ética. En esta ciudad, donde nació, creció y fue educado en el pietismo (secta protestante alemana cuyas creencias derivan directamente del luteranismo moderado), Kant realizó toda su actividad vital e intelectual. De hecho, Kant nunca abandonó esta pequeña ciudad, otrora perteneciente al Imperio prusiano (en la actualidad parte de Rusia, por avatares de la historia), más que para ir de viaje a Viena unas semanas. El sabio filósofo prusiano, soltero y sin interés por los asuntos del corazón, que es descrito por sus diferentes biógrafos como un hombre sobrio, regio, de costumbres fijas y gran rectitud y disciplina, pasó toda su vida entregado a la búsqueda del conocimiento en el acogedor ambiente de su pequeña ciudad natal, donde murió a los 80 años.

PENSAMIENTO

Su pensamiento tiene tres periodos: el primero se basa en el estudio del racionalismo, influido por Leibniz, y puede ser considerado como un racionalista «puro y duro»; en el segundo, su filosofía, obsesionada por la búsqueda del conocimiento, dio un giro de 180 grados, y bajo la influencia de las teorías de Hume, cuyas obras devoraba, se vuelca al empirismo y escribió en esta época su más conocida obra *Crítica de la razón pura* (1781), obra en la cual afirma que hay un principio moral *a priori* que permite ordenar y analizar el conocimiento que procede de los sentidos; el tercer periodo sintetiza los dos anteriores, desarrollando finalmente un sistema lógico cognoscitivo ya vislumbrado en su segundo y más importante periodo, que el tercero simplemente matiza añadiendo elementos del primero, cartesiano y racionalista. El sistema fue desarrollado por Kant en su *Crítica de la razón pura*, donde establece la necesidad de un principio moral *a priori*, el llamado imperativo categórico, derivado de la razón humana en su vertiente práctica; en la moral, el hombre debe actuar como si fuese libre, aunque no sea posible demostrar teóricamente la existencia de esa libertad. El fundamento último de la moral procede de la tendencia humana hacia ella y tiene su origen en el carácter a su vez *nouménico* del hombre.

KANT ERA FAMOSO en su ciudad por su diario paseo vespertino de las 5 de la tarde. Tanta fidelidad tenía a esta costumbre que sus vecinos ponían el reloj en hora al verlo pasar. Un día, leyó *Emile*, de Rousseau; le causó tanto impacto que se perdió su paseo, por lo que sus vecinos alarmados fueron a buscarle a casa para comprobar que no le hubiera sucedido nada.

LEGADO

Su metafísica moral, sus teorías del deber, de lo bueno, de la moral, nos han dejado la influencia filosófica en la mayoría de las constituciones de los países democráticos del mundo e incluso en la carta magna por excelencia, la Declaración de los Derechos Humanos, por estos aspectos del pensamiento kantiano y porque a Inmannuel Kant se le debe la creación del concepto de dignidad, aplicado y recogido en esa carta y en las constituciones. Para Kant, lo moral era bueno, pues la moral humana, debido a la experiencia del *noumeno*, nos hace discernir entre el bien y el mal, de las pasiones bajas, de lo no-humano. Por eso el ser humano posee una dignidad, porque, según Kant, es capaz de, pese a lo adverso y a lo malo, discernir el mal del bien y buscar éste, representado por la moral, por encima de todas las cosas, incluso de la propia existencia (por ejemplo, morir por unos ideales, algo que el animal, carente de moral y principios, por carecer de espíritu, de *noumenología,* no haría, buscando únicamente su propia supervivencia). Estos postulados implicarían la existencia de un bien y un mal como categorías absolutas, otorgadas por Dios, que en su creación habría dotado al ser humano de moral para descubrir el bien, hacerlo y alejarse del mal. Al basarse la democracia en estos principios, eleva la moral a la categoría de ley y la dignidad al objetivo de su legislación (aunque muchas veces esto no siempre se cumpla).

54

JAMES WATT

NACE LA REVOLUCIÓN INDUSTRIAL

¿QUIÉN FUE?

James Watt (1736-1819), ingeniero escocés, fue el inventor oficial de la máquina de vapor. Las últimas investigaciones históricas demuestran que en realidad ya había sido inventada en 1712 por artesanos anónimos y que Watt sólo la perfeccionó y patentó.

Estudió ingeniería mecánica en Glasgow y posteriormente continuó su carrera académica en Londres, pero al término de sus estudios regresó a Escocia debido a su mala salud y al clima desfavorable de la capital de Inglaterra. De vuelta a su pueblo, abrió una tienda donde vendía los inventos (la mayoría de utilidad científica y matemática, tales como compases e instrumental diverso) de fabricación propia y se dedicó durante toda su vida a inventar e idear máquinas en la trastienda de su establecimiento.

LA MÁQUINA DE VAPOR

Tradicionalmente estaba extendida la creencia, debida a estudios históricos poco rigurosos en cuanto al cuestionamiento de las fuentes historiográficas se refiere, de que Watt había inventado la máquina de vapor y que anteriormente a su supuesto invento sólo existían ingenios mecánicos de energía mixta, que mezclaban ciertos dispositivos de vapor con la tradicional tracción, de empuje o de tiro, animal o humana. Pero desde hace décadas se sabe ya fehacientemente, gracias a una rigurosa crítica a las fuentes historiográficas (sobre todo a los registros de patentes, ya que siempre se había creído, erróneamente, que como Watt había patentado la máquina de vapor, había sido, por lo tanto, su inventor), que la máquina de vapor fue inventada por artesanos anónimos y aplicada a la naciente industria, aún en pañales. Watt no obstante la perfeccionó y logró una optimización de su rendimiento.

ENTRE OTRAS importantes mejoras en la máquina de vapor, se deben a Watt la máquina de doble efecto (cuyos pistones suben y bajan alternativamente, patentada en 1782), el regulador de fuerza centrífuga para el control automático de la máquina y el paralelogramo articulado (una disposición de rodetes conectados que guían el movimiento del pistón, creada en 1784).

En 1773 observó que las máquinas de vapor desaprovechaban gran cantidad de dicho vapor y, en consecuencia, una alta proporción de calor latente de cambio de estado, susceptible de ser transformado en trabajo mecánico. En 1766 diseñó un modelo de condensador separado del cilindro, su primera y más importante invención, que permitió lograr un mayor aprovechamiento del vapor, y mejorar de este modo el rendimiento económico de la máquina. Esta mejora constituyó un factor determinante en el avance de la Revolución industrial.

Ingresó en la *Royal Society* británica en 1785 debido al enorme éxito de su máquina, pero a partir de 1794 se fue apartando de la actividad industrial para dedicarse a su negocio y a su familia (se casó en 1764 y tuvo cuatro hijos), hasta que murió de causa natural.

El impacto de la máquina de vapor, y en concreto de la máquina de Watt, fue inmenso, permitiendo la industrialización y el despegue económico, ya que se pasó de la era de la producción artesanal y limitada, a la era de la producción automatizada y en masa. Al principio fue una producción masiva más o menos moderada, pero después con Taylor fue una producción que cabría calificar de ingente. Se creó una de las piedras angulares de la economía capitalista y de la preeminencia de una burguesía que estaba llevando a cabo su sueño.

55

NAPOLEÓN BONAPARTE

EL IMPERIO FRANCÉS

¿QUIÉN FUE?

Napoleón Bonaparte (1769-1821), militar y emperador francés, fue un gran estratega, de hecho, sus tácticas militares cambiaron la forma de hacer la guerra. Instituyó Francia como un Imperio de derecho, coronándose emperador y conquistando toda Europa. Ideó formas de hacer la guerra y de presión política totalmente adelantadas a su tiempo (tanto que no existían aún los medios para llevarlas a cabo eficazmente) y plenamente vigentes, tales como el bloqueo naval practicado a toda la Europa Atlántica, incluida Gran Bretaña. Derrotado por dos veces, sucumbió ante las torturas de sus carceleros en el penal de Santa Elena.

PROMETEDORA CARRERA MILITAR

Iniciado en la carrera militar desde joven, pasó una vida ajetreada con la tropa, con continuas idas y venidas de Francia, hasta que estalló la Revolución. Fue nombrado entonces general de la milicia por sus méritos en la lucha contra los reaccionarios y contra las tropas inglesas que les apoyaban. Adquirió gran fama, aun teniendo en su haber oscuros episodios, como el ametrallamiento en Ajaccio de su propio pueblo natal que se levantó por la independencia (que jamás obtendría, ni siquiera de manos de la Revolución): Napoleón no dudó en ametrallarlos a todos, y, debido a este episodio, tuvo que huir a París, donde triunfó como general.

EL ASCENSO AL PODER

Durante la Revolución, como general de la milicia (el más joven de la historia de Francia), se puso de lado de Robespierre, siendo encarcelado cuando éste murió. No obstante, y aunque fue juzgado por su presunta participación en el terror jacobino, nada se pudo demostrar, por lo que fue puesto en libertad. Sin embargo, no fue restablecido en su cargo y tuvo que empezar de nuevo. No le fue difícil ascender de nuevo a general: en 1793 estalló una guerra contra Austria en la que los generales eran básicamente novatos al haberse purgado el ejército, sin experiencia en una guerra convencional. Napoleón acaudilló el ejército y en 1797 condujo a Francia a la victoria, por lo que fue restituido de su cargo.

Al comprobar la penosa situación del país, y ver los ideales revolucionarios pervertidos y degenerados, dio un golpe de Estado el 18 brumario (9 de noviembre) de 1799, proclamándose cónsul. Comenzó así una doble política: en el interior, minó el poder de la burguesía y trató de equilibrar los intereses de la nobleza y del pueblo; en el exterior inició una política de conquistas (España, Suecia, Rusia, Alemania, Austria…) que trajo a Francia riquezas, pero también la introdujo en el militarismo, convirtiéndola en un Estado guerrero como nunca antes lo había sido.

EL IMPERIO Y EL DESASTRE

Hizo un referéndum popular por el que salió refrendado en su cargo de cónsul vitalicio y protector de Francia, con lo que acumuló más poderes y en 1804 se hizo coronar emperador por el Papa. Ese año se casó en segundas nupcias, ante las infidelidades (y presunta esterilidad) de su esposa Josefina, con quien había contraído matrimonio en 1793.

Con sus nuevos y renovados poderes, se lanzó a la conquista de Europa, practicando una nueva forma de hacer la guerra consistente en romper el frente en dos con la caballería, aislando así al enemigo que era derrotado luego por la artillería y la infantería.

Ante esta situación, que llevaba a Francia a la total hegemonía europea, Inglaterra lideró una coalición de países para derrotar a Napoleón, cuyo invencible ejército había recibido su primer revés en Rusia, en 1810, derrotado por el «general invierno». La coalición derrotó y encarceló a Napoleón en 1812, destinándolo a la isla de Elba. Pero de allí consiguió fugarse y volver a

AUNQUE DESPRECIABA A LA BURGUESÍA, Napoleón fue instaurando los valores de 1789 en los países que conquistaba. Así realizaba auténticas revoluciones liberales impuestas. Finalmente, la derrota de Napoleón fue la victoria del antiguo régimen, que vivió una nueva era en Europa hasta la Revolución industrial.

Francia, donde el ejército, pese a estar siendo restituida la monarquía borbónica, le fue fiel. Napoleón dio un nuevo golpe de Estado y se hizo de nuevo
con el poder, pero esta vez, la coalición (formada por países reaccionarios,
con Inglaterra a la cabeza, contrarios a la Revolución –que paradójicamente
Napoleón decía defender– y abanderados del Antiguo Régimen) se volvió a
reunir derrotando definitivamente a Napoleón en Waterloo (Bélgica) en
1815. Nuevamente capturado, fue desterrado a Santa Elena donde murió ese
mismo año por los abusos de sus guardianes. Se restauró en Francia la monarquía absolutista.

LAS INNOVACIONES MILITARES DE NAPOLEÓN

Además de como gran conquistador y hombre de Estado que convulsionó
Europa, Napoleón ha pasado a los anales de la historia como gran estratega y audaz militar. Incluso en la actualidad las técnicas militares y las tácticas y estrategias que introdujo en el combate armado se estudian y anali-
zan en casi todas las academias militares del mundo, poniéndose incluso
muchas veces en práctica (lógicamente adaptadas a los tiempos y los avances tecnológicos en ciernes) en guerras actuales alrededor de todo el mundo y por los más variados ejércitos.

Napoleón Bonaparte ha sido considerado un genio militar, experto en el
combate en inferioridad numérica, arena en la que obtuvo enormes resultados: como ejemplo, con un ejército de no más de 120.000 efectivos (Francia
no disponía de mucho más en aquella época) logró conquistar Europa y ven-
cer a innumerables ejércitos. Además de revolucionar la logística (conside-
rándola también parte activa de la guerra, es decir, el enfrentamiento armado, en lo que fue pionero), revolucionó las técnicas de ataque. Potenciando
una efectiva y rápida caballería ligera, dividía ésta en dos bloques y hacía veloces incursiones en el campo enemigo, rompiendo en dos el frente, dividiendo las tropas enemigas que luego quedaban acorraladas y aisladas entre sí,
siendo un blanco fácil para la artillería y para la infantería. Con este sistema
Napoleón llegó a dominar un continente y a derrotar a los ejércitos más temi-
bles. La derrota final, en el plano estrictamente militar, vino dada porque no
disponía de los medios ni de la tecnología suficiente para poner en práctica
las audaces estrategias surgidas de su brillante ingenio bélico.

56

EDWARD JENNER

EL INVENTOR DE LA VACUNA

¿QUIÉN FUE?

Edward Jenner (1749-1823), médico inglés, fue el inventor de la vacuna contra la viruela, la enfermedad más mortífera y extendida en Europa a finales del siglo XVIII.

A la edad de 13 años Jenner comenzó su carrera en el mundo de la medicina como aprendiz de un cirujano local. A los dieciocho años cursó estudios de medicina en Londres, al término de los cuales volvió a su pueblo para ejercer de médico, adquiriendo gran prestigio y consideración. A la edad de cuarenta y siete años inventó la vacuna contra la viruela, cambiando por completo el mundo de la epidemiología y de la medicina en general.

A grandes rasgos, la vacuna de Jenner, que aún hoy en día se sigue usando prácticamente de igual modo (mejorada por los avances de la ciencia), consiste básicamente en inocular al cuerpo sano, ante, por ejemplo, una plaga de gripe o cualquier otra enfermedad, una pequeñísima dosis de la enfermedad, para que el cuerpo del paciente pueda reconocer el virus inoculado y generar los anticuerpos suficientes para defenderse de él si se llegara a contagiar.

El paciente sufre una pequeña reacción, consistente muchas veces en uno o varios días de pequeños malestares, pero luego queda inmunizado ante una posible infección. La vacuna por tanto es preventiva y se basa en la creencia de que tarde o temprano, ante una epidemia de cualquier virus, el cuerpo se puede contagiar.

LA VACUNA CONTRA LA VIRUELA

A finales del siglo XVIII, millones de personas morían de viruela cada año en el mundo y los que sobrevivían se quedaban ciegos, aparte de desfigurados. Era una enfermedad terrible, para la cual no existía tratamiento.

Este mal, que data de la época de los egipcios, fue definido como «el más temido de los ministros de la muerte» porque despoblaba ciudades enteras.

El remedio para el tratamiento de esta enfermedad, a finales del XVIII, era preventivo, más o menos una «vacuna» (el concepto ya existía, lo que Jenner hizo fue llevarlo a la práctica de manera exitosa), que consistía en inocular a los potenciales enfermos de viruela una dosis mínima de la misma enfermedad para que su cuerpo se acostumbrara y pudiera elaborar él mismo los anticuerpos necesarios para la cura.

Pero los resultados eran un desastre, ya que la mayoría de las veces el paciente contraía la viruela e infectaba al resto. La variolización o transmisión de pústulas de enfermos de viruela ya se realizaba en la antigua India, y luego este conocimiento pasó a China y después a toda Asia.

La novedad de Jenner fue inocular una mínima dosis de la viruela de las vacas (de ahí el nombre de vacuna) en un niño de 8 años de edad, perfectamente sano, desarrollando así el concepto preventivo de la vacuna.

Tras un pequeño periodo de fiebre y molestias, el niño se encontraba bien y después no se contagiaba de viruela.

AUNQUE LAS VACUNAS están muy extendidas y su uso es algo habitual, hoy día numerosos estudios naturistas la critican como contraproducente y medicalizadora sin motivo. Existen incluso en la actualidad asociaciones de padres contra las vacunas.

Al principio Jenner tuvo muchos problemas para la aceptación (tanto científica como popular) de su método. Fue acusado de anticientífico, peligroso, etc. Costó mucho su aceptación como remedio médico y más aún que otros médicos la aplicaran como algo natural y consustancial a esta ciencia.

Pero finalmente, tras demostrar ciertos logros (que a los historiadores de la ciencia y la medicina, así como a los de la demografía, competerá verificar si realmente, a largo plazo y teniendo el contexto histórico presente, fueron o no tales logros) se aceptó y extendió con tal éxito que el Parlamento inglés decidió concederle por los méritos científicos demostrados una suma anual de dinero, con la cual Jenner, ya anciano, pudo jubilarse.

Además obtuvo una mención honorífica, con su inclusión en la *Royal Society*, academia inglesa donde se encuentran los más ilustres y eminentes científicos, artistas y hombres y mujeres de letras.

57

SHAKA ZULÚ

EL PRINCIPIO DEL FIN DEL IMPERIO BRITÁNICO

¿QUIÉN FUE?

Shaka, o Chaka, más conocido como Shaka Zulú (1787-1826), guerrero y rey de la nación zulú, construyó un imperio que abarcaba desde Bostwana hasta Sudáfrica, siendo el mayor imperio autóctono de la historia de África. Derrotó además a los ejércitos británicos, expulsándolos de Sudáfrica: fue la primera vez en la historia en la que un ejército primitivo armado sólo con lanzas y puñales derrotaba a un ejército moderno. La derrota británica abrió una brecha, marcó un camino y un ejemplo a seguir para el resto de pueblos sometidos a su dominio, que inspirados por tal hazaña, se rebelaron masivamente contra la corona anglosajona. Éste fue el inicio del fin del Imperio, que tendría lugar definitivamente un siglo después.

¿QUÉ HIZO?

Shaka era el hijo bastardo de un rey zulú, y desde su tierna infancia tuvo que huir con su madre despreciado por su físico. Otra tribu zulú en la actual Swazilandia acogió a Shaka y a su madre, y el futuro rey zulú creció convirtiéndose en un joven atlético, guerrero y hábil, a la par que ambicioso. Cuando contaba con 22 años volvió a su antigua aldea y reclamó el trono de su padre, muerto hacía poco. Shaka tuvo que competir con su hermanastro, pero éste murió envenenado y por eso se hizo con el poder.

Sometió a la tribu a un férreo gobierno militar, donde lo más importante eran los guerreros. Reformó el «ejército», instaurando un servicio militar obligatorio para los hombres que duraba toda su vida, quedando la economía en manos de las mujeres.

Reformó también las armas (sustituyendo las grandes lanzas zulúes por otras más pequeñas y manejables, del tamaño de una espada, y los medianos escudos por otros más grandes pero ligeros) y las tácticas de combate, insertando la guerra relámpago y el combate cuerpo a cuerpo. Se alió con la tribu que les acogió a su madre y a él, y se hizo con el trono a la muerte de su rey. Ávido de poder, declaró la guerra y conquistó a todas las tribus zulúes de Sudáfrica, Swazilandia y Botswana, unificando la nación zulú bajo un imperio militar y despótico.

LOS PRIMEROS RELATOS sobre los zulúes fueron conocidos en Europa a través de los náufragos en el siglo XVIII. Los describían como un pueblo cordial, próspero y respetuoso con la ley, pero que después tendieron hacia el «salvajismo y ferocidad incivilizadas».

Al poco tiempo sobrevino la invasión inglesa, momento en que la corona británica extendió sus dominios hasta el sur de África.

Al principio Shaka, que conocía bien la civilización europea debido a los relatos de exploradores y misioneros que habían entrado en contacto con tribus zulúes, comerció con los ingleses e incluso les propuso dominar juntos África, bajo el mando de Shaka en alianza con el Imperio británico, pero éste quería el continente negro bajo su único dominio. El Imperio británico rechazó la oferta del líder zulú, invadió su territorio: la guerra había estallado.

Ésta duró dos años y en ella los zulúes, con su táctica de salir masivamente de la nada, atacar cuerpo a cuerpo minando al enemigo y retirarse, inflingió tal derrota a los británicos que éstos hubieron de abandonar Sudáfrica.

Shaka murió a la edad de 39 años rodeado de extrañas circunstancias sin dejar herederos (mataba a todos sus hijos para evitar que éstos pudieran quitarle el trono, como hizo su padre con su abuelo), con lo que su imperio se desmoronó.

EL COMBATE ZULÚ

Los zulúes consiguieron derrotar a los británicos. Anteriormente habían unificado su reino, gracias a las reformas militares de Shaka, pero también gracias a su innato ardor guerrero y a su entrega física en la lucha. Dotados de unas cualidades atléticas envidiables, podían pasarse días sin dejar de correr: corriendo iban a la batalla, corriendo luchaban y corriendo regresaban de ella a su hogar. Sus dotes físicas impresionaron a los británicos. Su velocidad les hacía ser difícilmente alcanzados y les daba la posibilidad de atacar con rapidez y huir. Era como enfrentarse a la caballería, pero con la agilidad de un imponente guerrero.

Las hazañas militares de los zulúes han sido llevadas varias veces al cine. En todas estas películas se destaca siempre este aspecto de ferocidad y gran velocidad y resistencia física que les hizo unos combatientes únicos en la historia. Su enfrentamiento exitoso con los británicos ha quedado como una epopeya casi única.

58

JAMES MONROE

EL EXPANSIONISMO NORTEAMERICANO

¿QUIÉN FUE?

James Monroe (1758-1831) fue el quinto presidente de los Estados Unidos y el último de la generación que participó en la guerra de la Independencia. Llevó a cabo las tareas y políticas necesarias para implementar la aplicación, en suelo norteamericano, de la Revolución industrial, practicando el liberalismo económico hasta sus últimas consecuencias y modernizando América. En cuestiones políticas, y sobre todo de política exterior, diseñó la doctrina que lleva su nombre, basada en el slogan «América para los americanos», por la cual inició el expansionismo por todo el continente americano, tanto económico como político (copando las influencias de varios gobiernos, sustituyendo el control británico, en serio declive, por el estadounidense, pujante y en alza), o militar (invadió México y Nicaragua, entre otros países). Superó la influencia económica a Gran Bretaña en todo el continente (que a su vez había sustituido a España como potencia tras la independencia de los países americanos de la corona española), por lo cual este país invadió Estados Unidos, iniciando una segunda guerra anglo-americana en 1820 (esta vez guerra de potencias por el control del continente americano. La vieja corona europea fue derrotada por las tropas americanas.

VIDA

Habiéndose unido al ejército de George Washington, una vez lograda la independencia, Monroe hizo una brillante carrera política: fue miembro del

Congreso Continental (1783-1786), senador (1791-1794), embajador en París (1794-1796) y en Londres (1803-1806), gobernador de Virginia (1799-1802 y 1811), secretario de Estado (1811-1817) y de Guerra (1814-1815) y, por fin, presidente de Estados Unidos (1817-1825).

Cuando dejó el cargo se retiró de la política, pasando sus últimos años en la pobreza, y prácticamente en el más absoluto olvido personal y afectivo (aunque las menciones y los reconocimientos a su política proseguirían durante toda la historia de los Estados Unidos de América).

POLÍTICA

Monroe fue un cualificado defensor de la autonomía de los estados frente al poder del gobierno federal, siguiendo la línea del Partido Republicano fundado por Jefferson y Madison y que es el antecedente del actual partido que lleva el mismo nombre.

Durante los años en que fue congresista se había opuesto a la Constitución de 1787. Pero, años después, cuando era presidente, no tuvo más remedio que acatarla.

Aceptó también el equilibrio pactado, pese a que impulsó la revolución liberal burguesa en el país, entre los intereses del Norte (industrial, burgués y liberal) y los del Sur (aristocrático, mercantilista y cuasifeudal) por el Compromiso de Missouri (1820), que dividía el país en estados esclavis-

LA IDEA de la doctrina Monroe ha caracterizado desde entonces la política exterior de Estados Unidos. Incluso continúa en nuestros días, considerando toda América como zona de influencia exclusiva, en la que cualquier intromisión de las potencias europeas sería considerada un acto hostil hacia todo el continente.

tas y abolicionistas. De esta forma, se forjaron unas diferencias socioeconómicas y unas condiciones políticas que estallarían 40 años después en la Guerra de Secesión: fue ganada por el Norte, con el triunfo final de la burguesía industrial sobre la aristocracia terrateniente. Pero las diferencias económicas siguen siendo evidentes entre los estados del Norte y los del Sur.

LA DOCTRINA MONROE

Como expresamente refleja la doctrina que lleva el nombre de su creador, Estados Unidos debería rechazar cualquier intromisión extranjera en todo el continente americano.

Así, por ejemplo, la doctrina manifiesta que es preciso impedir cualquier intento de colonización o recuperación de ex colonias: «... los continentes americanos, por la condición libre e independiente que han asumido y mantienen, no serán considerados en adelante como sujetos a futura colonización».

La doctrina Monroe indica que se debe dejar claramente establecida la llamada «doctrina de las dos esferas», por la que Estados Unidos tendría una esfera de influencia y Europa otra. También se lanza una advertencia a Europa de que se mantenga dentro de su esfera expresada con las siguientes palabras:

«En las guerras que han sostenido las potencias europeas en asuntos que sólo a ellas corresponden, nunca hemos intervenido, ni se compadece con nuestras normas el obrar de otro modo. No nos hemos inmiscuido, ni lo haremos, en las colonias o dependencias que ya poseen las naciones europeas. Pero tratándose de los gobiernos que han declarado y mantenido su independencia y la cual hemos reconocido no podríamos contemplar la intervención de ninguna potencia europea que tendiera a oprimirlos, o a controlar de cualquier otro modo, sino como demostración de sentimientos pocos amistosos hacia los Estados Unidos. Es imposible que las potencias aliadas extiendan su sistema político a cualquier parte del continente americano sin poner en peligro nuestra paz y felicidad. No nos es posible contemplar con indiferencia cualquier forma de intromisión...».

59

HEGEL

El padre de la dialéctica moderna

¿Quién fue?

Georg Wilhelm Friedrich Hegel (1770-1831), filósofo alemán, fue el padre del idealismo moderno, influyó decisivamente en Marx y todo el marxismo posterior. Recibió formación protestante y fue un gran seguidor de las ideas de Kant.

Uno de los románticos alemanes, junto a Schelling y Fichte, debido a una de las varias posibles interpretaciones de su doctrina y a su teorización del Estado ha sido considerado como uno de los pensadores prefascistas, ya que influyó enormemente en el nacimiento de esta ideología.

El pensamiento hegeliano

Las obras de Hegel tienen fama de difíciles por la amplitud de los temas que pretenden abarcar. Uno de los mayores logros de Hegel fue la creación de un método comprensivo nuevo llamado dialéctica (aunque en realidad, pese a que el término es contemporáneo a Hegel, el concepto tiene inspiración en la Grecia clásica). En la dialéctica hegeliana cada momento (o instante histórico) surge en una progresión como solución de las contradicciones inherentes al movimiento anterior. Así, además de padre de la dialéctica, Hegel fue el introductor del concepto de «progreso» en tanto que desarrollo positivo, es decir, para mejor, contribuyendo a la imposición de la ideología de tal concepto como una de las máximas de la civilización burguesa, naciente por aquella época. Según la dialéctica, cada tesis tiene una antítesis y de su confrontación surge la síntesis como superación de ambas, como progreso y como nuevo concepto que contiene partes de ambas.

Hegel pensaba que el acto mismo del conocimiento es la introducción de la contradicción: todas las cosas son contradictorias en sí mismas y ese hecho no tiene por qué ser negativo, pues la contradicción es la raíz de todo movimiento y vitalidad; sólo lo que encierra una contradicción se mueve.

Hegel inauguró el periodo del pensamiento holista, esto es el pensamiento que se basa en aprehender todos los aspectos de la realidad porque la verdad se basa en la totalidad de los aspectos del fenómeno, incluida la lucha y unidad de contrarios.

Según Hegel, la realidad es la esencia de la existencia. Por ello lo real es bueno y lo bueno real; y la existencia se basa en la contradicción, en la unidad y lucha de contrarios y eso es la base de la verdad, y por lo tanto del progreso, algo que supone, según Hegel, el bien en sí mismo. La cantidad se transforma en calidad y los cambios se interconectan y provocan los unos con los otros y por lo tanto, el mundo opera dialécticamente.

LA OBRA cumbre de Hegel fue la *Fenomenología del espíritu* en la que expone lo más importante de su pensamiento. El filósofo aportó al mundo la idea de progreso y la lucha de contrarios, lo que dio alas tanto a la justificación del capitalismo, del fascismo o incluso del marxismo.

EL LEGADO DE HEGEL

El pensamiento de Hegel fue interpretado de tres maneras diferentes por sus discípulos, que, a su muerte, en función de la manera de interpretar al maestro se dividieron en tres tendencias: la derecha hegeliana, evangelista, más idealista y conservadora; el centro hegeliano, que posteriormente se integraría en la derecha; y la izquierda hegeliana o jóvenes hegelianos (entre los que destacaban los hermanos Bauer, Marx, Feuerbach y Max Stirner), atea y revolucionaria, en la que nació el materialismo dialéctico e histórico (obra de Marx). La izquierda hegeliana a su vez se dividió en dos facciones (el marxismo y el anarcoindividua-lismo radical y nihilista de Stirner).

En el siglo XX, la filosofía de Hegel tuvo un gran renacimiento debido a su redescubrimiento y revisión por parte del marxismo heterodoxo de la Escuela de Frankfurt (Adorno, Marcuse, etc.) y de los situacionistas franceses. Éstos redescubrieron a Hegel por sus conceptos históricos y sobre todo por la dialéctica hegeliana. La posibilidad de la lucha de contrarios, de las propias contradicciones como algo natural, sazonan el pensamiento marxista, junto con su culto a la ciencia y a la historia, como una obsesión. De hecho, el marxismo, como ya se tendrá ocasión de ver, parte de las contradicciones del capitalismo, una de las fases decisivas de la historia humana (cuyo motor, en lugar de las ideas, como sostenía Hegel, será la lucha de clases), para proceder a partir de éstas a su negación, y, una vez negado, superarlo al comparar la negación con la afirmación y buscar el resultante (esto es, no se niega para destruir, aunque puede ser, sino parea superar), siguiendo puramente el esquema hegeliano tesis-antítesis-síntesis.

Y es que, probablemente, fuera Marx quien mejor entendió a su maestro y quien mejor lo explicó, siguiendo sus enseñanzas y adaptándolas a sus planteamientos revolucionarios, que darían más tarde lugar al bloque socialista.

60

WILLIAM GODWIN

EL PADRE DEL ANARQUISMO

¿QUIÉN FUE?

William Godwin (175-1836), escritor y activista político británico es el padre del anarquismo actual, y el primero en haber hecho una teorización sistemática clara y concisa sobre este conjunto de idearios contrarios a cualquier autoridad (en especial la política), aunque él jamás empleó el término «anarquía o «anarquista», por las connotaciones peyorativas que tenía (Proudhon sería el primero en aceptar para sí y para su ideario ácrata dicho término). Pacifista convencido, expresó sus ideas en una extensa obra literaria, tanto política como novelesca, entre la cual destaca su obra cumbre, que está considerada como la primera obra anarquista, *Investigación acerca de la justicia política y el bienestar general.*

PENSAMIENTO

Godwin se formó en la tradición protestante, de hecho fue pastor en una parroquia hasta que se convirtió al ateísmo. Políticamente creció leyendo las obras de Helvetius y Swift, además de haberse influenciado del ambiente campesino donde las hazañas de Gerrard Winstanley y sus *diggers* seguían aún coleando, pese a haber ocurrido un siglo antes.

Godwin pensaba que la autoridad era nociva para el ser humano y debía ser substituida por el libre pacto entre los individuos. Éstos debían organizarse en comunidades federadas entre sí, donde las personas se interrelacionaban, sumándose cada una a las iniciativas de las otras y rechazando la política y las asambleas (salvo para situaciones de extrema necesidad, en cuyo caso debía recurrirse a la unanimidad para decidir un tema).

En dichas comunidades, quedarían abolidos la autoridad política, la propiedad privada, el dinero y el comercio, así como el trabajo (en su sentido de tarea impositiva y remunerada, no así en su acepción de esfuerzo libre y creativo).

Así como la propiedad se abolía, debía abolirse también la familia y el patriarcado, propugnando la libre unión-separación entre individuos. El modelo económico propugnando por Godwin, si bien en sus obras apenas postuló un modelo alternativo de economía, se basaba en la colectivización de los medios de producción para el libre uso y disfrute individual de cada cual, siendo cada individuo dueño de su trabajo y de su producto, pero nunca de los medios productivos, que son propiedad de todos en general.

OBRAS

Godwin escribió varias novelas de ficción en las que expresaba sus ideas morales y políticas, que en su tiempo fueron consideradas por la crítica como obras menores, pero que hoy en día, en especial *Nathanel*, están consideradas como unas de las mejores obras de la literatura inglesa de su tiempo. Pero donde Godwin destacó por encima de todo fue en el ensayo y en la agitación política (pues creía que la mejor acción para poner en práctica sus ideas era convencer mediante la palabra). Su mejor y más conocida obra fue *Investigación sobre la justicia política y el bienestar general*, obra que fue inmediatamente prohibida y que sacudió los cimientos de la sociedad. No obstante la prohibición duró poco por lo elevado de su precio, ya que, tal y como dijo uno de sus detractores: «un libro que vale dos guineas no puede ser muy revolucionario». En efecto lo caro del libro impedía su adquisición a las clases humildes, hecho que no importó mucho a Godwin, un tanto elitista en ese sentido, pues pensaba que la propaganda debía ser hecha entre los poderosos y las élites para que éstas cejaran en sus tejemanejes y educaran al pueblo en nobles ideales.

INFLUENCIA

El legado de Godwin (que influyó en escritores de la talla de Washington Irving, Edgar Allan Poe, Nathaniel Hawthorne, Charles Dickens, Henry George, Oscar Wilde y H. G. Wells) dio lugar al anarquismo revolucionario al recoger su testimonio y hacer de él un arma verdaderamente subversiva con Proudhon y sobre todo Bakunin, auténtico inspirador del anarquismo revolucionario y de acción (lejos de la filosofía política anárquica y pacifista de God-

A PESAR DE SER CONTRARIO al matrimonio y a cualquier convención social, Godwin tuvo que casarse con su compañera sentimental por las presiones sociales y familiares. Se trataba de la feminista y escritora Mary Wollstonecraft, de cuya unión nació la futura escritora Mary Shelley.

win), precursor de casi un siglo de atentados, magnicidios y varias revoluciones inspiradas en la doctrina libertaria.

Hoy en día, el anarquismo es un movimiento que sigue vivo, aunque marginal, que se inspira en gran medida en Godwin. Sin embargo, muchos de sus ideales se han extendido por la sociedad, si bien es cierto que de manera parcial y moderada, tales como el feminismo, el ecologismo, etc.

61

MAX STIRNER

EL IMPULSOR DEL INDIVIDUALISMO Y EL NIHILISMO

¿QUIÉN FUE?

Johan Kaspar Schmidt, más conocido por su seudónimo Max Stirner (1806-1856), filósofo y escritor alemán, fue el impulsor del individualismo, desarrolló el anarquismo radical y es el primer y fundamental teórico del nihilismo (tanto en su línea filosófica como política). Ha servido de inspiración a filósofos de la talla de Nietzsche o incluso movimientos políticos como el nihilismo ruso.

Cuando había caído en el olvido, los jóvenes rebeldes de mayo del 68 en París, desempolvaron sus ideas, siendo una de las inspiraciones teóricas, junto con los situacionistas y el marxismo heterodoxo, de dicha revuelta.

VIDA Y OBRAS

La vida de Max Stirner se correspondería con lo que la sociedad define como un fracasado. Fue discípulo de Hegel en la Universidad de Berlín, donde estudió teología y filosofía, enviado por su padre, clérigo protestante prusiano. En Berlín entró a formar parte de la izquierda hegeliana junto con Marx, los hermanos Bauer, Feuerbach, etc., círculo en el que, pese a ser la mente más brillante (en palabras de Engels), no se adaptaba por la radicalidad de sus ideas individualistas.

Se casó en una extrañísima ceremonia que consistió en una partida de strip-poker mientras un atónito clérigo borracho le unía con su esposa en santo matrimonio. Al año, su mujer murió de parto y también perdió a su hijo.

Poco después se casó en segundas nupcias, esta vez por lo civil (aunque en realidad ambas bodas fueron invalidadas) y abrió una panadería, pero el negocio quebró y su mujer le dejó.

En 1844 escribió su única obra, *El único y su propiedad*, donde expresa su pensamiento. Pero el libro fue inmediatamente prohibido y el director del colegio femenino donde había entrado a dar clases de filosofía, sospechando que era obra suya, le expulsó. Malvivió escribiendo para *La Gaceta Renana* de Karl Marx, donde publicó por fascículos dos obras más, que a su muerte serían publicadas en formato de libro (*El falso principio de nuestra educación* e *Historia de la reacción*).

Se negó a participar en la revolución de 1848 por ser una revolución burguesa, y cuando *La Gaceta Renana* fue clausurada, fue encarcelado por robo y estafa. A su salida de prisión malvivió traduciendo obras para un periódico local hasta que a los 50 años murió de fiebres.

A MAX STIRNER se le ha atribuido, por su radicalismo y sus llamadas a la violencia, ser el «ideólogo del terrorismo», inventado por los nihilistas como arma política. Algunos expertos norteamericanos que rechazan sus teorías consideran que sus ideas son las inspiradoras de los ataques suicidas del integrismo islámico.

Un pensamiento iconoclasta

Stirner rechazaba toda integración política y social del individuo, pues consideraba que entidades como el Estado, la sociedad o las clases eran meras abstracciones sin contenido real. En cambio, defendía el egoísmo radical del yo empírico y finito, desligado de cualquier codificación moral, como verdadera realización del individuo.

Decía que el ser humano estaba dominado no sólo por instituciones (Estado, capitalismo, familia, matrimonio, trabajo...), sino también y sobre todo por abstracciones, que habían sido construidas por el pensamiento religioso. Se había sustituido a Dios, como ser supremo, por el Estado, o por (en el caso de los revolucionarios) la humanidad o la revolución.

Rechazaba la revolución pues pensaba que sólo creaba nuevas instituciones y abogó por la destrucción de todo, tanto material como en el pensamiento (aniquilación de las abstracciones y del pensamiento simbólico y religioso).

Aunque nunca puso en práctica sus ideas, otros sí lo hicieron después de él, tales como los nihilistas y anarco-individualistas: de ahí procede el imaginario popular del anarquista como tipo solitario y antisocial, vestido de negro, con barba, pelo largo y una bomba bajo el brazo (imaginario que dura hasta nuestros días).

El único y su propiedad

La crítica desarrollada por Stirner en *El único y su propiedad* del «mundo fantasmagórico» en el cual, según su opinión, transcurren nuestras vidas, es verdaderamente corrosiva. Analiza, demoliéndolas, una a una las instituciones existentes. Su crítica es tremenda, no se anda, como comúnmente se dice, por las ramas, sino que va directo al meollo de la sociedad haciendo gala de un realismo escalofriante. Así, la dureza de sus conceptos y el cinismo de sus argumentos dejan sorprendido al lector.

En opinión de muchos filósofos y estudiosos, Max Stirner constituye en el antecedente directo del controvertido y afamado filósofo alemán Friedrich

Nietszche, y es, como ya se ha mencionado, considerado por muchos como «el padre» de la corriente del anarquismo individualista.

Stirner aporta elementos que posteriormente serán acogidos y digeridos en el seno del movimiento anarquista, aunque bien es cierto que, definitivamente, no toda su filosofía puede ser inscrita en la corriente ácrata, al ser también el precursor del nihilismo, una corriente de ideas hermana del anarquismo, pero basada en preceptos filosóficos sensiblemente distintos.

La actualidad de esta obra, de cara a las sociedades contemporáneas, es verdaderamente sorprendente.

62

ABRAHAM LINCOLN

LA ABOLICIÓN DE LA ESCLAVITUD

¿QUIÉN FUE?

Abraham Lincoln (1809-1869), político estadounidense, llegó a ser el decimosexto presidente de dicha nación. De origen humilde y formación autodidacta (pertenecía a una familia de cuáqueros, fervientemente religiosa y de escasos medios económicos), logró licenciarse en Derecho en 1836, entrando en política con el partido *whig*. Comenzó siendo diputado, y utilizó su cargo para defender los derechos de los negros, con lo que alcanzó gran popularidad, sobre todo a partir del año 1846. Tras decepcionarse con su partido (lo que le llevó a abandonar la política durante seis años) y afiliarse al republicano, alcanzaría la presidencia en uno de los momentos más difíciles de la historia de su país, ya que tuvo que hacer frente a la guerra de Secesión y a la abolición de la esclavitud (con las consecuencias que implicaba). Murió en 1869 asesinado por un ex soldado confederado.

POLÍTICA

En un país dividido por dos sistemas económicos, Lincoln representaba, tanto junto al partido *whig*, como en mayor medida al partido republicano (al que se afilió, como hemos visto, posteriormente), a la burguesía norteña, partidaria de desarrollar la revolución industrial y de acabar con el latifundismo y la esclavitud, ya que entendían que eso no era más que un lastre de un régimen anticuado y poco productivo.

Se opuso a la guerra contra México, una guerra que duraría más de cuatro años (y que dejó épicos episodios en la memoria histórica estadounidense, tales como la defensa norteamericana del fuerte Álamo frente a las tropas mexicanas) por la cual Estados Unidos se anexionaría Nuevo México, Texas, Arizona y el Norte de California. Fomentó la industrialización y los intercambios comerciales regionales, gravando y presionando la economía sureña, esclavista, agraria y latifundista. Fruto de estas tensiones y ya en la presidencia del país (corría el año 1861), estalló una guerra, por motivos meramente económicos, que duraría cinco años y que se saldaría con la victoria de los estados del Norte (más conocidos como la Unión) y por lo tanto de la burguesía industrial, partidaria del libre comercio y la democracia representativa. Aunque el estallido de la guerra civil parecía inevitable, Lincoln intentó detenerla y restaurar la unidad formando un gobierno de coalición con los sudistas (Confederación), pero sus gestiones fracasaron. La guerra estalló y finalmente el Gobierno abolió la esclavitud.

Abraham Lincoln le advirtió al Sur en su discurso inaugural: «En sus manos, mis insatisfechos compañeros paisanos, y no en las mías, está el hecho trascendental de la guerra civil. El Gobierno no les invadirá... Ustedes no tie-

ENTRE OTRAS MEDIDAS, y pese a estar en guerra, el presidente promulgó en 1862 la *Homestead Act*, para la colonización del Oeste. Propuso una abolición progresiva de la esclavitud para promover un acercamiento a la Confederación sudista que acelerara el fin de la contienda que Lincoln nunca pretendió y siempre trató de evitar.

nen ningún juramento registrado en el cielo para destruir el Gobierno, mientras que yo tendré el más solemne juramento para preservarlo, protegerlo y defenderlo». Lincoln pensó que la secesión era ilegal y estaba dispuesto a utilizar la fuerza para defender las leyes Federales y la Unión. Cuando las baterías confederadas dispararon contra del Fuerte Sumter y forzaron su rendición, él hizo un llamado a los estados para conseguir 75.000 voluntarios. Cuatro estados con esclavos se unieron a la Confederación, pero cuatro se quedaron dentro de la Unión. La guerra civil había comenzado.

Dicha guerra sesgó el alma de la joven república estadounidense, cobrándose miles de víctimas y provocando una brecha profunda entre las dos Américas, que aun hoy no se ha cerrado: un Sur, representativo de la América profunda, generalmente racista, que mantuvo leyes segregacionistas para con la minoría negra hasta bien entrados los años setenta del siglo XX; y un Norte industrializado, más progresista y con un mayor activismo sociopolítico y asociacionismo cívico, pero con mayores diferencias sociales y desigualdades económicas.

63

BAKUNIN

EL ANARQUISTA INSURGENTE

¿QUIÉN FUE?

Mijail Alexandrovich Bakunin (1814-1876) fue agitador revolucionario anarquista ruso. Hijo de un terrateniente de ideas liberales, cursó estudios militares en San Petersburgo, llegando a ser coronel de la guardia imperial. En una misión oficial en Polonia, al ver las miserables condiciones de vida de los polacos, sometidos por el Imperio ruso, empezó a interesarse por la problemática social y por el socialismo, y leyó entonces las obras de Stirner y Proudhon. Desertó del ejército y comenzó a estudiar filosofía, principalmente a Hegel, en Moscú y San Petersburgo. Convertido al socialismo revolucionario, tras una etapa relativamente larga de su vida en la que procesó un nacionalismo democrático y progresista proeslavo, dedicó su vida a difundir el anarquismo radical y a alentar revoluciones. Murió en 1876, enfermo y viejo con un sólo deseo que no se cumplió: ser olvidado.

EL NACIMIENTO DE UN ANARQUISTA

Viajero incansable, en la década de 1840 recorrió Europa, conociendo en Berlín a los hegelianos de izquierda (Marx, con quien mantendría agrias polémicas, Engels, los hermanos Bauer, Feuerbach, Stirner...), en París a los primeros anarquistas y socialistas utópicos (Proudhon, César de Paepe, etc.), participando por todo el viejo continente en cuantas revoluciones se encontraba a su paso (y en 1848, año conocido como el de las revoluciones liberales, fueron muchas). En una de ellas en Praga, en 1849, fue detenido y condenado a muerte, pero la pena no se ejecutó y Bakunin fue entregado en 1851 al gobierno ruso (quien lo reclamaba por una serie de delitos que iban desde la sedición hasta haber desertado del ejército). Estuvo encarcelado durante siete años en la temible Fortaleza de San Pedro y San Pablo en San Petersburgo (de la que se decía que nunca había escapado nadie). En 1858, gracias a un indulto parcial del zar, a petición del propio Bakunin, fue desterrado a Siberia.

Según parece, el gobernador de Siberia, Muraviev, era primo de la madre de Bakunin y gracias a ello se le concedió un permiso para salir de su confinamiento en 1860, lo que fue aprovechado por Bakunin para fugarse; un barco estadounidense lo llevó a Japón, luego a Estados Unidos y finalmente, en 1861, se trasladó a Londres, donde residiría cuatro años, en los que siguió con su labor revolucionaria mediante la edición de opúsculos y la realización de tareas organizativas.

No obstante, Bakunin no se «convertiría» al anarquismo hasta 1864, año en el que se constituyó la Primera Internacional. Hasta esa época, y pese a las influencias que tenía de Stirner y Proudhon (que políticamente no se harían efectivas hasta la década de 1870, es decir, 15 años después de haber conocido a ambos pensadores anarquistas), Bakunin procesaba una suerte de ideología demócrata radical con tintes nacionalistas paneslavos, reivindicando repúblicas democráticas de trabajadores y comerciantes en el seno de una federación eslava que expulsara al invasor alemán y austrohúngaro. Más preocupado por la acción que por la teoría, Bakunin se forjaría como revolucionario, con veleidades y pulsiones libertarias tras su ideología demócrata burguesa y no sería hasta 1864 en que desarrollaría, inspirado en su maestro Proudhon, las tesis libertarias características de su pensamiento: el colectivismo anarquista.

EL REVOLUCIONARIO NÓMADA

En 1867, tras haber pasado por Londres, y de nuevo por París, y haber fundado varias sociedades secretas de corte libertario, se instaló en Suiza, donde se integró en la Primera Internacional, en 1867. Posteriormente formó la llamada Alianza Internacional de la Democracia Socialista, cuyo programa reivindicaba una serie de postulados que constituían la base de la doctrina política de Bakunin: la supresión de los estados nacionales y la formación en su lugar de federaciones constituidas por libres asociaciones agrícolas e industriales; la abolición de las clases sociales y de la herencia; la igualdad de sexos y la organización de los obreros al margen de los partidos políticos.

Revolucionario impenitente, participó en la Comuna de Lyon en 1870 y apoyó la de París en 1871, por lo que, unido a sus tensiones contra la facción autoritaria encabezada por Marx en la Primera Internacional, fue expulsado de la misma junto a sus seguidores.

BAKUNIN está considerado como el padre del anarquismo insurgente y revolucionario, tal y como hoy es conocido. De sus ideas nacieron tanto la guerrilla anarquista, como el anarcosindicalismo. Fue además una figura influyente en el nihilismo ruso.

Bakunin pasó sus últimos años en Suiza, viviendo pobremente y sin más aliento que la correspondencia que mantenía con pequeños grupos anarquistas. Expuso su pensamiento en una voluminosa obra y fue su discípulo, James Guillaume, quien se encargaría de recopilar y editar todos sus libros.

EL COLECTIVISMO ANARQUISTA

Según Bakunin, el Estado debía ser destruido, existiendo para ello dos vías: la organización de los trabajadores en asociaciones o sindicatos que tomaran los medios de producción, cuando las condiciones se dieran para ello, o la vía insurreccional. Ésta consistía en la agitación y el empleo de las armas por pequeños grupos organizados de revolucionarios cuya misión era debilitar al Estado, por un lado, y crear las condiciones suficientes (en cuanto a agitación, concienciación y clima político se refiere) para la acción de masas. Siguiendo la primera vía, nació el sindicalismo revolucionario y luego el anarcosindicalismo (fundados ambos en Francia, a finales del XIX uno, y a principios del XX el otro); siguiendo la segunda nace el anarquismo conspirativo y terrorista de los nihilistas.

Una vez destruido el Estado, siempre siguiendo el pensamiento expuesto por Bakunin, éste debería ser sustituido por una federación de comunas anarquistas, donde las decisiones se tomarían por democracia directa y el trabajo se organizaría por la comunidad desde un punto de vista colectivo: es decir, recibiendo cada productor el fruto de su trabajo en el marco de una economía en el que los medios productivos estarían colectivizados y estarían a disposición (libre e igual) de cualquier miembro de la comunidad. De esta forma, este producto del trabajo podría recibirse en «especie» para que luego el trabajador pudiera intercambiarlo, o en salario de bonos. Siempre, en todos los casos, la comunidad de productores establecería los precios y las equivalencias para el intercambio.

Aunque Bakunin marcó el inicio del anarquismo revolucionario y combatiente, y sus tesis políticas aun hoy se mantienen vigentes en el anarquismo, su modelo económico fue duramente criticado y posteriormente desechado por los anarquistas desde la aparición del comunismo ácrata de Kropotkin.

64

CHARLES DARWIN

LA EVOLUCIÓN DE LAS ESPECIES

¿QUIÉN FUE?

Robert Charles Darwin (1809-1882) fue uno de los científicos más importantes de todos los tiempos, Charles Darwin elaboró la moderna teoría de la evolución, planteando el concepto evolutivo de las especies por un proceso de selección natural, en el cual, a través de una mutación casi azarosa fruto de cientos de años de progresos biológicos, sólo las más aptas sobrevivían.

Esta teoría cambió del todo el paradigma filosófico e incluso científico al describir un mundo en el que la existencia de Dios no tenía ningún sentido, relegando por tanto lo que hasta la fecha había sido el centro de la humanidad, a un papel secundario e incluso fútil; con una justificación científica que permitió secularizar artes, oficios, enseñanza y conocimiento, produjo, a través de las exposiciones del ayudante de Darwin, H. Huxley, el nacimiento del agnosticismo como concepto ideológico, más allá de la mera creencia personal. A partir de entonces la Iglesia, e inclusive, la propia idea de Dios, fueron perdiendo protagonismo hasta ser, en los regímenes modernos y democráticos de Occidente, totalmente apartadas de la esfera política en cuanto tal.

VIDA

Darwin nació el 12 de febrero de 1809 en la pequeña localidad inglesa de Shrewsbury, y fue el quinto hijo de una familia adinerada. Biólogo de profesión, estudió Medicina en la Universidad de Edimburgo en 1825. En 1827 entró en la Universidad de Cambridge con el fin de prepararse para ser un ministro de la iglesia de Inglaterra. Allí conoció a dos figuras: el geólogo Adam Sedgwick y el naturista John Stevens Henslow, quienes inculcaron a Darwin la afición por la observación de los fenómenos naturales y por el coleccionismo de especies. Ya graduado en Cambridge, en 1831, trabajó sin remuneración alguna durante 22 años a bordo de una embarcación científica inglesa (el *HMS Beagle*), en la que recorrió el mundo estudiando flora, fauna, corrientes marinas, procesos geológicos, etc.

El origen de las especies

Leyendo al economista británico Malthus y sus teorías sobre la población, Darwin encontró la inspiración y las bases para completar la teoría de la evolución de las especies que iniciara embarcado en el *HMS Beagley* y en la que trabajaría toda su vida, publicándola casi al final de la misma debido a la insistencia de su fiel ayudante Huxley (abuelo del afamado novelista Aldous Huxkey). Malthus afirmaba en sus obras que el constante aumento de la población mundial que se estaba dando provocaría el agotamiento de los recursos naturales y una lucha por la supervivencia, que acabaría con el triunfo del más fuerte.

Profundamente impresionado por estas tesis, desarrolló y completó su teoría de la evolución de las especies, según la cual el ambiente en el que viven los individuos de las distintas especies condiciona (estimulando o retrotrayendo) sus funciones vitales básicas, sobre todo la reproductiva, transmisora por herencia biológica de las diferentes formas de adaptación que las especies desarrollan para sobrevivir. Herencia tras herencia y debido a estos factores ambientales, en un momento dado, dentro de un lento proceso, se da un salto evolutivo, obra de una mutación genética gestada durante siglos, que hace al individuo de la especie mejorar su adaptabilidad al entorno y lo hace sobrevivir. A su vez éste incorpora a sus genes la mejora y la transmite a sus herederos. Darwin argumenta, tomando como base ideas evolucionistas presentes en la ciencia con anterioridad, que todos los seres vivos tienen una ascendencia común y las diferentes variedades y especies que se observan en la naturaleza son el resultado de la selección natural en el tiempo.

Pese a tener su trabajo completo ya en la década de 1840, hubo que esperar hasta 1859 para que Darwin se decidiera a publicarlo, exhortado enormemente por Huxley. La publicación de su obra fue debida a un importante hecho: otro científico evolucionista, Wallace, había publicado en 1858 un artículo en el que esbozaba las mismas conclusiones (obtenidas por cuenta propia, tras años de trabajo en paralelo a Darwin) que el biólogo de Shrewsbury había desarrollado. Por este motivo, el 24 de noviembre de 1859 veía la luz el libro *El origen de las especies*.

LA POLÉMICA RELIGIÓN-CIENCIA

Pero la gran controversia religiosa e incluso filosófica, y el profundo cambio que produjo en la historia al demostrar científicamente que dios no había creado al ser humano, desmintiendo así a la Biblia e institucionalizando (muy a su pesar, pues Darwin era creyente) el ateísmo, se produjo en el año 1871 cuando, siguiendo con la línea de su primer y exitoso libro, publicó *El origen del hombre*, en el que afirmaba que el ser humano no sólo era un primate sino que además descendía del simio.

Este hecho refutaba completamente no sólo los textos religiosos, sino la misma existencia de Dios. Provocó una gran conmoción incluso política que duraría años: por ejemplo, en Estados Unidos, ya en 1929, fue apartado de su cátedra y condenado a prisión un profesor de instituto por enseñar las teorías evolucionistas en su clase de ciencias naturales. La conmoción fue alimentada por las resistencias de una Iglesia (tanto católica como protestante) que veía cómo su hegemonía tocaba a su fin.

P ESE A QUE LA GRAN MAYORÍA de científicos consideran acertadas las ideas básicas de la teoría de Darwin, siguen existiendo en la actualidad algunos lugares en los que el debate religioso-científico se mantiene, como en Estados Unidos y en Australia.

Las teorías de Darwin fueron, no obstante, defendidas por la mayoría de los científicos de su tiempo, aunque fueron muy discutidas entre los especialistas del ramo por varios problemas técnicos dentro de su desarrollo. Algunos científicos consideraban la teoría como incompleta por no presentar ningún mecanismo capaz de transmitir la herencia en los seres vivos. Aunque otros científicos coetáneos, como Mendel, habían estudiado las leyes de la herencia, sus teorías permanecieron desconocidas –incluso por Darwin– hasta bien entrado el siglo XX.

Por supuesto, Darwin recibió numerosísimas críticas por parte de religiosos y teólogos que le acusaban de negar la existencia de Dios.

65

SERGUEI NECHAEV

EL CREADOR DEL TERRORISMO

¿QUIÉN FUE?

Serguei Gennadiyevich Nechaev (1847-1882), agitador político y revolucionario nihilista, fuertemente influido y vinculado con el movimiento anarquista, fue conocido por su teoría y práctica de la revolución en condiciones objetivamente desfavorables y a través del terrorismo, el cual fue desarrollado por primera vez como arma política para la subversión por los nihilistas, de entre los cuales Nechaev fue sin duda el más carismático y conocido.

Nechaev no tuvo ningún tipo de lazo familiar que lo atara, ni relación sentimental, ni amistades que lo pudieran retener. Predicó la destrucción total a través del terrorismo. Su maquiavelismo y amoralismo le valieron el desprecio de la mayoría de revolucionarios.

VIDA

De origen humilde (sus padres eran zapateros) y autodidacta, se instaló en San Petersburgo a la edad de 19 años donde consiguió pequeños trabajos como ayudante de académicos. Allí entró en contacto con los estudiantes revolucionarios, y leyó a Tchernichevsky, Pisarev (creadores teóricos del nihilismo, bajo la influencia filosófica de un ya fallecido Max Stirner) y a Bakunin. En 1868 creó un grupo radical anarconihilista.

El grupo fue desarticulado y Nechaev consiguió escapar a Suiza, donde conocerá y fascinará a Mijail Bakunin, con quien se cree que escribió en 1869 el *Catecismo revolucionario*, cuya difusión le hará popular.

Inspirado por Bakunin, volvió a Rusia junto con otros nihilistas exiliados (Suiza era su santuario, ya que Bakunin y su grupo anarquista les acogía a todos) y fundó *Narodnaya Rasprava*, pero ante la feroz represión zarista se vio obligado a huir a Suiza y de ahí a Londres, donde será capturado por los servicios secretos rusos (Okrhana) y llevado a Rusia para su encarcelamiento, al cual no sobrevivirá. En sus últimos años, en prisión, rechazó un plan para ser rescatado, aduciendo que la revolución era más importante que la insignificante vida de uno de sus miembros. Pasaría su último periodo de vida leyendo a Marx. Convertido al marxismo, antes de morir tradujo al ruso *El manifiesto comunista*.

Nechaev sirvió de inspirador tanto a los nihilistas y anarquistas posteriores, como a los bolcheviques, y sus tácticas terroristas han sido imitadas y puestas en práctica por un sinfín de grupos de variadas ideologías por todo el mundo.

SU PRINCIPAL TEXTO, *Catecismo revolucionario*, ha influido sobre generaciones de activistas radicales de distintas ideologías. Incluso existe una reedición por parte del grupo estadounidense Panteras Negras en 1969, cien años después la publicación del original.

REPERCUSIÓN DE SUS IDEAS

Su relación con el anarquismo y con las ideas nihilistas es compleja y discutida por algunos anarquistas, ya que en momentos de su vida y obra se acerca a éstas y en otros momentos lo que hace es una apología del terror. Y es que, lo que no puede soslayarse es el hecho de que los nihilistas, y Nechaev era uno de sus mayores exponentes, fueron los inventores del terrorismo tal y como hoy en día se le conoce, fenómeno de importantísima repercusión a lo largo y ancho del mundo durante toda la historia de la humanidad, sobre todo en los tiempos más recientes, y factor de numerosos cambios históricos.

LOS NIHILISTAS

Los nihilistas rechazaban lo existente (entendiendo como tal, el orden social y cualquier tipo de autoridad) y su práctica se centró, con gran coherencia, en el zaricidio –sin olvidar otros aspectos–, debido a que el zar en Rusia representaba todo, era la encarnación del mundo que el nihilismo quería destruir. Siguiendo esta lógica, al intentar matar al zar y a su séquito, y al justificar el asesinato político, los nihilistas fueron los primeros en realizar el asesinato como concepción de lucha política. Hasta la fecha se había utilizado el asesinato como expresión de rabia en alguna revuelta o, por parte de las élites como parte de alguna intriga palaciega, pero nunca antes ninguna revuelta ni ningún movimiento revolucionario o insurgente lo había contemplado como arma de lucha política (si acaso como ajusticiamiento por los crímenes cometidos). Si sabotaje, boicot, robo, sublevación, deserción... habían sido las armas de lucha revolucionaria e insurgente hasta ese momento, con el nihilismo se añadía el arma del atentado contra las personas.

EL «CATECISMO REVOLUCIONARIO»

El *Catecismo revolucionario* es la única obra que se conoce de Nechaev (salvo algún que otro artículo). Si la escribió solo o si fue coautor de la misma (en dicho caso la escribiría con Bakunin), lo cierto es que esta obra refleja fielmente el pensamiento nihilista, pero llevado al extremo, según el cual el revolucionario no debe tener ataduras en la sociedad a la que debe destruir, siendo éste su único y frío pensamiento. Como bien escribe Nechaev en el libro: «Todo sentimiento tierno o debilitante de parentesco, de amistad, de amor, de gratitud e incluso de honor, debe ser ahogado en él [el revolucionario] por la única y fría pasión revolucionaria. Para él no existe más que una voluntad, un consuelo, una comprensión o una satisfacción: el triunfo de la revolución. Día y noche no debe tener sino un pensamiento, un designio: la destrucción más implacable. Trabajando fríamente y sin descanso con este propósito, debe estar preparado a perecer él mismo y a hacer perecer, con su propia mano, todo aquello que impida esta realización».

66

KARL MARX

EL NACIMIENTO DEL MARXISMO

¿QUIÉN FUE?

Karl Marx (1818-1883), filósofo y pensador socialista, fue el fundador de la doctrina que lleva su nombre y en la que se inspirarían una serie de regímenes a partir de 1917, año de la Revolución rusa (y sobre todo a partir de la Segunda Guerra Mundial), bajo los que vivirá media humanidad hasta 1989. Fue el teórico y pionero del comunismo científico, miembro de la Internacional de Trabajadores y gran agitador. Murió en 1883, arruinado y abandonado por todos salvo por su amigo Engels.

DE ESTUDIANTE A REVOLUCIONARIO

Procedente de una acomodada familia judía, su padre, abogado que se convirtió al luteranismo por presiones sociales (lo que marcaría al joven Marx, cuyo sustrato ideológico se basaba en concepciones judeocristianas protestantes), lo envió a estudiar a Berlín y a Jena, donde se doctoró en Filosofía. Admirador de Hegel, aunque nunca fue discípulo directo suyo, se inició en su sistema dialéctico, pero sustituyendo el idealismo del viejo pensador por un materialismo ateo. Fue miembro de la izquierda hegeliana y fundó un periódico, La *Gaceta Renana*, que fue clausurado.

En 1843 se casó con Jenny von Westphalen, a quien, según se dice, maltrataba. El suegro inició a Marx en el interés por las doctrinas racionalistas de la Revolución francesa y por los primeros pensadores socialistas. Convertido en un demócrata radical, Marx trabajó algún tiempo como profesor y periodista; pero sus ideas políticas le obligaron a dejar Alemania e instalarse en París (1843), donde pasó a ser discípulo del anarquista Pierre Joseph Proudhon, con quien rompería un año más tarde por discrepancias en el análisis económico del capitalismo y por diferentes interpretaciones de la teoría hegeliana.

EL AGITADOR

De París viajaría a Londres, donde conoció al que sería su mejor amigo y valedor, el también alemán Friedrich Engels, un joven empresario, curiosamente socialista, que poseía fábricas en Inglaterra. Con Engels, que financiaría de ahora en adelante la vida y obras de Marx, se iniciaría una colaboración que duraría hasta el final de sus días.

En 1848 formaron un grupo de intelectuales revolucionarios y escribieron *El manifiesto comunista*, obra cumbre del pensamiento marxista. Se dedicaron en

MARX PARTIÓ de la crítica a los socialistas anteriores, a los que calificó de «utópicos», si bien tomó de ellos muchos elementos de su pensamiento; se trataba de autores como Saint-Simon, Owen, Fourier y Proudhon. Dichos pensadores se habían limitado a imaginar cómo podría ser la sociedad perfecta del futuro y a esperar que su implantación resultara del convencimiento general y del ejemplo de unas pocas comunidades modélicas.

Londres a la difusión del socialismo. Escribió varias obras más, entre las que destacan *La ideología alemana* y *El capital*.

En 1864 ayudaría a formar la Primera Internacional, de la que escribiría su manifiesto fundacional y donde tendría una agria disputa con el anarquista Bakunin por el control de la organización, que culminaría con la expulsión de éste y sus seguidores tras la Comuna de París en 1871.

Posteriormente, Marx se trasladaría a Estados Unidos con Engels donde seguiría difundiendo su «socialismo científico» (dotando al comunismo utópico de leyes inmutables a imagen y semejanza de la física) hasta su vejez, cuando regresó a Londres y murió de causas naturales.

PENSAMIENTO

Marx tenía un pensamiento determinista, haciendo del socialismo una ciencia. Pensaba que la lucha de clases antagónicas (los que tenían los medios de producción y los que no) era el motor de la historia, sucediéndose a lo largo de ésta, mientras evolucionaba el sistema económico (esclavismo, feudalismo, capitalismo...).

Fundó el materialismo dialéctico, por el cual dos opuestos acaban superando la disyuntiva inicial y terminan en una síntesis de ambos, aplicada a la economía y la revolución. Para Marx, la base de todo era la economía, sobre la cual se sustentaba todo lo demás, y lo que definía la economía era el modo productivo, por lo cual para hacer una revolución había que tomar y modificar éste. Pensaba a su vez que las etapas históricas se sucedían determinando unas a otras, por lo cual creía que no sería posible la revolución socialista hasta que la burguesía hubiera desarrollado el capitalismo, momento en el que, por sus contradicciones económicas, caería, alzándose entonces el proletariado con el poder y estableciendo una dictadura política y social (socialismo), transición hasta la sociedad sin clases (comunismo). Partiendo de la doctrina clásica, según la cual sólo el trabajo humano produce valor, Marx denunció la explotación patente en la extracción de la plusvalía, es decir, la parte del trabajo no pagada al obrero y apropiada por el capitalista, de donde surge la acumulación del capital. Criticó hasta el extremo la esencia injusta, ilegítima y violenta del sistema económico capitalista, en el que veía la base de la dominación de clase que ejercía la burguesía. A partir de estas ideas desarrolló su teoría revolucionaria, conocida como marxismo.

LEGADO

El pensamiento marxista, que pasó por varias fases en las que se analizaba cómo el proletariado, debía tomar el poder, o lo que es lo mismo, los medios de producción (desde la insurrección armada de su pensamiento juvenil, hasta las elecciones democráticas en las que se presentaría un partido obrero, en su madurez), lo cual dio lugar a diferentes interpretaciones (desde el estalinismo, pasando por la socialdemocracia, el marxismo-leninismo o el maoísmo, etc.), algunas de las cuales (las marxistas-leninistas) fundarían regímenes socialistas en casi la mitad del mundo.

El marxismo ha dado lugar a múltiples revoluciones por todo el mundo, tanto fallidas como exitosas, pero ninguna de ellas ha conseguido plasmar fielmente el pensamiento político de Marx, degenerando en una filosofía holística y ya de por sí autoritaria, en auténticos regímenes totalitarios del terror (URSS y el bloque soviético, China, Camboya, Corea del Norte...).

67

OTTO VON BISMARCK

LA REPARTICIÓN DEL MUNDO

¿QUIÉN FUE?

Otto von Bismarck (1815-1898), político y primer ministro prusiano, ha sido tradicionalmente considerado por la historiografía como el principal valedor y artífice de la unificación alemana y de la repartición del mundo entre las potencias europeas. Los procesos que dirigió Bismarck provocaron, no sólo el paso del colonialismo al imperialismo, sino también el estallido de la Primera Guerra Mundial (pese a que el detonante fuese un magnicidio) y las tensiones, explotación y guerras civiles en el llamado Tercer Mundo.

Haciendo carrera política

Bismarck, de origen aristocrático (era hijo de una familia de nobles prusianos emparentados con la realeza), miembro de la aristocracia protestante de Brandemburgo, tuvo una juventud ajetreada, indisciplinada y autodidacta, siendo lo que vulgarmente se llama un «bala perdida». Estudió leyes en la Universidad de Gottinga, llegando a trabajar para el Estado, pero renunció a administrar los bienes de su familia para dedicarse a vivir de manera alocada y desordenada. Pero en 1847 contrajo matrimonio con una joven de la alta nobleza, lo que parece que le hizo sentar la cabeza, abandonando sus aventuras juveniles y entrando en política en las filas del partido conservador, al frente de cuyas listas sería elegido diputado en 1848.

Precisamente, entre ese año y 1851, toda la confederación germánica se vio sacudida por una oleada revolucionaria de corte liberal y democrático, lo que reforzó aún más a Bismarck en sus posiciones conservadoras, convirtiéndose en el más claro defensor del autoritarismo y militarismo prusianos.

La política interior de Bismarck se sustentó en un régimen de poder autoritario, a pesar de la apariencia constitucional y del sufragio universal destinado a neutralizar a las clases medias. Se adoptaron medidas económicas proteccionistas que favorecieran el crecimiento industrial. Centró también sus esfuerzos en frenar el movimiento obrero alemán, al que ilegalizó aprobando las Leyes Antisocialistas, al tiempo que intentaba convencer a los trabajadores con la legislación social más avanzada hasta el momento.

EL IMPERIALISMO PRUSIANO

En 1862 el kaiser Guillermo se fijó en él debido a su rectitud, firmes convicciones y eficaz tarea política y lo nombró primer ministro con el fin de que llevara a cabo la tarea unificadora (que no se realizaría hasta 1871), tarea que Bismarck emprendería de manera inmediata dando los primeros pasos en tal sentido, entre los que destacó la creación de la unión aduanera (*zölverein*) en 1859 entre Prusia y sus estados germánicos aliados; ésta sería la base económica, junto a la posterior construcción del ferrocarril, de la unificación alemana. Bismarck y el kaiser querían una Alemania unificada bajo la hegemonía prusiana, para ello lideraron una liga de estados satélites que se enfrentó en sucesivas guerras a otra liga de los ducados, liderada por Austria, con quien en 1867 entablarían una guerra directa. Prusia invadió además los estados germánicos del sur y entró en guerra con Francia en 1870 por las regiones de mayoría germana, pero pertenecientes al país galo, de Alsacia y Lorena.

Bismarck se dedicó a fortalecer el nuevo imperio alemán, formando alianzas defensivas con varios países y estableciendo aranceles elevados para favorecer la producción interna. También fomentó la revolución cultural, la creación de industrias y la transformación de agricultores en obreros urbanos. Estableció alianzas con Rusia y Austria (aunque contra ésta también alentaría la enemistad y la guerra debido a su disputa por la hegemonía de los reinos germánicos) en contra de Francia, y controló con eficacia las Conferencias de Berlín, interviniendo en la distribución colonial de África.

Cuando los católicos alemanes se opusieron a sus políticas de centralización, se alió con el Partido Liberal Nacional, a pesar de rechazar sus ideas, e inició la Kulturkampf, lucha cultural, para reducir la influencia de la Iglesia. Suprimió varias órdenes religiosas e inició una persecución contra los sacerdotes.

Bismarck lideró también la industrialización alemana y su paso a la economía capitalista, pero, contrariamente al resto de países (donde se llevó a cabo a través de revoluciones liberales burguesas frente al absolutismo), desde una óptica conservadora. Pugnando con Francia y Gran Bretaña por la hegemonía europea, amplió mercados hacia Asia, la Europa mediterránea y África, con las consiguientes conquistas imperialistas. Por ello entró en tensión con el resto de potencias y se convocó una conferencia para apaciguar la pugna en la que Bismarck propuso un reparto del mundo que fue aceptado por todos, lo que a la larga, tras la muerte del viejo general, provocaría la Gran Guerra.

68

LOUIS PASTEUR

EL INVENTOR DE LA PASTEURIZACIÓN

¿QUIÉN FUE?

Louis Pasteur (1822-1899), químico francés que desarrolló su trabajo en el campo de la biología y la medicina donde obtuvo grandes resultados, sobre todo en bacteorología, desarrollando la pasteurización o proceso de esterilización y descontaminación de alimentos, por lo cual fue nombrado miembro de la Academia Francesa. Tras su muerte se constituyó, por suscripción popular, el instituto de investigación (que aun hoy existe) que lleva su nombre y que es uno de los más prestigiosos del mundo. Muchos organismos estatales y supraestatales de diferentes países encargan a este centro la revisión y certificación de descontaminación de diversos productos alimenticios, fundamentalmente de origen lácteo.

LA OBRA DE PASTEUR

Pasteur comenzó a cursar estudios académicos de química en la Universidad de París, alcanzando el doctorado en el año 1847. Posteriormente, se dedicó primero a la enseñanza como profesor de la Universidad de Estrasburgo (de los años 1847 a 1853) y posteriormente a la investigación, donde aportó numerosos logros científicos.

Las contribuciones de Pasteur a la ciencia fueron numerosas. Se iniciaron con el descubrimiento de la isomería óptica (a principios del año 1848) mediante la cristalización del ácido racémico, del cual obtuvo, a raíz de diversos procesos químicos, cristales de dos formas diferentes. Estas investigaciones son el origen a la estereoquímica.

Estudió también los procesos de fermentación, tanto alcohólica como butírica y láctica, demostrando, gracias a sus estudios, que se deben a la presencia de microorganismos y que la eliminación de éstos anula el fenómeno. Estos trabajos pasaron a la posteridad con el nombre popular de pasteurización en honor a su célebre descubridor.

Demostró el llamado efecto Pasteur, según el cual las levaduras tienen la capacidad de reproducirse incluso en ausencia de oxígeno. Postuló la existencia de los gérmenes y logró demostrarla, con lo cual rebatió de manera definitiva la antigua teoría de la generación espontánea. Plenamente consciente de la presencia de microorganismos en la naturaleza, Pasteur emprendió una serie de experimentos diseñados para hacer frente a la cuestión de la procedencia de estos gérmenes. La gran pregunta de la época era si se generaban de forma espontánea en las propias sustancias o penetraban en ellas desde el entorno. Pasteur llegó a la conclusión de que la respuesta era siempre la segunda. Sus descubrimientos dieron lugar a un feroz debate con el biólogo francés Félix Pouchet, y posteriormente con el reputado bacteriólogo inglés

GRACIAS AL DESARROLLO de sus investigaciones, Pasteur, siguiendo la obra iniciada por Jenner, logró descubrir varias vacunas, como la de la hidrofobia y la rabia. Este éxito espectacular tuvo una gran resonancia entre la población e incluso para el propio científico, que pudo a partir de entonces contar con más medios para llevar a cabo su trabajo.

Henry Bastión, que mantenía que, en las condiciones apropiadas, podían darse casos de generación espontánea.

A partir de 1870, Louis Pasteur orientó su actividad al estudio de las enfermedades contagiosas, descubriendo que se debían a microbios infecciosos (más conocidos popularmente con el nombre genérico de gérmenes) que se adentraban en el organismo debilitado, provocando múltiples enfermedades. En 1881 inició sus estudios acerca del carbunco del ganado lanar y consiguió preparar una vacuna de bacterias desactivadas por primera vez en la historia.

Los trabajos de Pasteur sobre la fermentación y la generación espontánea tuvieron importantes consecuencias para la medicina, ya que Pasteur opinaba que el origen y evolución de las enfermedades eran análogos a los del proceso de fermentación. Es decir, consideraba que la enfermedad surge por el ataque de gérmenes procedentes del exterior del organismo, del mismo modo que los microorganismos no deseados invaden la leche y causan su fermentación. Este concepto, llamado teoría microbiana de la enfermedad, fue muy debatido por médicos y científicos de todo el mundo.

Uno de los principales razonamientos aducidos en su contra era que el papel desempeñado por los gérmenes en la enfermedad era secundario y carecía de importancia; la idea de que organismos diminutos fueran capaces de matar a otros inmensamente mayores le parecía ridícula a mucha gente. No obstante, los estudios de Pasteur mostraban que estaba en lo cierto, y en el transcurso de su carrera hizo extensiva esta teoría para explicar las causas de muchas enfermedades.

Pocos años después se jubiló, retirándose de la ciencia, con una amplia gama de estudios realizados y de descubrimientos en su haber, además de haber conseguido un prestigio en el campo de la bioquímica, de la química orgánica y de la ciencia en general, como pocos otros científicos lo han logrado. Toda su dedicación, que trajo como consecuencia sus importantes estudios y descubrimientos en el mundo de la medicina y la ciencia en general, le han convertido en uno de los químicos más eminentes de la historia de la ciencia, amén de gran científico, a la altura de los antiguos griegos o, en su campo, de Jenner o Newton.

69

SUSAN BROWNELL ANTHONY

LA LUCHA DE LAS SUFRAGISTAS

¿QUIÉN FUE?

Susan Brownell Anthony (1820-1906), feminista y destacada reformadora social norteamericana, encabezó, entre otras luchas, la reivindicación del sufragio femenino, el abolicionismo de la esclavitud, y perteneció a la liga antialcohólica. Murió sin ver reflejada ni en la ley ni en la Constitución americana los derechos de la mujer.

VIDA

Hija de un maestro de escuela cuáquero, Brownell, ejerció como maestra y pedagoga hasta la edad de 30 años, momento en el que abandonó su profesión para trasladarse a Nueva York y luchar por los derechos de la mujer.

Entre 1848 y 1853 participó en diversos movimientos contra el alcoholismo, denunciando la degeneración moral y la lacra que éste supone para la sociedad.

Cuando estalló la guerra de Secesión estadounidense, abanderó la causa de la abolición de la esclavitud: ingresó en la Sociedad Antiesclavista Americana, dentro de la que fundó una rama femenina.

Al acabar la guerra siguió protestando contra la violencia ejercida contra la población negra y exigió la participación de las mujeres afroamericanas en el movimiento sufragista que en la década de 1860 estaba empezando a nacer.

La luchadora feminista

Reformista radical, Brownell se implicó en la lucha por los derechos de la mujer en 1851, cuando conoció a la también feminista y seguidora de las teorías de Mary Wollstonecraft, Elisabeth Cady Stanton. Juntas lucharon entre 1854 hasta el estallido de la guerra de Secesión contra las leyes discriminatorias de la mujer en el estado de Nueva York.

Tras el paréntesis de la guerra, en el que se destacaron en la causa abolicionista, fundaron en 1869 la Asociación Nacional para el Sufragio Femenino, al llegar a la curiosa conclusión de que el eje central de su lucha debía ser la consecución del derecho a voto para la mujer, pasando su lucha feminista a ser una lucha reformista por el mero reconocimiento de la igualdad legal de derechos de ambos sexos.

Hacia el año 1870 fundó un periódico, *Revolution*, para denunciar la discriminación femenina, condición aun inferior a la del esclavo, ya que incluso a los esclavos liberados se les permitía votar si eran hombres, en cambio, las mujeres todavía no tenían derecho a votar.

El legado del feminismo

Actualmente, salvo corrientes marginales revolucionarias que centran sus teorías, entre otros planos, en la emancipación de la mujer y en la igualdad de géneros, casi todas las corrientes feministas derivan directamente de las tesis y luchas llevadas a cabo por Susan Brownell Anthony. La activista dio un contenido concreto y político (que no politizado), por no decir incluso prác-

Susan Brownell viajó por toda Norteamérica y Europa, donde fundó la Asamblea Internacional de Mujeres, para difundir sus ideales. Murió a los 80 años de edad en Rochester (Nueva York), cuando todavía trabajaba.

tico, a las teorías de Mary Wollstonecraft (cuya contribución no pasó del plano de la concienciación y la divulgación del ideario feminista), al llevar a la práctica, con los métodos de la época, las ideas que Wollstonecraft defendía: usó métodos similares, pero aun más activos.

Claro ejemplo del ideario feminista es la pretensión de obtener la igualdad entre los sexos a través de la igualdad de los derechos, presionando para la consecución de tal tarea al Estado pertinente, para que éste legislara en el sentido deseado. Tal presión se ejercía a través de peticiones, movilizaciones públicas e incluso la desobediencia civil, e iba aparejada con la necesaria labor de difusión, educación y concienciación, para que cada vez más sectores de la sociedad modificaran su concepción de la mujer, su comportamiento respecto a ésta y se sumaran, en última instancia, a la presión propugnada por las feministas.

Estos métodos, tras muchos años de esfuerzo y trabajo han obtenido parte de los frutos que buscaban (ley del aborto, ley del sufragio femenino, listas paritarias...), pese a que aún haya mucho camino por recorrer.

70

MUTSU-HITO MEIJI

LA MODERNIZACIÓN DE JAPÓN

¿QUIÉN FUE?

Mutsu-Hito Meiji (1852-1912) fue Emperador de Japón en el periodo comprendido entre 1867 y 1912. En 1867 el *shogunato* (poder de las castas feudales de samuráis) cayó y Mutsu-Hito, con tan sólo 15 años, accedió al trono tras un convulso año de luchas intestinas por el poder, inaugurando una nueva dinastía, la Meiji, que reformaría y modernizaría Japón.

LA OCCIDENTALIZACIÓN DE JAPÓN

A comienzos del siglo XIX, Japón no tenía ningún tipo de relaciones con Occidente. El poder económico y político estaba en manos de grandes señores feudales, al frente de los cuales se hallaba el Shogun, figura a la que debían obediencia y que trataba de unificar (generalmente por la fuerza) a todos los clanes feudales, casi siempre en disputa por el poder y el territorio. Existía un emperador, pero sólo era una figura decorativa ya que prácticamente no tenía autoridad sobre los señores, y menos aún sobre el shogun.

En plena etapa de expansión comercial y territorial del capitalismo, Gran Bretaña, Estados Unidos y Holanda le exigieron a Japón la cesión de ventajas económicas. Por ello, hacia mediados del siglo XIX, Japón fue invadido literalmente por comerciantes y mercaderes occidentales. Frente a esta situación, el gobierno imperial realizó profundas reformas que crearon un nuevo Estado en Japón.

En 1868, tras duras luchas internas, el shogunato cayó y pasó el poder en manos del emperador Mutsu-Hito Meiji (más exactamente de su gobierno, ya que éste tan sólo contaba con 15 años de edad), quien asumió el control político de todo el país, obligando a los señores feudales a entregar sus tierras y les nombró gobernadores de provincia a sueldo del imperio. Abolió la servidumbre, entregó tierras en arrendamiento para el cultivo y estableció el servicio militar obligatorio, terminando así con los ejércitos privados.

Por tanto, en la era Meiji, el poder era ejercido de modo directo por el emperador, quien siempre trató de hacer de Japón una potencia económica, política y militar, a imagen y semejanza de

LA MODERNIZACIÓN de Japón, de la mano de Mutsu-Hito Meiji, ha protagonizado numerosas obras e incluso películas. En *El último samurái*, interpretada por Tom Cruise, destaca la figura del emperador y su lucha por acabar con los samuráis, a los que tuvo que enfrentarse cuando cayó el *shogunato*. Fue en 1869 cuando el emperador venció a los samuráis.

las potencias occidentales, por las que sentía gran admiración (en especial Prusia y Estados Unidos). Sus intenciones modernizadoras y aperturistas quedaron reflejadas en la Carta de los Cinco Artículos de 1868. Mutsu-Hito estaba decidido a romper con las antiguas tradiciones feudales japonesas, a las que consideraba un lastre enemigo del progreso, por lo que trasladó la capital imperial de la tradicional Kyoto (donde siempre había estado la sede imperial desde la unificación de Japón por la dinastía Tokugawa, en 1200) a Yedo (o Edo, según el sistema de trascripción del japonés al castellano que se utilice, de los varios que coexisten) que, a su vez, fue rebautizada como Tokio. Una vez instalado en su trono, anunció su propósito de acabar con el régimen feudal.

Como parte del proceso reformador y occidentalizador, Meiji hizo llevar a Japón a diversos técnicos europeos y americanos, con el fin de formar los cuadros de mandos japoneses que habrían de dirigir el nuevo Japón capitalista y moderno. Así pues, el emperador hizo llevar a su corte a ingenieros alemanes, militares norteamericanos e ingleses, diplomáticos franceses, etc., con el fin de fundar un país a la altura de las grandes potencias.

En 1889 firmó una nueva Constitución, que supuso el paso de la monarquía absoluta a una monarquía constitucional, sin bien el emperador concentraba todos los poderes; a pesar de que se le reconociera un origen divino, se establecía un consejo privado con la función de asesorarle.

Durante su reinado, el país mantuvo guerras con China, entre 1894 y 1895, y con Rusia, entre 1904 y 1905, en las que obtuvo sendas victorias que elevaron a Japón a la categoría de potencia mundial. En el caso chino, fue una obsesión que tuvo la dinastía Meiji (dentro del marco de una ancestral relación de amor-odio del imperio del sol naciente respecto a su vecino el gran gigante chino), que le llevó a invadir China tres veces, en un afán, casi podría decirse que irracional, por incontrolable. En el caso ruso, la guerra se decantó del lado japonés por su moderno ejército, muy superior al ruso, y el apoyo nipón a ciertos sectores revolucionarios (entre ellos el partido bolchevique) en la campaña de agitación que mantenían estos sectores por derrocar al zar e imponer el socialismo, lo que desestabilizó en gran modo al país eslavo con graves convulsiones internas justo en el cenit de su guerra contra el país de Meiji.

A su muerte, le sucedió su primogénito Hiro-Hito Meiji, quien ejercería una política tremendamente expansionista y embarcaría al país en la Segunda Guerra Mundial, del lado de la potencias del eje (Alemania e Italia). En la actualidad, Japón es una monarquía constitucional donde el emperador, Aki-Hito, nieto de Mutsu-Hito, tiene un papel simbólico.

71

FREDERIC W. TAYLOR

La organización científica del trabajo

¿Quién fue?

Frederic Winslow Taylor (1856-1915) fue el ingeniero norteamericano que ideó la organización científica del trabajo. Taylor procedía de una familia acomodada y comenzó estudios universitarios, pero hubo de abandonarlos por un problema de miopía. Comenzó a trabajar como obrero siderúrgico en Filadelfia, donde ideó su modelo de racionalización y maximización del trabajo, por la que se hizo famoso y enormemente rico.

El taylorismo

Debido a su origen acomodado y a su educación y capacidad de inventiva, además de su actitud personal (fue educado como un triunfador con espíritu empresarial), Taylor fue ascendido a jefe de la fábrica en la que trabajaba y en su nuevo puesto comenzó a perfeccionar, analizando más profundamente, su idea de organización científica del trabajo o taylorismo.

El modelo de Taylor se basaba en descomponer el trabajo en tareas simples, cronometrarlas estrictamente y exigir a los trabajadores la realización de las tareas necesarias en el tiempo justo, además de reducir al mínimo los tiempos muertos por desplazamientos del trabajador o por cambios de actividad o de herramientas. Además su sistema estableció el salario a destajo (por pieza producida) en función del tiempo de producción estimado, salario que debía actuar como incentivo para la intensificación del ritmo de trabajo.

Así, el control del trabajo pasó de manos de los obreros (ellos decidían cómo y cuándo se debía producir, diciéndoles los patronos cuánto) a las de los directivos empresariales, que asumieron gracias a este modelo el control absoluto, no sólo de los medios de producción, que ya lo tenían, sino también de todo el proceso productivo.

Debido a su éxito Taylor fue contratado como ingeniero (1898) por una gran empresa de Pensylvania, donde aplicó su nuevo método a sus anchas y publicó dos obras sobre la racionalización del trabajo.

El modelo taylorista, junto con el posterior «fordismo», supusieron un enorme cambio productivo en el seno del sistema capitalista, lo que conllevó a un desarrollo del mismo, encumbrándolo como el sistema económico más fuerte. Así, productivamente, se asistía a una fabricación en masa, destinada a un nuevo tipo de sociedad (la sociedad de masas, basada más tarde en el consumo) que estaba naciendo, en especial con la bonanza económica al acabar la Primera Guerra Mundial.

El modelo taylorista supuso una total despersonalización del trabajador y una absoluta pérdida de control de éste sobre su trabajo y sobre la fase del

DEBIDO A SU ÉXITO, el *taylorismo* se expandió por los Estados Unidos, auspiciado por los empresarios industriales, que veían en él la posibilidad de aumentar su control sobre el proceso de trabajo, elevar la productividad y emplear a trabajadores no cualificados en tareas manuales cada vez más simplificadas, mecánicas y repetitivas.

proceso productivo que estaba desarrollando. Este proceso despersonalizador, ha sido una constante en el modelo capitalista, desde los albores de la Revolución industrial, convirtiendo expertos y cualificados artesanos en simples operarios de tareas simples. Según diversos estudiosos, como Walter Benjamín, esto no sólo se debe al salario y a la obligatoriedad de realizar, sin ningún control, un trabajo (consecuencia de la producción masiva), sino también a una estrategia social diseñada por el propio capitalismo para desarraigar a los trabajadores y minar su resistencia a un cambio, no sólo productivo, sino también vital.

Por estos motivos Taylor vio la necesidad de una organización científica (es decir, medible y sistemática) del trabajo, lo que llevó al nacimiento de su modelo productivo. Mediante la adopción de la administración científica moderna podrá resolverse el problema de obtener el máximo de producción. La filosofía de la administración científica comienza a ser entendida después de una paulatina progresión gradual del tipo de administración. Desde la implantación de este sistema no hubo durante mucho tiempo una sola huelga en las fábricas que lo aplicaban, llevando a una pretendida conciliación entre los intereses patronales y los de los trabajadores. Taylor cambió el mundo en su época, y las consecuencias que esto trajo aún las estamos viviendo.

72

EMILIANO ZAPATA

EL ADALID DE LA REVOLUCIÓN MEXICANA

¿QUIÉN FUE?

Emiliano Zapata (1879-1919) ha sido el revolucionario mexicano por excelencia y cuya imagen ha trascendido fronteras.

Hijo de una humilde familia de campesinos, Zapata, que trabajó como aparcero y luego como criador de caballos, no recibió formación escolar alguna: aprendió a leer y escribir ya de adulto. Pese a ello levantó un ejército en armas que actuó con plena autonomía durante la revolución mexicana (1911-1923), apoyando puntualmente a aquellas facciones que le ayudaran a conseguir sus objetivos indigenistas y campesinos de colectivización de tierras e independencia para los estados indígenas (Morelos, Oaxaca, Chiapas...).

LA FORJA DE UN REBELDE

En 1911, la vida de Zapata dio un vuelco radical. Había sido un tranquilo campesino y se convirtió en líder revolucionario, casi sin quererlo. Durante una reunión entre una comisión campesina de la aldea de Zapata y el gobernador de Morelos para tratar una serie de reivindicaciones, la comisión fue proscrita, alzándose en armas bajo el liderazgo de los hermanos Zapata.

Simultáneamente, también se habían alzado en armas otros campesinos, liderados por Genovevo y facciones de la burguesía progresista del intelectual y demócrata Francisco Madero, que había auspiciado un levantamiento en todo México para derrocar el régimen dictatorial de Porfirio Díaz. Zapata se alió con Madero, iniciando así una revolución en la que también participaría Pancho Villa.

LA REVOLUCIÓN

Villa se alzó en el norte, siendo el jefe supremo de la revolución en Chihuahua, Sonora y todo el norte mexicano. Zapata se alzó en el sur, accediendo a igual rango, y Madero sublevó, a través de Pablo Torres, un ejército en el centro y en las ciudades intentando ganarse además el apoyo de Estados Unidos para su revolución democrática.

La revolución derrocó a Díaz, abriéndose un vacío de poder que se decantó a favor de Madero, debido al arbitraje (con envío de marines incluido) por parte de Estados Unidos, quien reconocería a Madero a cambio de respetar los intereses norteamericanos en la zona y de que pararan las incursiones bandoleras de Villa en Texas y Nuevo México.

Madero accedió a la presidencia pero no cumplió sus promesas a Villa y Zapata, quienes le retiraron su apoyo. Paralelamente, los terratenientes no veían con buenos ojos la democratización e industrialización burguesa de México, reaccionando contra el nuevo régimen a través de un nuevo golpe de Estado que llevó al poder al general Huerta en 1913.

Zapata y Villa, que mientras tanto se habían ocupado de crear comunidades indígenas y colectivizaciones de tierras (sobre todo Zapata, más comprometido socialmente que Villa y con una ideología cercana al anarcosindicalismo campesino) en sus respectivas zonas de influencia, se volvieron a alzar en armas y en 1914 derrotaron a Huerta.

El general Carranza sería nombrado presidente, por su talante moderado y capacidad de mando. Pero Carranza, representante de la facción progresista de la oligarquía mexicana, no estaba dispuesto a permitir los desmanes socializantes y colectivistas de Zapata. Envió el ejército a Morelos contra Zapata y al norte contra Villa. En la convención de Aguascalientes de octubre de 1914 se concretó la alianza de Zapata y Pancho Villa, representantes del revolucionarismo agrario, contra Carranza, de tendencia moderada. Los revolucionarios derrotarían a Carranza y llegarían a tomar México D.F., pero rechazaron la presidencia de la nación por incoherencias, incapacidad y diferencias personales. Villa la rechazó directamente, mientras que Zapata ocupó una semana el cargo y luego dimitió por verse

ZAPATA FUE UN ICONO popular y revolucionario y representó los intereses de su pueblo hasta tal punto que su figura sigue viva en el imaginario colectivo. Actualmente en Chiapas existe una guerrilla denominada zapatista, el EZLN, que en 1994 se sublevó contra el neoliberalismo y la democracia representativa.

reproduciendo una autoridad sin control que él mismo tanto había criticado. Por lo tanto, el general Carranza reaccionó y volvió a la presidencia
con un nuevo golpe de Estado.

La guerra siguió hasta 1917, cuando fue derrotado Villa y se llegó a un
acuerdo con él, por el que cesaba su actividad armada a cambio de una reforma agraria y cierta autonomía para el norte. Por su parte, Zapata prosiguió las hostilidades en el sur. Éstas se transformaron en una guerra de guerrillas contra un ejército bien equipado, financiado por Estados Unidos,
que supondría la retirada de Zapata a las montañas y el fin de las colectivi-
dades zapatistas. Año y medio después, Zapata moriría en una emboscada
a manos de las tropas gubernamentales, pero su memoria seguiría viva entre el pueblo.

73

PIOTR KROPOTKIN

EL PRÍNCIPE REVOLUCIONARIO

¿QUIÉN FUE?

Piotr Alexeiévich Kropotkin (1842-1921) fue revolucionario y teórico del
anarquismo ruso. De origen aristocrático, Kropotkin era príncipe y fue
además paje del zar. Inició la carrera militar propia de su posición y quiso
combinarla con su formación universitaria de geógrafo y etnógrafo, por lo
que solicitó un puesto en una expedición militarcientífica a Siberia, donde
vio las miserables condiciones de vida de siervos, campesinos y exiliados. A
la vuelta del viaje, abandonó la carrera militar y sus privilegios, y se unió a
un grupo nihilista. Poco después fue encarcelado (1864) por sus actividades revolucionarias, pero logró fugarse, huyendo a Suiza, donde conoció a
Bakunin y a los anarquistas, con quienes recorrió Europa difundiendo sus

ideales. Allí desarrolló de manera sistemática, teórica y sobre todo científica el comunismo libertario (práctica ancestral comunalista y anárquica que
no había sido formulada en la teoría hasta el momento), al que dedicaría
toda su vida.

De cárcel en cárcel

En 1872 regresó a Rusia, donde, al igual que había hecho en Francia y Suiza, fundó periódicos y revistas (entre los que destacaron sobremanera *Le re-
volté* y *La liberté*), por lo que fue encarce-
lado de nuevo. En 1876, salió en
libertad y se exilió en Londres, donde
prosiguió su obra de reorganización del
movimiento obrero, así como una prolí-
fica producción literaria de difusión de
las ideas ácratas.

Obras

Entre las obras de Kropotkin destacan
La conquista del pan (1888), *Palabras de un
rebelde* (1895), *Campos, fábricas y talleres*
(1899), *El apoyo mutuo* (1902) y *Memorias de un revolucionario* (1906). En ellas
definió el comunismo libertario, ideología predominante entre los anarquistas
de finales del siglo XIX y comienzos del
XX, que vino a sustituir al mutualismo
teorizado a mediados del siglo XIX por
Proudhon y al colectivismo de Bakunin.
El comunismo libertario, según Kropotkin, consistía en defender la organización colectiva de la producción en comunas autosuficientes, regidas por una
concepción del mundo estrictamente

Sus aportaciones teóricas fueron decisivas para el anarquismo del siglo XX, el cual gozó de gran fuerza, sobre todo en España, donde, con motivo de la Guerra Civil de 1936, se llevó a cabo una revolución anarcosindicalista que a punto estuvo de hacer tambalear el antiguo orden. Kropotkin, el príncipe anarquista, reformuló el anarquismo convirtiéndolo en la primera fuerza revolucionaria del mundo hasta la Revolución rusa, fecha en la que comenzó su declive.

científica, unas relaciones sociales basadas en el apoyo mutuo y una moral de libertad, solidaridad y justicia.

ÚLTIMOS AÑOS

Al principio Kropotkin, debido a sus influencias bakuninistas y nihilistas, era firme defensor de la violencia revolucionaria, pero con el tiempo fue moderando sus posturas, hasta aceptar el pacifismo y el sindicalismo como forma de lucha. Ya en su madurez, cuando estalló la Primera Guerra Mundial llegó a defender al bando aliado, contrariamente a los planteamientos antibelicistas que tradicionalmente han sostenido los anarquistas.

Cuando estalló la revolución rusa, Kropotkin regresó al país que le había visto nacer, para crear grupos anarquistas y participar de ella, pero, ignorado por los bolcheviques (que reprimieron duramente a los anarquistas), fue confinado en su domicilio de Moscú, donde moriría en el ostracismo. Mantuvo una gran polémica con Lenin, quien respetó su figura para no comprometer la imagen bolchevique. Murió de viejo en su cama habiendo recorrido medio mundo difundiendo sus ideas.

EL COMUNISMO LIBERTARIO

Básicamente, y a grandes rasgos, el ideario propugnado por Piotr Kropotkin, y aun sostenido en gran medida por una mayoría del débil y marginal movimiento anarquista, se basaría en una organización social estructurada mediante la libre federación (sin ningún tipo de centro decisorio, ni de organismo representativo de toda la federación y, por encima de ésta, a diferencia de otros tipos de federalismo, como por ejemplo el democrático, que eligen un organismo central superior al que delegan un cierto número de poderes, siendo paradigma de este modelo países como Alemania o Estados Unidos) de municipios y comunas autosuficientes, tanto agrarias como industriales. Dichas comunas tomarían sus decisiones mediante asambleas, por votación o consenso, y en el plano federal, los acuerdos se tomarían de igual modo que a escala local entre todas las comunas representadas por delegados revocables en la estructura federal. Políticamente, el poder del Estado o del Gobier-

no sería reemplazado por la administración de las cosas decididas federal-
mente (pues a escala local, cada comuna tendría plena autonomía) por los organismos elegidos para la ocasión y bajo la supervisión directa de las comunas o municipios federados. Económicamente, Kropotkin propugnó la libre
organización del trabajo, desde la escala local hasta el plano federal (cabe recordar que los anarquistas se mostraban contrarios a la existencia de las naciones), a través de la fórmula de «cada cual aporta según sus posibilidades
y recibe según sus necesidades», eliminando por tanto la noción de salario, así
como de otros tipos de remuneración según el trabajo realizado. Según Kropotkin, en los tiempos modernos de la sociedad industrial (a la cual no se opo-
nía, sino que tan sólo quería modificar propugnando el control de la sociedad
y sus medios productivos por parte de todos), es imposible determinar la
cantidad de trabajo que cada trabajador ha realizado.

Las ideas de Kropotkin muchas veces fueron calificadas de utópicas o in-
genuas, pero sea como fuere su ideario influyó en movimientos revolucionarios de masas a finales del siglo XIX y principios del XX, épocas muy agitadas
social y políticamente.

74

WOODROW WILSON

El imperialismo norteamericano

¿Quién fue?

Thomas Woodrow Wilson (1856-1924), vigésimo octavo presidente de los
Estados Unidos de Norteamérica, bajo su mandato el país estadounidense
emergería como gran potencia mundial debido a las consecuencias de su participación en la Primera Guerra Mundial (traducidas en mayor peso internacional, percepción de reparaciones de guerra, inclusión en el plano económi-

co y político mundial al participar en las tareas de reconstrucción, etc.). Wilson seguiría y ampliaría la doctrina Monroe, imprimiendo un sello imperialista en su política de «seguridad nacional» a la par que las empresas de Estados Unidos. se extendían por el mundo en la reconstrucción tras la Gran Guerra.

CARRERA POLÍTICA

Hijo de un pastor protestante, Wilson cursó estudios de derecho (1890) en la Universidad de Princeton, de donde llegó a ser destacado rector. Una vez doctorado, comenzó su participación en política de la mano del Partido Demócrata, hasta que, presentándose con dicha candidatura, fue elegido gobernador de New Jersey, en 1911.

En 1912 se presentó a las elecciones presidenciales y, debido en parte a la división del Partido Republicano, su gran rival, obtuvo una aplastante mayoría, lo que le llevó a la presidencia de Estados Unidos en 1913, siendo reelegido en la siguiente legislatura (gobernaría por tanto de 1913 a 1921).

POLÍTICA INTERIOR

Durante sus dos mandatos como presidente desarrolló su programa denominado *Nueva Libertad,* que consistía en reforzar el poder central en «apoyo de

ESTADOS UNIDOS participó en la Primera Guerra Mundial (1914-1918) como aliado de Gran Bretaña y Francia, con un sentido de cruzada mundial por la libertad contra los regímenes anacrónicos y opresivos de Alemania y Austria-Hungría. Debido a su poder industrial y militar favoreció ostensiblemente los aliados, al tiempo que demostraba su condición de gran potencia.

la democracia»: para ello reorganizó el sistema bancario americano con la creación de un banco central (la Reserva Federal, en 1913), creó un impuesto federal progresivo sobre la renta personal, introdujo la elección directa de los senadores por sufragio universal, extendió el derecho de voto a las mujeres, empleó la fuerza del Estado para luchar contra los monopolios y trató de frenar el consumo de alcohol con la Ley seca.

POLÍTICA EXTERIOR

Pese a sus importantes reformas en política interior, fue en política exterior donde realmente destacó Wilson, convirtiendo a los Estados Unidos en una potencia imperialista.

Aunque en un principio mantuvo la neutralidad de los Estados Unidos en la Primera Guerra Mundial, entró en ella en 1917 por presiones de la burguesía financiera, con la excusa del hundimiento (supuestamente a manos alemanas) del navío Lusitania. Un año antes había invadido México para luchar contra Pancho Villa y «proteger la democracia mexicana», dirigida, por cierto, por el dictador militar Huerta, aunque el verdadero motivo, a parte de combatir al revolucionario Villa (que realizaba incursiones en Texas), fue impedir que México se aliara con Alemania.

Acabada la guerra, redactó los Acuerdos de Paz de París, un tratado de 18 puntos a acordar por los participantes, y colaboró a crear la Sociedad de Naciones. Sin embargo, estos últimos objetivos no los pudo llevar a cabo ya que acabó su mandato, siendo relevado por los republicanos en el Gobierno de la nación, que devolverían a Estados Unidos a su aislacionismo tradicional.

Wilson se retiraría de la política ese mismo año, pues, en contra de las alertas de sus doctores, había hecho una gira nacional para movilizar el sentimiento público hacia el Tratado de Versalles (la elección de 1918 había cambiado el equilibrio en el congreso dando la mayoría a los republicanos). Por siete votos el Tratado de Versalles falló en el Senado. Agotado, sufrió un ataque y estuvo a punto de morir. Cuidadosamente atendido por su segunda esposa, Edith Bolling Galt, vivió hasta 1924.

75

LENIN

EL LÍDER DE LA REVOLUCIÓN BOLCHEVIQUE

¿QUIÉN FUE?

Vladimir Ilich Ulianov (1870-1924), más conocido por Nicolai Lenin, nombre que utilizaba en la clandestinidad fue un agitador y revolucionario marxista ruso, líder del Partido Comunista, uno de los dirigentes de la Revolución rusa y el fundador de una corriente ideológica dentro del marxismo conocida como marxismo-leninismo, en la que se han inspirado todos los regímenes socialistas contemporáneos triunfantes desde 1917.

INFLUENCIAS

Hijo de pequeños propietarios, Lenin vio en su adolescencia cómo su hermano, revolucionario nihilista, era colgado por el intento de asesinato del zar Alejandro III. Este hecho marcó para siempre a Lenin, quien comenzaría no sólo a cuestionarse el régimen zarista, sino también a odiarlo.

Cursó estudios de Derecho en Petrogrado, donde se estableció como abogado al acabar la carrera. En los círculos estudiantiles comenzó su activismo político, influido por las ideas nihilistas (sobre todo del *Catecismo revolucionario*, de Nechaev). Sin embargo, el nihilismo por estas fechas no es más que una mera sombra de lo que fue, aunque dejó su poso en el joven Lenin, quien gracias a su actividad revolucionaria y antizarista, entró en contacto con Plejánov, figura que introdujo el marxismo en Rusia. La influencia de Plejánov en Lenin fue tal que en 1895 ambos decidieron fundar el Partido Socialdemócrata Obrero de Rusia (conocido durante la Revolución rusa como partido bolchevique y rebautizado en 1919 como Partido Comunista de la Unión Soviética). Pero en 1897 Lenin fue encarcelado en Siberia, donde además de mantener correspondencia con su maestro Plejánov, tuvo ocasión de leer, asimilar y matizar las obras de Marx.

A la salida de prisión, la situación en Rusia era prerrevolucionaria, con continuas huelgas. Estalló la insurrección de 1905 y Lenin tuvo que exiliarse a Suiza, desde donde mantuvo una enorme influencia y planteó su revisión del marxismo.

Desde allí desplazó a Plejánov (marxista más clásico) de la dirección del partido y se dedicó a tareas de estudio y organización del partido, mientras sus militantes pasaban duras épocas de clandestinidad en Rusia, tratando de agitar al proletariado industrial y financiar sus actividades; este último era el caso del joven Stalin, que dirigía un grupo dedicado a atracar bancos, y quien llevó a cabo el que ha sido considerado el asalto más audaz de la historia.

La revisión de Lenin adaptaba las tesis clásicas de Marx al ambiente ruso, otorgándoles un aire más nihilista pero también más autoritario al idear el concepto de la vanguardia proletaria a través de un partido de revolucionarios profesionales que guían a las masas ignorantes en el proceso revolucionario hacia su destino final: el comunismo.

LA REVOLUCIÓN RUSA

En plena Primera Guerra Mundial estalló la Revolución rusa, caótica y sin líderes. Los alemanes creían que Lenin era el líder que necesitaba esa revolución y

LA FIGURA DE LENIN fue objeto de un culto semirreligioso bajo el régimen soviético: su cuerpo fue embalsamado y expuesto en un mausoleo en la Plaza Roja de Moscú. Su ciudad natal fue rebautizada en su honor como *Ulianovsk*, y la capital en donde desarrolló su lucha política (San Petersburgo o Petrogrado) cambió su nombre por el de Leningrado.

pactaron con él llevarlo de Suiza a Rusia a cambio de que se hiciera con el poder y retirara a Rusia de la contienda. Lenin aceptó y fue llevado en vísperas del asalto al palacio de invierno del zar en Petrogrado, capital de Rusia.

Allí tomó el control de la situación, reforzando su liderazgo en un partido que se había escindido entre bolcheviques (en ruso mayoría), partidarios de la dictadura del partido sobre el país, y mencheviques (minoría), partidarios de pactar con todas las fuerzas políticas y crear un nuevo parlamento democrático y popular. Finalmente una alianza entre bolcheviques y anarquistas asaltaría el palacio de invierno, derrocando al zar y su Gobierno burgués. Pero los bolcheviques traicionaran a los anarquistas y a la revolución, haciéndose con el poder y reprimiendo toda disidencia.

Lenin fue nombrado primer presidente de la nueva Unión de Repúblicas Socialistas Soviéticas. Inició una política de terror (bajo un sistema capitalista de Estado, llamado Nueva Economía Política, tan descarado que hubo de modificarlo en 1921 hacia un sistema estatal de propiedad y trabajo) de bajo voltaje, si se compara con la de su sucesor Stalin. Finalmente Lenin murió en 1924 por un derrame cerebral y su figura pasó a ser venerada por el país que fundó hasta 1989, año en que cayó el comunismo en la URSS.

76

THOMAS EDISON

EL GRAN INVENTOR

¿QUIÉN FUE?

Thomas Alva Edison (1847-1931) fue el inventor norteamericano que revolucionó el mundo con la utilidad y originalidad de sus inventos, con más de una centena atribuidos a él, según el Instituto de Historia Norteamericano y la Oficina de Patentes. Mostró de niño una desalentadora torpeza para las ciencias (al menos en la escuela y siempre académicamente hablando), pero no se rindió por ello, compensando su poca formación académica científica con su espíritu autodidacta, gran ingenio y dosis enormes de sentido común. Edison está considerado como el mejor inventor de la historia y uno de los grandes genios de la humanidad.

LOS INVENTOS

Edison siempre fue totalmente independiente, desde el punto de vista económico y de autonomía y libertad en el trabajo, sin depender nunca de laboratorios de investigación, empresas e instituciones, estatales o privadas, sufragándose sus investigaciones él mismo con gran esfuerzo, tesón y mucha imaginación. Sus inventos, de fabricación total y absolutamente casera, eran imaginativos y aparentemente sencillos, realizados con muy pocos medios, pero cuando una investigación era más sofisticada y cara, se procuraba él mismo los fondos, vendiendo fruta o periódicos.

Hay que destacar que Edison nunca fue un inventor profesional aunque su dedicación le proporcionó, sobre todo al final de su carrera, unos nada despreciables ingresos, convirtiéndole en una de las mayores fortunas de New Jersey, su ciudad de adopción.

El primer invento que le pudo dejar beneficios económicos fue un grabador eléctrico de votos sufragados, pero nadie quiso adquirirlo. El siguiente logró dejarle satisfacciones monetarias: una máquina que entregaba los precios de productos en *stock* de alguna tienda. Con ese dinero inició una empresa para la construcción de estas máquinas y para la fabricación de impresoras de telégrafo de alta velocidad, con lo cual mejoró las máquinas de escribir de la época. Más tarde pudo construir un nuevo laboratorio científico.

En 1863 inventó el telégrafo, con el que revolucionó el mundo de las telecomunicaciones, y ejerció de telegrafista en el Oeste americano, con lo que también recibió ganancias. Interesado sobre todo por la electricidad, también inventó el fusible (1876), además del enchufe, con lo que pudieron empezar a realizarse las instalaciones eléctricas, de forma barata y sistemática. En 1882 construyó la primera central eléctrica, abasteciendo de electricidad a toda la ciudad de New York, con lo que eso significó para su tiempo y para la historia.

Inventó además el fonógrafo, inaugurando la era de la música doméstica y perfeccionando aún más las comunicaciones (hoy la industria discográfica mueve millones gracias a Edison).

Entre sus inventos propios o perfeccionados figuran una dinamo de rendimiento seguro, el telégrafo, el transmisor telefónico de carbono, el sistema telegráfico cuádruple, la locomotora y el automóvil eléctrico, la batería de acumuladores (para la que hizo 50.000 experimentos) y otros innumerables aparatos de menor importancia.

Durante la Primera Guerra Mundial inventó un modo de protección de torpedos para los barcos aliados y, animado por su amigo Henry Ford, comenzó a experimentar para la industria automovilística.

Cuando Edison nació, la electricidad aún no había sido desarrollada, pero al morir, ciudades enteras ya tenían electricidad. Casi toda la confianza en la electrificación se debe a Edison. Algunos de sus inventos fueron mejoras de otros como el teléfono (inventado por Bell); en cambio, otros fueron directamente inventados por él. De todos sus inventos, al fonógrafo era al que tenía en mayor estima.

Murió a la edad de 85 años, siendo considerado un mito científico e inventivo. Actualmente existe un museo enteramente dedicado a su vida y

AUNQUE EL OBJETIVO de inventar no era ganar dinero, Edison murió millonario, después de haber desempeñado un papel vital en la creación de una nueva riqueza nacional, cifrada en miles de millones de dólares y haber potenciado el desarrollo tecnológico e industrial.

obra en su ciudad natal de Ohio, donde se puede contemplar, entre otros muchos objetos, su mesa de trabajo, reproducciones de la mayoría de sus inventos y códices y réplicas de los inventos de la figura que siempre lo inspiró y a quien él más admiraba: Leonardo da Vinci (a quien superó ampliamente en cuanto a número de inventos y aplicaciones de los mismos se refiere).

77

SIGMUND FREUD

El padre del psicoanálisis

¿Quién fue?

Sigmund Freud (1856-1939), psiquiatra y neurólogo, fue el creador del psicoanálisis, disciplina psiquiátrica que revolucionó el mundo de la psicología y la psiquiatría.

Formación

Nacido en una familia judía de clase media, pasó su juventud en la pobreza y, pese a estar más interesado en las matemáticas y las ciencias exactas, cursó medicina en Viena. Tras finalizar sus estudios comenzó a trabajar de ayudante en el Hospital General de Viena, más inclinado hacia los problemas prácticos y la neurología que hacia la medicina general. Durante este tiempo realizó un estudio minucioso sobre la cocaína y fue el primero en descubrir sus importantes cualidades anestésicas.

Su total inmersión en el mundo de la psiquiatría vino cuando un colega suyo le pidió ayuda para tratar a una paciente mediante la regresión hipnótica. Este hecho despertó la curiosidad de Freud por este campo y se trasladó a París para estudiar con los más eminentes psicólogos y psiquiatras.

EL PSICOANÁLISIS

De regreso a Viena abrió su propia clínica neurológica, se casó y tuvo seis hijos. En su consulta trató principalmente los problemas de histeria, llegando incluso a escribir un tratado en 1895.

En su consulta Freud sustituyó la regresión hipnótica por un sistema de su invención: el psicoanálisis (al principio basado en la libre asociación de ideas). En él, el paciente relaja su atención consciente y relata sencillamente sus pensamientos tal como se producen. El perfeccionamiento del método psicoanalítico ocupó a Freud desde 1895 hasta 1900 y en esos años realizó buena parte de sus descubrimientos fundamentales.

El término más popular del psicoanálisis es el de «inconsciente», tanto que define al propio psicoanálisis. El inconsciente se explica dentro del psicoanálisis como una dimensión psíquica, diferenciada del estado de la conciencia pero relacionada, a través del vínculo que supone la mente, con ella. El concepto del inconsciente llegó al psicoanálisis de la mano de Freud, a través de la psicología de su tiempo y también de la filosofía. Lo inconsciente sería *grosso modo* un estado de degeneración y pauperización de la conciencia.

Freud partió de un hecho simple para ilustrar lo inconsciente y es que cualquier representación o elemento psíquico puede estar presente en nuestra conciencia y luego desaparecer, volviendo a reaparecer, no a través de la percepción sensorial (como otros psicólogos y psiquiatras han defendido), sino a través del recuerdo. Esto, según Freud, significaba que dicha representación o elemento había permanecido latente, es decir, presente no explícitamente, en el nivel de lo consciente, y este hecho era una dimensión del inconsciente.

Paralelamente, Freud comenzó a investigar, poner en práctica y publicar trabajos en los que relacionaba la psiconeurosis con la sexualidad y el mundo onírico, pero sus tesis fueron ridiculizadas y acogidas con mofa por la comunidad neurológica. Sólo un amigo de Freud (el doctor Fliess) creyó en el método freudiano y le dio una oportunidad.

OBRAS

En 1899 publicó su obra cumbre, en la que se relata el funcionamiento del pensamiento inconsciente, titulada *Die Traumdeutung* (*La interpretación de los sueños*).

En 1902 fundó la Sociedad Psicoanalítica de Viena, junto a sus hijos y discípulos, y un año más tarde publicó sus trabajos sobre la sexualidad infantil. En 1906 se celebró el Primer Congreso Psicoanalítico Internacional, lo que significó la plasmación de la doctrina freudiana en una escuela oficial de psiquiatría; 42 discípulos de Freud acudieron a este congreso, entre ellos Ernst Jung (más tarde una de las mayores autoridades en neurología, psiquiatría y filosofía), quien después (1914) abandonaría a Freud y su método por diferencias personales.

En 1913 publicó *Totem und Tabu* (*Tótem y tabú*), que sucede en importancia sólo a *La interpretación de los sueños*; en el libro se pone de relieve la significación psicológica e histórica de los deseos parricidas en el ser humano. En 1915 publicó una serie de ensayos fundamentales sobre la teoría de la mente.

Freud continuaría con su carrera, estudiando el ego y profundizando en el psicoanálisis hasta que en 1938, los nazis invadieron Austria y prohibieron su obra. En ese momento se exilió a Londres, donde moriría de cáncer a la edad de 83 años.

PESE A SU RECHAZO inicial, el psiconálisis fue muy popular y aceptado, hasta convertirse en uno de los pilares más importantes de la psiquiatría durante muchos años. No obstante, ha sido criticado por falta de rigor, institucionalizar científicamente el machismo y el sexismo, y por su total subjetividad a la hora de tratar a los pacientes, a los que se les considera directamente enfermos.

78

FRANKLIN D. ROOSEVELT

El new deal

¿Quién fue?

Franklin Delano Roosevelt (1882-1945), trigésimo segundo presidente de los Estados Unidos, pariente del también presidente Theodore Roosevelt, pasó a la historia por aplicar la doctrina de Keynes (doctrina económica que se basa en la noción según la cual debe ser el Estado el mayor agente impulsor de la actividad económica a través del fomento y la construcción de infraestructuras, obras públicas, demanda de bienes y servicios, con el fin de promover la creación de empleo estable para mejorar, con estas medidas y con el establecimiento de subsidios sociales, que permitan una mejora de las condiciones de vida de los ciudadanos para estimular así el consumo y reflotar economías en crisis), en Norteamérica y por liderar a su país y llevarlo al triunfo en la Segunda Guerra Mundial, tras la que se procedió al reparto del mundo en la Conferencia de Yalta entre Estados Unidos, URSS, Francia y Reino Unido.

Carrera política

Procedente de una acomodad familia, cursó Derecho y ejerció de abogado hasta que en 1911 entró en política con el partido demócrata (a diferencia de su tío y antecesor Theodore, quien militó en el partido republicano). Fue senador hasta 1913 y subsecretario de marina entre 1913 y 1920. En 1928 fue elegido gobernador del estado de Nueva York, dedicando su cargo a luchar contra la pobreza. A partir de la recesión de 1929 comenzó a aplicar una política económica, antecesora del «keynesianismo», caracterizada (contrariamente a la tradición liberal americana) por promover el empleo público, crear el subsidio de desempleo y de jubilación, promulgar leyes que hacían obligatorio el seguro médico y de accidentes para los trabajadores, etc. Por estas medidas, entre otras, fue acusado de socialista, pero en su estado ganó gran popularidad entre la clase media y baja.

Llevó estas medidas a la presidencia de Estados Unidos, a la que accedió en 1933. En su mandato, además de la reforma agraria, reguló las relaciones laborales a favor de los trabajadores, garantizó la libertad sindical, creó pensiones de paro, jubilación e invalidez, instauró la semana laboral de 40 horas y el salario mínimo, intensificando su lucha contra la pobreza, que ya llevara a cabo como gobernador. Esto le dio gran popularidad y le hizo acumular mucho poder.

Se presentó y ganó las elecciones de 1936 y 1940, y en su tercer mandato aprobó una enmienda constitucional que limitaba el mandato presidencial a sólo dos legislaturas (hasta el momento era una simple tradición no legislada que habían seguido la mayoría de los presidentes, excepto, paradójicamente, él y unos pocos más anteriormente).

La política del New Deal atrajo las simpatías hacia Roosevelt y su partido por parte de la población negra y de otras minorías, así como de los movimientos obreros moderados, formándose la llamada Coalición del New Deal, que fue un amplio consenso entre Gobierno, sindicatos, partidos de izquierda y organizaciones defensoras de los derechos civiles para apoyar, difundir y potenciar dichas políticas de bienestar económico y estabilidad política. El

CONFORME A SUS IDEAS de entendimiento pacífico entre las naciones, Roosevelt sacó adelante su proyecto de creación de una Organización de las Naciones Unidas (ONU). A pesar de su actitud conciliadora hacia Stalin, no se pudo evitar la bipolarización de la futura «guerra fría».

programa del New Deal incluía, entre otras, una serie de leyes básicas como la Ley de Recuperación Industrial Nacional de 1933, con la que se pretendió aplicar un esquema de estabilización industrial diseñado para mantener los precios y promover la formación de sindicatos.

La estricta regulación de la emisión de valores bursátiles, reforzada por la Comisión de Bolsa y Valores, aumentó aún más la oposición de los empresarios.

Los beneficios generados por otras leyes, como la Ley de Seguridad Social de 1935, la legislación del seguro de desempleo y la Ley de Normalización del Trabajo de 1938 le otorgaron el apoyo incondicional de un amplio sector de la clase obrera.

Durante su último mandato tomó la polémica decisión de arrastrar a Estados Unidos a la Segunda Guerra Mundial, en la que, pese a repartirse el mundo con Stalin en Yalta, no llegó a ver su final. Quien si lo hizo fue su sucesor Truman, tristemente célebre por ordenar lanzar las bombas atómicas de Hiroshima y Nagasaki, y el atroz bombardeo de Dresde (bombardeo convencional que costó la vida a 20.000 civiles), hechos terribles con los que acabó definitivamente una guerra que, a finales de 1944, ya estaba ganada.

79

ADOLF HITLER

EL MAYOR GENOCIDA

¿QUIÉN FUE?

Adolf Hitler (1889-1945), líder político austriaco, fue el máximo dirigente del régimen nacionalsocialista alemán entre 1933 y 1945. Abanderando una ideología racista y defensora de la supremacía racial germana, Hitler expandió el territorio alemán hasta hacer de él un imperio, lo que chocó con los intereses de potencias como Francia, Gran Bretaña o Estados Unidos, provocando la Segunda Guerra Mundial. Ésta trajo consigo, además del fin del régimen nazi y la muerte de Hitler, 50 millones de muertos y un nuevo orden mundial, dividiendo el mundo en dos superpotencias y sumergiéndolo en la guerra fría durante casi medio siglo años.

DE PINTOR A LÍDER NAZI

Hijo de un aduanero austriaco, el joven Adolf se crió en Linz, malviviendo en una familia que apenas si se preocupaba de él y que no le dio ninguna educación. Autodidacta, abandonó el hogar paterno a los 17 años con el sueño de ser pintor, para lo cual se trasladó a Viena. Pero fue rechazado en la Academia de Bellas Artes por no superar una prueba de acceso. Sin recursos y frustrado vivió como mendigo entre 1907 y 1913, acumulando un intenso odio racial por los judíos, ricos comerciantes, por regla general, en aquella época, en las tierras austriacas.

En 1914 se enroló en el ejército ante el estallido de la Primera Guerra Mundial con la esperanza de sobrevivir a su situación. En la guerra aprendió los valores militaristas y patrióticos y llegó a ser cabo, pero al volver de ella en 1918 se encontró con una sociedad depauperada que se debatía entre la ruina económica y el naciente socialismo. Se trasladó a Alemania, donde empezó a desarrollar ideas anticomunistas (por el desprecio de éstos a la patria) y se afilió al Partido Obrero Nacional Socialista Alemán, un grupúsculo anti-

PARECE SER QUE consultaba un oráculo y según sus resultados tomaba sus decisiones; Himmler envió expediciones al Tíbet para demostrar que los arios descendían de la antigua Atlántida, y Göering era un pederasta adicto al opio. Éstas eran las inclinaciones de la cúpula nazi.

semita y anticomunista dirigido y financiado por fanáticos del ocultismo y de la mitología germánica. En él, gracias a sus dotes de orador se hizo con la presidencia en 1923, depurando posibles oponentes.

Inicialmente la metodología de este partido, inicialmente, era insurreccional y revolucionaria, es decir, pretendía alzarse en armas para alcanzar el poder y recuperar la gloria germánica perdida y mancillada tras la derrota en la Primera Guerra Mundial. Pero en 1923 fue detenido en Munich en un intento de golpe de Estado, pasando dos años en la cárcel que le hicieron convencerse de que su estrategia era errónea y que era mejor emplear la vía democrática.

Ante el peligro de la URSS, la extensión del comunismo años antes en Alemania, con la revuelta de los consejos obreros (revolución comunista antiautoritaria que acabó en un baño de sangre) y la socialdemocracia en el gobierno, la burguesía alemana se fijó en su partido y lo financió para que llegara al poder como muro de contención anticomunista. En 1933 Hitler ganó por mayoría absoluta unas elecciones amañadas, y en 1934 dio un autogolpe de Estado y se proclamó dictador.

LA LOCURA Y EL FIN

Como dirigente se vio atrapado entre una terna de colaboradores fanáticos y locos, cuyo apoyo era fundamental para mantenerse en el poder, y sus ideales patrióticos y racistas, además de los intereses de la burguesía alemana. Con estas turbaciones y un alto grado de fanatismo se lanzó a la conquista del mundo, apoyada por la burguesía internacional (con muchos intereses en Alemania desde el fin de la Primera Guerra Mundial), hasta provocar la mayor guerra de la historia de la humanidad, en la que el fanatismo nazi exterminó a más de 6 millones de personas tan sólo por su origen étnico, sin contar los casi 50 millones de muertos que provocó la guerra (la mitad de ellos rusos).

Finalmente, la unión de todas las potencias, que antes habían contemporizado, apoyado o incluso sido aliadas de Hitler, llevó a la derrota del nazismo y a un nuevo orden mundial. Hitler se suicidó en 1945 cuando las tropas soviéticas asaltaron su búnker; Estados Unidos aprovechó muy bien para sus intereses a los científicos y la tecnología desarrollada por los nazis y apoyada en secreto por ellos mismos al ver que tenían ganada la guerra.

80

HENRY FORD

EL DIFUSOR DEL AUTOMÓVIL

¿QUIÉN FUE?

Henry Ford (1863-1947) fue un ingeniero y empresario norteamericano que además de desarrollar el automóvil (inventado por Daimler-Benz) y hacerlo accesible para las clases medias, al lanzar al mercado un modelo de automóvil-turismo, creó todo un sistema productivo y contribuyó al desarrollo de un modelo capitalista conocido como el «fordismo».

AMBICIOSO EMPRESARIO

Tan pronto como los alemanes Daimler y Benz empezaron a lanzar al mercado los primeros automóviles (1885), Ford, formado como maquinista y con conocimientos básicos de ingeniería, se interesó por el invento y empezó a construir sus propios prototipos. Sin embargo, sus primeros intentos fracasaron y no fue hasta 1903 cuando lanzó al mercado el modelo de automóvil «Ford T». Tuvo gran éxito porque desarrolló un automóvil más pequeño y ligero, fácil de manejar y accesible al ciudadano de clase media (tanto en precio como en tecnología), ya que los primeros automóviles sólo podían ser manejados por especialistas cualificados y sólo estaban al alcance de las grandes fortunas, siendo utilizados por ricos u ocasionalmente por el ejército alemán.

Con su modelo T, Ford puso el automóvil al alcance de las clases medias, introduciéndolo en la era del consumo en masa; con ello contribuyó a alterar drásticamente los hábitos de vida, de trabajo y la fisonomía de las ciudades, haciendo aparecer la «civilización del automóvil» del siglo XX.

Su éxito se derivó de su nuevo modelo productivo, el «fordismo», consistente en la producción en serie, a través de cadenas de montaje con correas de transmisión, cintas transportadoras, enganches y piezas intercambiables (algo que copió de los mataderos de Detroit y perfeccionó), que le permitían aumentar la producción reduciendo los costes, tal y como se fabrican hoy en día.

Pero el fordismo no se quedó en un simple modo productivo: por una parte su modo productivo sólo funcionaba si había suficiente demanda, con lo que había que crearla (para lo que trabajó en el desarrollo de la publicidad); por otro lado, para crear la demanda, la gente había de tener poder adquisitivo, con lo que aumentó los salarios de los trabajadores con el ahorro de los costos de producción, y creó departamentos de atención al trabajador, con psicólogos, sociólogos, casas fabricadas por la empresa cerca de las fábricas, etc., instaurando un modelo capitalista que atendía al trabajador (que, por otra parte, no necesitaba cualificación debido a la sencillez del proceso productivo), disciplinado con rígidas normas (que aceptaba con agrado, pues era el precio por cobrar casi el doble que el resto de trabajadores del mismo sector y rango), para que éste, más contento, produjera más y mejor. Sin embargo, esta atención no era altruista o humanitaria, sino más bien totalitaria, tratando de controlar al trabajador incluso en su vida privada, introducién-

LOS TRABAJADORES de la fábrica Ford entraron, gracias a los altos salarios que recibían, en el umbral de la clase media, y se convirtieron en consumidores potenciales de productos como los propios automóviles. La aplicación de estos métodos empresariales trajo consigo grandes transformaciones sociales.

dose en ella, haciéndole uno con la empresa para amansar su posible descontento en épocas de agitación social, hacerle sentir parte de lo que hacía (por otra parte desnaturalizado, mecánico, simple y repetitivo) para tener asalariados más dóciles y productivos (algo que en el futuro mejoraría Toyota, con su modelo japonés).

Ford, que con su modelo cambió la sociedad estadounidense y mundial, acabó sus días en dura lucha contra los sindicatos y elaborando campañas antisemitas.

81

GANDHI

El pacifista que independizó la India

¿Quién fue?

Mohandas Karamchand Gandhi, más conocido como Mahatma Gandhi, o «gran alma» Gandhi en castellano (1869-1948), fue un abogado, político y agitador político indio que luchó contra el colonialismo británico, con su espíritu pacifista.

Desarrolló un modelo de lucha no violento que consistía en la desobediencia civil (que ya teorizara el anarquista Thoreau en el siglo XIX) y en la no cooperación con las autoridades inglesas. Fue tan eficaz, que el daño económico y político infligido a Gran Bretaña obligó a ésta a conceder la independencia a la India (1947), después de un periodo inicial de autonomía que duró de 1940 a 1947.

No obstante, el precio que tuvo que pagar la India fue grande: participar en la Segunda Guerra Mundial, en un tiempo en el que Gandhi ejercía un

gran liderazgo (fue líder de la India autónoma, pero no de la India independiente, cuya presidencia ocuparía Nerhu), y dividirse en tres facciones irre-
conciliables, que dominarían una parte de un país que iba a ser fragmenta-
do en tres estados independientes una vez sacudido el yugo político
británico. Los musulmanes fundarían Pakistán; los cristianos, Bangladesh, y
los hindúes, India.

Gran luchador

Hijo de la burguesía India, cursó estudios de Derecho en Londres siguiendo
el programa de las autoridades inglesas de formar a los hijos de la élite local
para que luego gobernaran su país en nombre de la corona británica.

Al acabar sus estudios fue enviado en 1893 para ejercer de abogado en
Sudáfrica, donde permanecería hasta 1914, luchando contra el trato discrimi-
natorio que sufrían los inmigrantes indios.

De vuelta a la India, comenzó una revuelta pacífica a favor de la independencia, que consistía en no colaborar con los ingleses, a través del impago de
impuestos, huelgas y la creación de instituciones indias propias que obraban
al margen de las inglesas sin reconocerlas.

La idea central era la de que las injusticias sociales deberían ser contesta-
das, pero no con protestas violentas, sino tratando de conseguir un cambio en
la mentalidad de los propios oponentes. La forma de alcanzar esto radica

Las ideas de Gandhi han tenido una potente fuerza en el mundo,
particularmente en los movimientos no violentos en favor de los derechos
civiles. Su método fue más filosófico que político y la independencia de la
India fue más resultado de la Segunda Guerra Mundial que de la lucha
de los indios.

en la propia capacidad de sufrimiento por una causa justa y por la estricta observancia de la no violencia.

Por ello fue encarcelado en 1920 hasta 1924, tras un episodio en el que las guerrillas musulmanas, viendo la dificultad en que se encontraban las autoridades decidieron alzarse en armas.

Gandhi quiso unir a hindúes y musulmanes, pero las tensiones religiosas y las diferencias en la acción (pacífica los primeros, armada los segundos) lo hicieron imposible.

LA INDEPENDENCIA DE LA INDIA

En la década de 1930 reanudaría una nueva campaña pacífica por la independencia que fracasó y de nuevo fue encarcelado, junto a sus colaboradores, en 1939. Pero la cosa se complicó a partir de 1940 por dos factores: el primero, las guerrillas musulmanas, que reclamaron un país propio, Pakistán; el segundo, la gran marcha por la libertad de Gandhi, que reunió a millones de personas.

Entre 1940 y 1942 la India obtendría progresivamente un estatuto de autonomía condicionada a cuya cabeza estarían miembros del Congreso Nacional Indio (pese a que éste, programáticamente, lo rechazaba por insuficiente), presidido por Gandhi, lo que acarrearía una grave tensión entre ambos países del subcontinente indio (India y Pakistán, integrado en la nueva autonomía y que reclamaba la independencia para sí), y entre éstos y el Reino Unido.

Finalmente en 1945 con la descolonización tras la Segunda Guerra Mundial, Gran Bretaña se retiraría de India otorgando la independencia al subcontinente, que quedaría dividido en tres países en permanente guerra entre sí: India, Pakistán y Bangladesh.

Gandhi no pudo alcanzar a su sueño de liderar un país independiente, ya que en 1948 fue asesinado por un extremista. Pero su legado permaneció y la India se pudo construir.

82

STALIN

El reinado del terror

¿Quién fue?

Iosif Vissariónovich Dzhugashvili (1879-1953), más conocido por el sobrenombre de Stalin («hombre de acero»), que utilizó desde su juventud. Fue el segundo presidente de la Unión Soviética. Siguiendo la línea marcada por Lenin, gobernó este país con mano de acero (como su apodo indicaba) durante los casi 30 años que estuvo en el poder. En esta época la URSS, convertida por Stalin en la segunda potencia mundial, participaría en la Segunda Guerra Mundial y después en la guerra fría, controlando medio mundo y pugnando contra Estados Unidos, quien controlaba el otro medio.

Stalin recogió el testigo del régimen leninista, creando un verdadero imperio del terror del que no se libraron ni amigos, familiares o colaboradores. Tras su muerte se llevó a cabo la desestalinización del país, que consistió en una condena a su régimen y una moderada apertura política, diplomática y económica, que suavizó, aunque ni muchísimo menos eliminó, la tensión mundial en plena guerra fría.

El hombre de acero

Hijo de un zapatero alcohólico y nacido con una deformidad en uno de sus pies (lo que no le impedía caminar), Stalin nació en Georgia, tierra explotada doblemente por el régimen zarista: en su versión económica y en su versión nacional, al tratarse de una minoría étnica soslayada y sometida en el conjunto del Imperio ruso (como tantas otras etnias que no fueran la rusa).

Fue expulsado del seminario en el que su padre le había recluido en 1899, y emigró a Petrogrado, donde se afilió al Partido Socialdemócrata Obrero de Plejánov y Lenin, tomando parte de la facción bolchevique cuando el partido se escindió.

Tenía fama de duro, de temperamento fuerte, de aguantar la tortura y de seguir sus ideales hasta el fin. Organizó grupos de acción, por encargo de Lenin, para llevar a cabo atentados y sobre todo atracos para financiar al partido. Su lealtad, determinación y aparente falta de ideas propias (lo que a la postre se revelaría como falso) le llevaron al comité central junto a Lenin, Trotsky, Molotov y Martov.

EL REINO DEL TERROR

A la muerte de Lenin en 1924 el Partido Comunista nombró un comité provisional para dirigir el país ante la falta de sucesor. Este comité estuvo compuesto por Stalin, Molotov y Martov, con fama de leales y poco ambiciosos. Cuando parecía que Trotsky dirigiría al partido y la nación, y sobre todo porque las últimas palabras de Lenin al morir fueron: «hagáis lo que hagáis, apartad a Stalin del poder», Stalin en 1927 dio un golpe de efecto presentando pruebas falsas sobre Trotsky acusándole de traición. Al parecer, Trotsky, judío de familia adinerada, habría conseguido fondos para el

STALIN FUE UN POLÍTICO ambicioso y realista, movido por consideraciones de poder y no por ideales revolucionarios. Este maquiavelismo fue más palpable en su política exterior, donde la causa del socialismo quedó sistemáticamente postergada a los intereses nacionales de Rusia. Dejó que los partidos comunistas extranjeros fueran meros instrumentos de la política exterior soviética.

partido procedentes de los Rotschild, multimillonarios judíos británicos y estadounidenses, probablemente allegados a la familia de Trotsky. Stalin falsificaría pruebas y haría aparecer a Trotsky, en una época en la que Estados Unidos reconocía el régimen comunista como un agente del capitalismo. El suceso causaría conmoción en el partido, inmerso en una lucha por el poder, quien nombraría al audaz y aparentemente dócil Stalin como sucesor de Lenin para controlarlo y apartar disputas públicas, exiliando a Trotsky, que huiría a México. Así, Stalin sería nombrado presidente de la URSS en 1927, llevando una línea continuista aunque más autoritaria, complementada con una discreta eliminación (política primero, física después) de todo oponente hasta que en 1934 consiguió el cargo de líder supremo e irrevocable, lo que le daría el poder absoluto y ningún comité al que rendir cuentas.

A partir de esa fecha se empeñó en industrializar la agraria Rusia, lo que consiguió a costa del terrible esfuerzo de la población, purgando a aquellas minorías políticas y/o étnicas que se le opusieron. En 1937 apoyó a la España republicana en la Guerra Civil, consiguiendo instaurar un régimen comunista y totalitario en la república española en 1938 que duraría tan sólo seis meses. Trató de ampliar el Imperio ruso (ahora soviético) invadiendo Letonia, Lituania y Finlandia y finalmente consiguió su meta en la Segunda Guerra Mundial. La URSS fue invadida por los nazis (que rompieron un escandaloso pacto de no agresión entre la Alemania de Hitler y la Rusia de Stalin, quien no tuvo reparos en firmarlo para quedarse tranquilo y no verse afectado por la guerra), pero heroicamente supo derrotarles y reconquistar territorios, encuadrada en el bando aliado, desde la URSS hasta Alemania. Esto, sumado a la ignorancia internacional sobre cárceles del terror, purgas y checas en el seno de Rusia, le valió la simpatía del mundo, lo que Stalin aprovechó para instaurar regímenes comunistas satélites en Europa del Esta y China al final de la guerra, convirtiéndose en la segunda potencia mundial y repartiéndose el mundo con Estados Unidos, lo que daría lugar a la guerra fría.

Stalin moriría finalmente en 1953, habiendo provocado directamente la muerte de más de ocho millones de personas en purgas, y su régimen ha sido el más terrible (junto con el del también comunista camboyano Pol Pot) de la historia.

83

ALBERT EINSTEIN

La teoría de la relatividad

¿Quién fue?

Albert Einstein (1879-1955) científico alemán (posteriormente nacionalizado estadounidense, al emigrar a dicho país huyendo de la represión nazi en Alemania) que ha sido considerado el físico más importante del siglo XX. Incluso muchos físicos afirman que Einstein ha sido el mayor científico de la historia por su capacidad intelectual y sus descubrimientos.

Desarrolló entre otras, la teoría de la relatividad y a partir de sus estudios, el equipo de Oppenheimer diseñaría la primera bomba atómica. Fue Nobel de física y murió en Estados Unidos, su país de acogida, a la edad de 76 años.

La teoría de la relatividad

De padres judíos, recibió una formación propia de la clase media y con 17 años entró en la Instituto Politécnico de su localidad, Ulm (Alemania). Posteriormente se instaló en Berna donde desarrolló trabajos relacionados con la electrodinámica, que era el campo que despertaba mayor interés en él.

En 1905 publicó la teoría de la relatividad, en forma de varios artículos en una revista científica suiza. Esta teoría supondría la ruptura con la física newtoniana, imperante hasta bien entrado el siglo XX y desbancada por el modelo de Einstein, y, años después, por la teoría del caos. Según la teoría de la relatividad, no puede separarse el tiempo y el espacio, y la velocidad de la luz es la mayor que pueden alcanzar los cuerpos materiales. El resultado más importante de esa teoría fue la deducción de la relación existente entre energía y masa en la ahora famosa fórmula $E = mc^2$, en la que E significa la energía, m es la masa y c es la velocidad de la luz. La importancia de esta fórmula quedaría demostrada 40 años más tarde con las explosiones atómicas.

Esta teoría se plasmaría en revelaciones científicas, derivadas de su formulación, tales como la existencia más que probable de una cuarta dimensión, definida por Einstein como tiempo, y la posibilidad de la reversibilidad del mismo, es decir, la posibilidad, en función de la velocidad de la luz y de las variables derivadas de la cuarta dimensión, de la realización de viajes en el tiempo, tanto hacia delante, como hacia atrás.

Obviamente este asunto no ha sido demostrado (sí el considerar al elemento tiempo como cuarta dimensión), aunque ha suscitado todo tipos de debates, analizándose dentro de la teoría física que, con la tecnología adecuada, de la que actualmente aún no se dispondría, en principio, la posibilidad de viajes en el tiempo, hacia atrás, pero rechazando viajar adelante, pues esto estaría considerado en cualquier circunstancia como virtualmente imposible. Lógicamente, esta derivación de la teoría de la relatividad, por otra parte menor, ya que tiene otras variables más importantes, es la que ha dado lugar a toda una serie de obras fantásticas, de cine y literatura, sobre los viajes espaciotemporales en el marco del género de la ciencia ficción.

COMO EN TODO PERSONAJE, la vida de Einstein estuvo llena de luces y sombras. Recientes investigaciones han puesto de manifiesto que el científico maltrataba a su esposa y, en el campo de su trabajo, sus estudios sirvieron para reforzar la industria militar con armas tan destructivas como la bomba atómica, cuyo diseño, dirigido por Oppenheimer, fue teorizado y supervisado por Einstein.

UN GRAN CIENTÍFICO

Tuvieron que pasar varios años para que la teoría de Einstein fuese considerada, ya que era la primera que se enfrentaba a la física newtoniana y al clásico problema de la gravitación, que constantemente daba quebraderos de cabeza a los científicos en las ecuaciones.

Pero en 1911 la teoría fue aceptada y como resultado, Einstein consiguió plaza como profesor en la Universidad de Praga (entonces perteneciente a Austria).

En 1919 científicos ingleses demostraron la teoría de la relatividad. Y en 1921 Einstein fue galardonado con el Premio Nobel de física por sus estudios de fotoelectricidad.

La carrera de Einstein continuó con brillantez en Alemania y Austria, hasta que en 1933 los nazis llegaron al poder. Einstein, de ideas comunistas, tuvo que exiliarse a Estados Unidos, un país poco proclive a las ideas socialistas, pero donde al menos en esta época había más tolerancia que en Alemania. De esta forma, Einstein pudo continuar con su trabajo sin problemas como profesor y científico en la Universidad de Princeton, donde pasó los últimos 22 años de su vida revisando y difundiendo sus teorías.

84

WINSTON CHURCHILL

EL «REALISMO» POLÍTICO

¿QUIÉN FUE?

Sir Winston Leonard Spencer Churchill (1874-1965) fue un político británico de familia aristocrática, su padre había ocupado la cartera de exteriores en el gobierno conservador antes de la Primera Guerra Mundial y había sido un preeminente político de las últimas décadas de la época victoriana en Gran Bretaña.

Winston Churchill ocupó el cargo de Primer Ministro del Reino Unido entre 1940 y 1951. Participó de la división del mundo en Yalta en 1945 y del nacimiento del nuevo orden mundial y la guerra fría tras la Segunda Guerra Mundial.

VIDA AVENTURERA

Educado como un noble y de madre americana, tuvo la mejor formación posible para alguien de su edad. Ingresó en el ejército, sirviendo de oficial en Sudáfrica, en la guerra de los Boers, donde realizó todo tipo de misiones, desde operaciones de guerra, hasta labores tácticas y de logística. Terminada ésta (con la derrota de Inglaterra a manos de los holandeses, que pasaron a ocupar Sudáfrica) regresó a Gran Bretaña, poniendo fin a su carrera militar en 1900, año en el cual entró en política por el Partido Laborista, siendo elegido diputado en la Cámara de los Comunes.

Durante la Primera Guerra Mundial ocupó cargos relevantes en el ministerio de defensa, tales como secretario del alto Almirantazgo de Marina o secretario de Estado para las colonias, puesto en el que diseñó, dirigió y ejecutó la política británica con respecto a sus posesiones. En este periodo sufrió el duro escollo del problema en India, donde las sublevaciones y los intentos de independencia en el subcontinente provocaron varias guerras.

TRAS SU RETIRADA de la política, Churchill destacó como literato: incluso en 1953 fue galardonado con el Premio Nobel de Literatura. Su obra literaria fue extensa y abarcó desde el periodismo, hasta las biografías o el ensayo y la historia.

Tras este periodo ocupó varios cargos en el Ministerio de Defensa: fue enviado como espía a Rusia en 1916 para impedir la penetración del comunismo en aquel país, siendo uno de los artífices del apoyo británico al ejército blanco (partidario del derrocado zar y de la restauración monárquica) durante la Guerra Civil, entre el ya mencionado ejército blanco y el ejército rojo o bolchevique, que siguió a la Revolución rusa y que tuvo lugar entre 1919 y 1921 con la victoria final bolchevique.

A su regreso a Gran Bretaña, tras la revolución rusa, dimitió de su cargo debido al fracaso de su misión en Rusia. Entonces fue trasladado al Ministerio de Asuntos Exteriores: donde recibió un doble encargo: por un lado, implementar la política necesaria para acercarse a Turquía y dar una salida negociada a la ya agonizante guerra mundial y, por otro, gestionar el apoyo al ejército blanco en la Guerra Civil rusa. Pero fracasó en ambas misiones.

EL PRAGMATISMO POLÍTICO

En la década de 1920 ocupó el cargo de secretario de Estado en el Ministerio de Comercio y Trabajo, haciéndose impopular al emplear la fuerza para acabar con las huelgas en Inglaterra.

Con problemas en su partido, cambió de militancia, pasando del partido laborista al conservador (más conocido en Gran Bretaña por el nombre de partido *tori*).

En la década de 1930 no ocupó cargo público alguno y abandonó la actividad política hasta que en 1939 regresó a la política con el nombramiento de viceprimer ministro en el gobierno de su partido. En 1940 el Primer Ministro Lord Chamberlain dimitió y Churchill hubo de asumir el puesto, gestionando la Segunda Guerra Mundial, en la que Inglaterra llevaba metida varios meses. Aquí se ganó su fama de político realista y gestor participando del nacimiento de un nuevo orden mundial de superpotencias y alineándose del lado norteamericano. Finalmente perdió su cargo en 1951. Se retiró de la vida política y se dedicó a escribir obras de análisis político (él fue quien acuñó términos como «telón de acero») y sobre la Segunda Guerra Mundial.

85

MALCOLM X

LA AUTODEFENSA ARMADA DEL PUEBLO NEGRO

¿QUIÉN FUE?

Malcolm Little (1925-1965), más conocido por el sobrenombre de Malcolm X, fue un destacado líder revolucionario negro.

Fue más allá en su concepciones tanto teóricas como prácticas que otros activistas ilustres (por ejemplo, Martin Luther King), haciendo apología de la violencia para conseguir no una igualdad ante la ley, sino una efectiva independencia de la nación afroamericana contra el imperialismo capitalista y racista de Estados Unidos. Es considerado el inspirador directo del grupo Panteras Negras, fundado en 1968, y que continuó con los preceptos de Malcolm X.

EL DELINCUENTE QUE SE CONVIRTIÓ EN LÍDER REVOLUCIONARIO

Hijo de un pastor protestante asesinado por el Ku Klux Klan y de una mujer mulata, nacida de la violación de su madre negra por un hombre blanco; durante su infancia sufrió los continuos traslados de residencia de su familia, huyendo de las agresiones de grupos racistas, que culminaron con el asesinato de su padre en 1931.

Malcolm huyó de casa muy joven y se instaló en 1942 en New York, donde inició una actividad delictiva hasta que en 1946 fue condenado a seis años de cárcel por proxenetismo, robo y tráfico de drogas.

En la cárcel entró en contacto con los prisioneros negros de la organización política Nación del Islam, grupo islamista que afirmaba que los negros procedían de África y que debido al hombre blanco y a su sistema esclavista habían sido arrancados de su tierra y llevados a América a vivir como siervos. El grupo reivindicaba la supremacía negra y pedía la independencia de la nación negra de Estados Unidos, postulando un etnonacionalismo negro.

En 1952 Malcolm, convencido por tales tesis, salió de la cárcel y se cambió su apellido (otorgado, según él, por el hombre blanco para denominar a los esclavos, pues en África los negros carecían de apellido) por «X». Y entró en la directiva de la Nación del Islam.

Como ministro de su líder Elijah Muhamad, realizó durante la década de 1950 una gran labor de agitación (siendo calificado por la prensa como un apóstol de la violencia al sostener la legitimidad de la autodefensa y la lucha armada), llegando a hacer sombra al líder de la organización, quien por celos y por temor ante los planteamientos «ultraviolentos» de Malcolm lo apartó de su lado.

Además, Malcolm X se estaba dando cuenta de la corrupción de la organización, en la que sus líderes vivían en lujosas mansiones mientras los activistas eran pobres y seguían pagando sus cuotas.

Así pues, a principios de la década de 1960 se produjo una escisión en la organización entre la minoritaria ala revolucionaria y violenta de «X» y la ortodoxia islámica y corrupta de Mamad.

En EL VIAJE A LA MECA, Malcolm X contactó con importantes líderes africanos (Nasser, Nyerere, Nkrumah, Kenyatta) e incorporó a su discurso la lucha contra el imperialismo norteamericano. En 1964, después de dicho viaje, creó la Organización de la Unidad Afro-Americana, un movimiento laico de tendencia socialista.

page 248 of 288

Las teorías revolucionarias y el fin de Malcolm X

Malcolm X, que hasta entonces había defendido el odio visceral hacia los blancos y la supremacía negra, peregrinó a La Meca en 1964. Allí conoció diversas gentes de todas las etnias y procedencias. A su regreso a Estados Unidos volvió transformado y modificó su discurso.

El problema no era el hombre blanco en sí mismo, ni siquiera la religión en sí misma, sino la explotación capitalista y el ansia de poder. Entonces comenzó a predicar, defendiendo el uso de la violencia, la lucha no sólo étnica, sino de clase, comenzando a leer y a tomar contacto con grupos marxistas.

Su nuevo discurso no gustaba ni al Gobierno estadounidense ni a la Nación del Islam, ya que ahora afirmaba que los pobres (blancos, negros o de donde fuera) debían estar unidos contra los ricos (ya fueran negros o blancos), dando a su lucha un doble enfoque: contra la opresión racial y contra la económica.

Se granjeó numerosos enemigos y finalmente fue asesinado durante un mitin en 1965 por un miembro de la Nación del Islam, aunque siempre se sospechó de una conspiración entre esta organización y la CIA, para acabar con un enemigo molesto para ambos.

La contundencia dialéctica de Malcolm X era realmente aterradora, con pasajes tan duros como el siguiente, en el que explica su conversión de delincuente a revolucionario y agitador: «Sería prácticamente imposible encontrar un negro en cualquier parte de Estados Unidos que haya vivido más hundido en el fango de la sociedad humana que yo, o que haya sido más ignorante, o haya sufrido más angustias y solo después de la oscuridad más profunda surgió la mayor alegría, después de la esclavitud y la prisión vino el dulce reconocimiento de la libertad».

Así describió el luchador por los derechos sociales estadounidenses su tránsito de hombre formado en un gueto a otro cuya prédica llevó a la población negra a comprender que la lucha trasciende y se vincula con la de otros pueblos del mundo. El mensaje de Malcolm X sigue vivo porque muchas de sus frases inspiran en la actualidad las iniciativas para luchar por la igualdad de derechos, ya sea de hombres negros o blancos.

86

ROBERT OPPENHEIMER

EL CREADOR DE LA BOMBA ATÓMICA

¿QUIÉN FUE?

Julius Robert Oppenheimer (1904-1967), físico estadounidense que encabezó el equipo científico que desarrolló la bomba atómica. Años después se arrepentiría y dedicó el resto de su vida a cuestionar la ciencia y su relación con la sociedad. Fue incluso perseguido por sus ideales comunistas en Estados Unidos, en especial en la época de la caza de brujas conocida como McCartysmo, en la que el mencionado senador quiso llevar adelante una purga ideológica para depurar de «elementos indeseables» el país norteamericano.

CIENTÍFICO «EXILIADO»

Hijo de emigrantes alemanes que, tras la Primera Guerra Mundial, se habían instalado en Estados Unidos, habiéndose enriquecido en Norteamérica, estudió física en Harvard, licenciándose en 1925 entre los primeros de su promoción.

En 1927 su brillante carrera de físico cuántico le llevó a Alemania, cuna de grandes científicos, en una época en la que los físicos alemanes estaban revolucionando la ciencia. Allí, entusiasmado y exultante por el ambiente intelectual y el grado de calidad científica que el país teutón poseía, conoció a Bohr y a Einstein, entre otros brillantes genios de la física. Permaneció en Gottinga hasta 1933, año en que Hitler accedió al poder. De regreso a Estados Unidos comenzó a impartir clases de física en Berkeley.

LA BOMBA ATÓMICA

Conmovido por el estallido de la Segunda Guerra Mundial, aceptó en 1942, junto a científicos alemanes exiliados, unirse al proyecto de fabricación de una bomba atómica (Proyecto Manhattan), arma que, según les habían asegurado las autoridades estadounidenses, sería puramente disuasoria o, a lo sumo, lanzada sobre el ejército nazi, sólo en último extremo, si éste no accedía a razones y como única manera de alcanzar la paz. Así, el equipo en el que destacaban judíos alemanes de ideología comunista pacifista elaboró el proyecto.

Dicho proyecto en un principio no fue desarrollado por Estados Unidos, sino que, basándose en los estudios sobre física cuántica y composición de materia de Einstein, estaba, no obstante, siendo desarrollado por los nazis, hasta que un miembro del equipo nazi se dio cuenta de lo que estaban haciendo y desertó para ofrecer el proyecto al ejército norteamericano.

Este hecho terrible (el que la Alemania nazi estuviera en disposición de construir un arma tan terrible y de semejante calibre) animó a Einstein a supervisar el proyecto y a los científicos a participar de él: se acabaría la guerra y se le devolvería la moneda a los monstruos que querían usarlo para atacar a las poblaciones indefensas, y más concretamente al pueblo judío (o al menos eso pensaban los científicos del Proyecto Manhattan).

Sin embargo, el Gobierno estadounidense engañó a todos los miembros del proyecto al afirmar que ante la rendición de Alemania no lo utilizarían, para luego lanzarlo sobre la población civil de una ya derrotada Japón que

DE IDEAS COMUNISTAS, Oppenheimer siempre tuvo un compromiso social muy activo: se involucró en asuntos políticos, preocupado por el auge del nazismo en Alemania y en 1936 se mostró partidario del bando republicano tras el estallido de la Guerra Civil española.

aún se resistía a capitular pero que militar, política y económicamente ya no suponía peligro.

Oppenheimer criticó duramente el hecho y para acallarle se le nombró director del departamento de energía atómica en 1952, de donde le destituyeron poco después, sufriendo así la persecución anticomunista del MacCartysmo.

Finalmente se retiró de la ciencia activa dedicando su vida a criticar las relaciones de la misma con la sociedad.

87

CHE GUEVARA

EL REVOLUCIONARIO ROMÁNTICO

¿QUIÉN FUE?

Ernesto Guevara, más conocido por el apelativo cariñoso argentino de «Che» que sus compañeros cubanos le pusieron (1928-1967) fue revolucionario argentino de ideales marxistas que viajó por todo el mundo propagando focos insurreccionales y guerrilleros para el establecimiento del socialismo.

Participó en la Revolución cubana como lugarteniente de Fidel Castro y tras el triunfo de la guerrilla castrista fue nacionalizado cubano y nombrado ministro de Industria. Pero dimitió de su cargo para hacer lo que mejor sabía: combatir al capitalismo.

Murió asesinado en Bolivia, donde preparaba una nueva revolución a manos del ejército boliviano, entrenado y financiado por la CIA. Fue un mito para la juventud rebelde y contestataria y su imagen ha pasado a ser uno de los iconos culturales del siglo XX.

DE JOVEN REBELDE A GUERRILLERO REVOLUCIONARIO

Hijo de una familia acomodada argentina, Guevara estudió medicina y vivía apaciblemente una vida burguesa, pero su temperamento inquieto le llevó a viajar por toda Iberoamérica. En dicho viaje, iniciado en 1951, se percató de que todo el subcontinente era en realidad una única entidad, dividida y explotada por el imperialismo estadounidense y de que el verdadero mal de toda comunidad era el capitalismo.

A su vuelta aumentó su politización desde el punto de vista teórico, con contactos con las juventudes libertarias de Argentina y con anti-imperialistas latinoamericanos, además de devorar las obras de Marx. Cada vez se fue ideologizando más, hasta abrazar el maoísmo, y decidió partir de la casa paterna esta vez para hacer la revolución.

Estuvo en Guatemala en 1954 donde vio cómo los norteamericanos derrocaron el régimen democrático guatemalteco para imponer una dictadura feroz, proclive a los intereses políticos y económicos de la empresa United Fruit y de Estados Unidos. De allí se exilió a México donde conoció en 1955 a los hermanos Castro, cubanos exiliados de la dictadura de Batista que planeaban ir a la isla para realizar una revolución.

Con ellos se embarcó en un bote como médico en 1956, al frente de una guerrilla dirigida por Fidel Castro, que en 1959 tomaba el poder, purgaba a todos sus aliados revolucionarios (demócratas, anarquistas y socialistas moderados) y en 1961 proclamaba el socialismo prosoviético en la isla.

El Che había diseñado de la estrategia del foco revolucionario y de la guerrilla (inspirada en las tácticas insurgentes de Bakunin), que ahora triunfaba. La revolución socialista estaba a las puertas del paraíso norteamericano.

HOMBRE DE ACCIÓN

Fue nombrado ministro de Industria. Al frente de este ministerio propuso la abolición del dinero y el trabajo disciplinado de toda la población, dando ejemplo en lugar de quedarse en su despacho. Pero pronto vinieron las desavenencias con Castro, prosoviético, al querer el Che imponer un modelo maoísta en la isla en una época en la que la URSS, principal valedora de Cuba, había roto con China (que el Che solía visitar).

Fruto de estas desavenencias y por la incoherencia que suponía para un verdadero revolucionario ser ministro, abandonó el cargo y en 1964 se dedicó a propagar su teoría del foco guerrillero, desarrollada en Cuba, por todo el mundo.

Así, estuvo en el Congo, donde ayudó a Kabila a tomar el poder, pero rompió pronto con él por no ser un verdadero socialista sino un dictador personalista y hambriento de poder. Marchó entonces en 1966 a Bolivia con un grupo de 100 guerrilleros, dispuesto a repetir la gesta de Cuba, pero al contrario que en la isla, la población no le apoyó, ni si quiera el partido comunista local, quedándose sólo y aislado hasta que fue cazado junto a todos sus hombres (excepto cuatro que sobrevivieron y lograron escapar) en 1967.

Guevara fue asesinado y enterrado en secreto por la CIA, para tratar de destruir el mito revolucionario que significaba (las fotos de su cadáver crearon al mito) y evitar (sin éxito) desórdenes en numerosas ciudades del mundo por haber asesinado a uno de los mayores revolucionarios de la historia, un icono de la juventud rebelde de su tiempo. En el año 1997 los restos del Che Guevara fueron localizados, exhumados y trasladados hasta Cuba, donde fueron enterrados con todos los honores por el régimen de Fidel Castro.

A su muerte, Ernesto Guevara dejó algunas cartas, una a sus hijos, otra a sus padres, otra a Fidel Castro y alguna

Pese a su romanticismo y personalidad noble, el Che fue un revolucionario duro e implacable. No le tembló nunca la mano al ejecutar, en los momentos más difíciles, a los indisciplinados de su guerrilla para mantener el orden interno, tal y como afirma un antiguo compañero de guerrilla, el chileno Héctor Pavelic, hoy dirigente anarcosindicalista exiliado en España.

otra a la opinión pública y a la juventud rebelde del mundo. Dichas cartas, sobre todo las destinadas a su familia, exponen el espíritu y la firmeza del revolucionario argentino-cubano, así como su compromiso con sus creencias hasta el final.

En estas cartas el Che dijo a su familia se leen frases y consejos para sus hijos: «Creo en la lucha armada como única solución para los pueblos que luchan por liberarse y soy consecuente con mis creencias. Muchos me dirán aventurero, y lo soy, sólo que de un tipo diferente y de los que ponen el pellejo para demostrar sus verdades. [Hijos] Crezcan como buenos revolucionarios».

«Estudien mucho para poder dominar la técnica que permite dominar la naturaleza. Acuérdense que la revolución es lo importante y que cada uno de nosotros, solo, no vale nada. Sobre todo, sean siempre capaces de sentir en lo más hondo cualquier injusticia cometida contra cualquiera en cualquier parte del mundo. Es la cualidad más linda de un revolucionario».

88

DWIGHT EISENHOWER

EL PLAN MARSHALL Y LA CONSOLIDACIÓN DE UNA POTENCIA

¿QUIÉN FUE?

Dwight David Eisenhower (1890-1969) fue el trigésimocuarto presidente de Estados Unidos de América. De origen humilde, se enroló en el ejército, donde hizo carrera militar y llegó a ser general.

Dirigió a las tropas americanas en la Segunda Guerra Mundial y, en la década de 1950, sucedió a Truman en la presidencia de los Estados Unidos, gestionando la expansión económica y la influencia política en el mundo y su reconstrucción tras la guerra, e incluso dirigió media parte del mundo en momentos muy tensos por el nacimiento y desarrollo de la Guerra Fría.

Una carrera militar

De joven se alistó en el ejército, en 1911, para hacer carrera de militar profesional. En 1915 se graduó con honores y durante la Primera Guerra Mundial fue destinado a puestos administrativos y logísticos en retaguardia.

Allí siguió en la década de 1920, haciendo carrera de oficial, y en la década de 1930 sirvió en Filipinas como ayudante del general MacArthur.

En la Segunda Guerra Mundial obtuvo el grado de general, y el jefe del Estado Mayor, el general Marshall (quien elaboraría el famoso plan de reconstrucción económica y ayuda a los países aliados tras la guerra), le encargó dirigir el ejército estadounidense en África, desde donde dirigió el asalto a Europa y después su acción militar más importante, el desembarco de Normandía, llegando desde allí hasta la mismísima Alemania y logrando, simultáneamente a las tropas soviéticas, la entrada en Berlín y la rendición de los nazis.

Presidente de Estados Unidos

Tras la guerra sucedió a Marshall al frente del Estado Mayor y fue nombrado jefe supremo de la OTAN, desempeñando estos cargos hasta 1951, año en que gracias a su enorme popularidad se dejó convencer para entrar en política con el partido republicano, por el que fue candidato en unas elecciones presidenciales que ganó en dos legislaturas sin dificultad, gobernando el país de 1953 a 1961, con Richard Nixon como vicepresidente.

Como presidente llevó a la práctica la aplicación de la última fase de implementación del Plan Marshall, hubo de hacer frente a la guerra de Corea, y consiguió cierta distensión con la URSS, negociando con Khruchev, a la vez que se iniciaba la carrera espacial.

En política interior detuvo el Estado del bienestar implementado por Roosevelt, del cual era enemigo declarado, pero no desmontó sus estructuras, ni sus logros sociales, iniciando un leve proceso liberalizador que no acabó con la política anterior. A partir de entonces llevó una política de austeridad que combinó con el desarrollo de diversas infraestructuras, como autopistas, construcciones civiles, puentes, etc., que quedaron para la posteridad.

Aunque no era un luchador antirracista, llevó la defensa de los principios constitucionales y de las sentencias del Tribunal Supremo hasta el punto de ordenar la intervención de tropas federales contra la segregación racial en las escuelas de Arkansas (1957).

Finalmente, en 1961 dejó la política con un memorable discurso en el que advertía del potencial que estaba alcanzando Estados Unidos y el cuidado y responsabilidad que ello conllevaba, reflejando estas preocupaciones en la parte más célebre de dicho discurso en el que decía: «Esta conjunción de una inmensa estructura militar y una gran industria armamentística es nueva en la historia americana... debemos tener cuidado ante esta adquisición de influencia ilimitada, visible o invisible, del complejo militar-industrial. El potencial del crecimiento desastroso de un poder fuera de lugar existe y persistirá».

Tras abandonar la vida política, se retiró a Pensylvania, donde murió, unos años después, de un ataque cardiaco.

Ike, DIMINUTIVO POR EL QUE ERA popularmente conocido Eisenhower, fue el primer presidente que se vio afectado por la limitación a dos legislaturas del mandato que aprobó Roosevelt. Por su parte, Truman tuvo un mandato de tres años en sustitución del fallecido Roosevelt y otro en el que fue electo, no llegando por tanto a dos elecciones consecutivas, como sí sucedió con Eisenhower.

89

NIKITA KRUCHEV

LA CRISIS DE LOS MISILES

¿QUIÉN FUE?

Nikita Kruchev, Jrushov, Jruschev o Kruschev (1894-1971), fue el tercer presidente de la Unión de Repúblicas Socialistas Soviéticas, cargo al que accedió en 1955, tras haber formado parte a la muerte de Stalin en 1953 de una dirección colegiada que dirigió el país, con los ya habituales Molotov y Martov. Desarrolló la carrera espacial y armamentística soviética, convirtiendo a su país en la primera potencia mundial durante la década de 1950, época en la que superaron brevemente a Estados Unidos tecnológica y económicamente. Dentro de la Guerra Fría buscó una cierta distensión, que consiguió al final de su mandato (1962), en el cual hubo de hacer frente a la crisis de los mísiles cubana y a la construcción del muro de Berlín.

CAMARADA NIKITA

Procedente de una familia minera ucraniana, luchó en la Revolución rusa en el bando del partido bolchevique y en la posterior Guerra Civil (1918-1921) contra las tropas zaristas resistentes y la coalición internacional apoyada por el Reino Unido. Tras la guerra fue designado jefe del partido comunista ucraniano desde cuyo puesto combatió el ferviente nacionalismo separatista de dicha región (hoy país), y dirigió la lucha contra los nazis en la Segunda Guerra Mundial.

Por sus méritos, en 1949 fue ascendido a comisario político para Asuntos Agrícolas, en Moscú, donde se le nombró jefe de la sección moscovita comunista. En su puesto conoció y colaboró con Stalin, llegando a trabar una cierta amistad con el dictador.

A la muerte de Stalin, el PCUS (Partido Comunista de la Unión Soviética) le nombró su líder, formando parte del comité que rigió la URSS. Desde su nuevo cargo, valientemente denunció las atrocidades del régimen estalinista y purgó a la mano derecha de Stalin, Laurenti Beria, jefe de la todopoderosa KGB (y temido en todo el mundo soviético). En 1955 asumió por completo la dirección del país y propuso la desestalinización en el XX Congreso del PCUS, donde fue ratificado en todos sus cargos. En 1961 la URSS condenó oficialmente el régimen estalinista (lo que provocó, entre otras cosas, la ruptura con China, en 1955, y Albania).

GUERRA FRÍA Y CRISIS DE LOS MISILES

Kruchev orientó la política soviética en un sentido liberalizador, pero manteniéndose dentro de la ortodoxia comunista y de la dictadura de partido único. Aunque impulsó la reconciliación con la Yugoslavia de Tito, no dudó en intervenir militarmente para aplastar la revuelta anticomunista de Hungría (1956) y rompió con la China de Mao (1961). Aunque acuñó la doctrina de la «coexistencia pacífica» con el bloque occidental, las relaciones con Estados Unidos incluso empeoraron, a raíz de la construcción del Muro de Berlín (1961) y del intento de instalar misiles en Cuba (1962), lo que provocó una crisis que estuvo a punto de provocar una tercera guerra mundial y que acabó con la retirada de los misiles de la isla y la de los misiles norteamericanos de Turquía. En estos años fue el adversario del presidente Kennedy.

BAJO SU MANDATO, la URSS obtuvo logros significativos en la carrera espacial (lanzamiento del primer satélite en 1957 y primer vuelo espacial tripulado en 1961) y en la carrera de armamentos; pero Kruchev fracasó en su intento de limitar la rivalidad entre las superpotencias al terreno económico.

Tras la crisis de los misiles, en la que la URSS apareció ante la opinión pública como perdedora, y debido a los malos resultados económicos de las, hasta el momento brillantes, medidas económicas de Kruchev, éste fue apartado en una maniobra política del liderazgo soviético y sustituido por Breznev en 1962. Se retiró de la política y murió en 1971.

90

ROSA PARKS

LA LUCHA POR LOS DERECHOS CIVILES

¿QUIÉN FUE?

Rosa Louise Parks (1923-2005) fue una destacada activista por los derechos civiles de las minorías étnicas. Rosa Parks colaboró en cambiar el mundo cuando en 1955 en Alabama (estado sureño donde la segregación racial estaba recogida en la ley) se negó a cederle su plaza de autobús a un hombre blanco, siendo sancionada por ello. Este hecho, en apariencia nimio, generó más concienciación y agitación entre la población negra, que empezó a exigir derechos e igualdad legal, que todas las campañas de concienciación hechas antes, enardeciendo a miles de personas que empezaron (utilizando una gran disparidad de vías, desde la pacífica hasta la armada) a reivindicar, y lo consiguieron (al menos sobre el papel) su reconocimiento como minoría étnica.

EL INCIDENTE DEL AUTOBÚS

Rosa Louise McCauley (nombre de soltera) era una joven activista por los derechos civiles, hija de un carpintero y una ama de casa. En 1952 contrajo matrimonio con Raymond Parks, que fue otro activista.

Contrariamente a la campaña que se difundió en su momento, Rosa no era una muchacha despolitizada que se negó a ceder su asiento a un hombre blanco. Esto no fue más que una manipulación mediática para conseguir apoyos entre los sectores no politizados de la población negra. Lo que ocurrió en realidad una tarde de 1955 es que Rosa Parks, convencida activista desde hacia años, se sentó en un asiento del autobús reservado a los blancos (los autobuses en Alabama tenían un espacio, el delantero, reservado para los blancos, y otro, trasero con pocos asientos y más plazas de pie, para los negros); en un momento dado, un hombre blanco que iba de pie se percató de que Parks ocupaba una plaza para blancos y la exigió que se levantara a lo que ésta se negó. A partir de ahí, una cierta deformación más o menos interesada hizo el resto.

Tras el incidente, Parks fue multada, lo que supuso la ira de mucha gente negra identificada con tal situación, pues este hecho era la primera vez que ocurría. Lo novedoso era la campaña de denuncia realizada por Parks que provocó el boicot a la compañía de autobuses (usado mayoritariamente por negros, pues muchos blancos tenían coche) hasta que eliminara la diferenciación en las plazas. Lo consiguió. Posteriormente la campaña continuó durante muchos años más, unida a los derechos civiles hasta que se consiguió eliminar el racismo de la legislación de Estados Unidos.

INCANSABLE ACTIVISTA

En 1957 Rosa Parks se trasladó con su marido a Michigan, donde siguió luchando incansablemente por los derechos de los negros. A partir de 1965 lo haría como secretaria del congresista demócrata John Conyers.

En 1999 ROSA PARKS recibió de manos del presidente Bill Clinton la Medalla de Oro del Congreso. Todavía hoy la figura de esta mujer es considerada como una de las más importantes en la lucha por los derechos civiles en Estados Unidos.

En 1977, tras el fallecimiento de su marido, Rosa Parks fundó la asociación Rosa and Raymond Parks Institute for Self-Development, para la integración de los jóvenes negros y para el recuerdo y la memoria de la lucha por los derechos civiles. Hasta su muerte Rosa Parks siguió viviendo en Michigan y fue toda una institución en la lucha por la igualdad y los derechos civiles.

91

MAO TSE TUNG

EL PERVERSO TIMONEL

¿QUIÉN FUE?

Mao Tse Tung, o Mao Ze Dong (1893-1976), fue un político, estadista y líder de la Revolución china. Mao impulsó tras la Segunda Guerra Mundial una revolución marxista-leninista que ya llevaba tiempo persiguiendo y que se interrumpió precisamente por la guerra. Fue el artífice de la revolución cultural en 1968, que no fue más que un golpe de Estado dentro del propio régimen comunista para alcanzar el poder absoluto. Llevó a China a ser una potencia mundial, enfrentada a Estados Unidos y, tras la muerte de Stalin, a la URSS. Cuando falleció en Pekín, en el país se produjo una cierta apertura.

EL JOVEN MAO

Mao nació en el seno de una familia de campesinos de clase media, por lo que pudo recibir una educación un poco mejor que la de la mayoría de sus ciudadanos. Abandonó la casa paterna por no poder mejorar su educación y tener que dedicarse sólo a trabajos agrícolas. Entró a trabajar como ayudante de la Biblioteca de Hunan, donde, debido a la escasa afluencia de lectores, pasaba las horas muertas devorando todo libro que caía en sus manos, especialmente las obras de Marx y luego de Lenin, pero también de Bakunin y Kropotkin, aprovechando una cierta apertura del régimen imperial, ya evidente en sus últimos años.

Cuando cayó el régimen imperial fue a Pekín, donde entró a formar parte de la guardia nacionalista de Chan Kai Chek, a quien sirvió un año. A su regreso fue nombrado director de una escuela de primaria.

El 4 de mayo de 1919 estalló en Pekín la revuelta estudiantil contra Japón, en la que Mao Tse Tung tomó parte activa. En 1921 participó en la creación del Partido Comunista, y dos años más tarde, al formar el partido una alianza con el Partido Nacionalista, Mao quedó como responsable de organización. De regreso en su Hunan natal, entendió que el sufrimiento de los campesinos era la fuerza que debía promover el cambio social en el país, idea que expresó en *Encuesta sobre el movimiento campesino en Hunan*.

El revolucionario

Aliados en la revuelta con los nacionalistas, éstos traicionaron a los comunistas una vez expulsados los japoneses, rompiendo sus bases y deteniendo a sus líderes. Mao entonces comenzó una guerra de guerrillas desde 1930 contra el partido nacionalista, que gracias a la revuelta había accedido al poder, dando lugar a una Guerra Civil que estallaría en 1934 y que duraría hasta 1937, año en que los japoneses invadieron China de nuevo.

La guerra y la revolución

De nuevo los comunistas se aliaron al partido nacionalista para hacer frente a la invasión japonesa y después a la Segunda Guerra Mundial, que llegaría a Asia en 1941. Durante la guerra, la capacidad de organización de los comunistas, su esfuerzo, sacrificio y efectividad en la lucha guerrillera, les dieron gran prestigio entre el pueblo, accediendo a grandes cotas de popularidad. En 1945, expulsados los japoneses, comenzó otra Guerra Civil que duraría hasta 1949, año en que Mao y su partido triunfaron sobre los nacionalistas y con ayuda soviética llegarían al poder, estableciendo una alianza con la URSS.

Mao dirigiría China con mano de hierro, emulando a Stalin, e implantando su régimen maoísta, que consistía en una interpretación del marxismo-leninismo adaptado a la realidad y filosofía chinas, con algunas influencias anarquistas (por ejemplo, la abolición del dinero).

En el orden interno, Mao estableció una serie de comunas federadas dirigidas por comisarios políticos del partido, que sólo a él debían rendir cuentas. Quien se saltaba la disciplina era severamente castigado. A nivel económico estableció las cinco necesidades básicas de la población (alimento, vestido, vivienda, educación y salud), que eran ofrecidas a la población por la propia comuna bajo la estricta supervisión del Estado, para pasar luego a la abolición del dinero.

En el plano exterior, China quiso ser una potencia. Para ello usaba el dinero en los intercambios comerciales, restringidos sólo a la URSS, para combatir el imperialismo. También, imitando el modelo soviético, quiso ampliar su área de influencia a otros países de la zona (Vietnam, Camboya, Corea…) para lo cual invadió Corea del Sur junto a las tropas comunistas de Corea del Norte (el país había quedado dividido en dos, el norte comunista y el sur proamericano, tras la Segunda Guerra Mundial), provocando en 1950 una guerra internacional que enfrentó a la ONU, dirigida por Estados Unidos y a la coalición Corea del Norte-China, con el apoyo de la URSS. Dicha guerra acabó «en empate» (Corea del Norte no pudo invadir

LA REVOLUCIÓN DE MAO INSTAURARÍA un régimen que aún perdura, si bien sufrió dos aperturas tras su muerte: una gracias a Den Xiao Ping (que estableció su política de «un país, dos sistemas», con una tímida apertura al capitalismo) y otra a partir del año 2000 (con la entrada de China en la Organización Mundial del Comercio y el reconocimiento de la propiedad privada).

Corea del Sur, pero la coalición no pudo derrotar a Corea del Norte, para acabar con el comunismo). Aun así, Mao hizo de China una potencia.

REVOLUCIÓN CULTURAL Y FIN DE MAO

En 1959, tras diez años de gobierno maoísta, el propio partido comunista estaba cansado del autoritarismo de Mao y de sus delirios de grandeza (guerras contra Occidente, abolición del dinero…), por lo cual en una hábil maniobra política lo apartó del gobierno, aunque le siguió manteniendo en la presidencia del partido para no provocar una crisis. Mao estuvo nueve años apartado de la jefatura del Estado, pero aprovechando su preeminencia y cargo en el partido promovió una campaña de educación socialista, en la que destacó la participación popular masiva como única forma de lograr un verdadero socialismo. Durante este periodo, conocido como la Revolución Cultural Proletaria (1968-1976), Mao logró desarticular y luego reorganizar el partido gracias a la participación de la juventud, a través de la Guardia Roja, volviendo así a ostentar el poder hasta su muerte en 1976.

92

MILTON FRIEDMAN

EL INVENTOR DEL NEOLIBERALISMO

¿QUIÉN FUE?

Robert Milton Friedman (1912-2006), economista estadounidense, inventó el modelo económico capitalista conocido como neoliberalismo y es el principal representante de la llamada Escuela de Chicago, corriente liberal y monetarista contraria a las políticas económicas preconizadas por Keynes. Friedman propuso desmontar el estado de bienestar y dejar que actúen libremente las leyes de la oferta y la demanda, volviendo a la pureza original del sistema que definiera Adam Smith.

EL NEOLIBERALISMO Y LA ESCUELA DE CHICAGO

Procedente de una familia de clase media, estudió económicas en las universidades de Chicago y Columbia, siendo profesor de la primera desde 1948, donde fundó, junto a otros eminentes economistas, la llamada Escuela de Chicago, un club de estudios económicos, con sus tesis el desmembramiento del Estado del bienestar y la implementación del neoliberalismo, a través del proceso, tan conocido como criticado, llamado globalización (impulsado en sus inicios políticamente por Kissinger y económicamente por Friedman).

Friedman ha influido poderosamente sobre las políticas económicas implementadas para salir de la crisis en el último cuarto del siglo XX (ha sido asesor de los presidentes americanos Nixon y Reagan, así como ministro de Economía de la dictadura militar chilena de Pinochet). Sus políticas han sido aplicadas por diversos países y regímenes, siendo una de sus principales valedoras la primera ministra británica Margaret Tatcher en la década de 1980.

Receptor de numerosos premios, entre ellos el Premio Nobel de Economía en 1976, ha publicado numerosas obras, entre las que destacan las dos «biblias» neoliberales: *Capitalismo y libertad* (1962) y *Libertad de elegir* (1980), además de *Una teoría de la función del consumo* (1957).

CRÍTICAS INEVITABLES

Tanto las tesis como, sobre todo, la práctica de Milton Friedman y de la Escuela de Chicago han sido duramente criticadas. En la década de 1970, la Escuela de Chicago y pensadores como Fukuyama, representaban una corriente intelectual en economía, sociología y politología, que reflejaban el exultante y aplastante triunfo del capitalismo, sobre todo ante una arcaica y decadente Unión Soviética que, económicamente, se hundía cada vez más, incapaz de competir con la superpotencia estadounidense. Esta corriente (por boca de Fukuyama) llegó a proclamar el fin de la historia, pues pensaban que el capitalismo suponía el último y más perfecto estadio de la humanidad.

Sin embargo, el propio Fukuyama, en una entrevista concedida a medios norteamericanos en 2001, reconocía que se había equivocado en su afirmación. Las críticas a la Escuela de Chicago, y en especial a Friedman, llovían por su defensa a ultranza de un sistema que, como todos, tiene, ha tenido y tendrá errores y fallos. A Friedman se le ha criticado su colaboración con regímenes condenados por genocidio y lesa humanidad como el de Pinochet y por potenciar unas tesis económicas que no tiene en cuenta a los desfavorecidos, todo ello, según Friedman, un sacrificio para conseguir la pura libertad que el capitalismo *per se* otorgaría. Esta falta de autocrítica y esta perspectiva, tenida por infalible, ignorando la terrible realidad (eran obvios los crímenes que estaba cometiendo la dictadura chilena, como obvio es que difícilmente se puede alcanzar la libertad a través de una dictadura, o que la política de Reagan y Tatcher, que no fue más que una implementación de las recetas de la Escuela de Chicago, conducían a una clara desigualdad social, según el historiador Eric Hobsbawm) son precisamente las mayores críticas que ha tenido que sufrir Friedman, casi todas de organizaciones de derechos humanos y de víctimas de Pinochet, pero pocas de economistas actuales o de la academia que concede el Premio Nobel.

Pese a todo, con luces y con sombras, Friedman está considerado como uno de los mejores economistas de la historia, aunque haya recibido duras críticas.

EN SU DECIDIDA defensa del capitalismo y su pasión por la economía, Friedman ha llegado a justificar las medidas más agresoras contra las clases populares y los métodos más horrendos para su aplicación, tales como las dictaduras latinoamericanas. Muchos (entre ellos Benjamín o Hobsbawum) han lanzado la duda sobre de quién está sirviendo la economía.

93

EDWARD LORENZ

La teoría del caos

¿Quién fue?

Edward Norton Lorenz (1917), matemático y meteorólogo estadounidense, basándose en los estudios iniciados por Poincaré a finales del siglo XIX, elaboró la que más tarde (completada y ampliada a otros campos) se conocería como la teoría del caos y fue el inventor de las llamadas atracciones extrañas. Acuñó el término «efecto mariposa».

Avezado científico

Estudió matemáticas en Harvard y comenzó sus estudios sobre los atractores y las ecuaciones cuando sobrevino la Segunda Guerra Mundial, en la que sirvió como científico en el departamento meteorológico de la fuerza aérea. Al acabar la guerra, interesado por la meteorología, decidió estudiar dicha disciplina en el Instituto Tecnológico de Massachussets, en Boston, donde llevó a cabo todo su trabajo científico y fue elegido director emérito en 1981.

El modelo de Lorenz

Lorenz construyó un modelo matemático muy simplificado, buscaba captar y «capturar», en términos de ecuaciones y análisis, el comportamiento atmosférico. Estudió en profundidad el modelo que había creado (ecuaciones simples aplicadas a la meteorología), percatándose de que, a veces, mínimas alteraciones en los valores de las variables iniciales de la propia ecuación (es decir, algunas fases del comportamiento atmosférico traducido a números) daban resultados muy dispares. Esta sensible dependencia de las condiciones iniciales fue conocida después como el efecto mariposa. Su investigación dio origen a un renovado interés en la teoría del caos.

Lorenz intentó explicar esta idea mediante un ejemplo hipotético. Sugirió que imaginásemos a un meteorólogo que hubiera conseguido hacer una predicción muy exacta del comportamiento de la atmósfera, mediante cálculos muy precisos y a partir de datos muy exactos. Podría encontrarse una predicción totalmente errónea por no haber tenido en cuenta el aleteo de una mariposa en el otro lado del planeta. Ese simple aleteo podría introducir perturbaciones en el sistema que llevaran a la predicción de una tormenta.

De aquí surgió el nombre de efecto mariposa que, desde entonces, ha dado lugar a muchas variantes y recreaciones. Se denomina, por tanto, efecto mariposa a la amplificación de errores que pueden aparecer en el comportamiento de un sistema complejo.

En definitiva, el efecto mariposa es una de las características del comportamiento de un sistema caótico, en el que las variables cambian de forma compleja y errática, haciendo imposible hacer predicciones más allá de un determinado punto, que recibe el nombre de horizonte de predicciones. En investigación matemática describió un sistema relativamente simple de ecuaciones que dieron lugar a un patrón de la complejidad infinita, llamado «atractor de Lorenz».

LA TEORÍA DEL CAOS

La teoría del caos, a través de la termodinámica de fluidos, ha supuesto el mayor cambio de paradigma científico desde la física newtoniana. A esta teoría han colaborado estudios de científicos como Einstein o Hawking (si bien, éstos no son «científicos del caos») y es abanderada por matemáticos como Prigogine o meteorólogos como Lorenz.

Tal ha sido su importancia y resultado que ha roto con el determinismo científico, que ya no predice sino que sólo describe y usa la descripción para sus teorías, y ha traspasado las barreras de la ciencia para adentrarse en economía e incluso política, dando paso a la era del postmodernismo.

En una revisión del paradigma científico, la teoría del caos comenzó a tomar como referencia (tal vez no intencionadamente) la idea (propia de la antigua Grecia) de ciclo, de autopoieisis (autocreación), y su concepto científico de entropía (un tipo de energía difícil de clasificar y que por sí misma, sin ley aparente, da lugar a nuevos procesos).

En realidad esta teoría no era tal al principio, sino simplemente la pura observación de la naturaleza por parte de unos científicos disidentes con la mentalidad más abierta que los «viejos dinosaurios» de la mecánica cuántica.

Con estas observaciones, en principio en meteorología, luego en física y química, nació la dinámica de fluidos, y se rechazó la ciencia anterior, pero, claro está, no en esencia.

El cambio significativo era que esta vez se desechaban las constantes, se tenía en cuenta la importancia decisiva de la gravedad y se dejaba desarrollarse las ecuaciones y las representaciones (supuestamente los signos científicos a los que se traducía el mundo) hasta el final, sin pretender nada ni determinar nada *a priori*, sino interpretándolo cuando el proceso había terminado.

LA FORMULACIÓN del «efecto mariposa», hecha en meteorología, vino a afirmar en palabras del propio Edward Lorenz que «el simple aletear de una mariposa puede provocar [a través de una reacción en cadena por la interacción de las partículas de aire turbadas por su aleteo] un huracán en el otro lado del mundo».

94

HENRY KISSINGER

El estadista

¿Quién es?

Henry Kissinger (1923), político y diplomático estadounidense, fue asesor de varios presidentes de Estados Unidos, entre ellos Nixon y Ford, y además ocupó, siendo el puesto en el que más destacó, el cargo de secretario de Estado de Asuntos Exteriores (equivalente en Estados Unidos a ministro de Exteriores), desde cuya cartera gestionó situaciones como la guerra de Vietnam y toda la política estadounidense en el extranjero (Guerra Fría, guerras convencionales, invasiones, lucha contra el comunismo, operaciones de contrainsurgencia...).

Brillante estadista

Nacido en Alemania, y de origen judío, tuvo que trasladarse a la edad de 15 años a Estados Unidos junto con su familia huyendo de la persecución nazi. Allí obtuvo la nacionalidad norteamericana y estudió ciencias políticas en Harvard, involucrándose al acabar la carrera en política de la mano de los republicanos, en el que fue figura brillante y destacada aunque por su origen extranjero no pudo, impidiéndole la tradición constitucional, presentarse a la presidencia de la nación.

El presidente Nixon aprovechó su conocimiento de la política internacional y sus extraordinarias cualidades como estadista y politólogo, nombrándole asesor para asuntos de seguridad nacional en 1968; la brillantez, siempre desde el punto de vista de los intereses norteamericanos, con la que ejerció su labor hizo que en 1973 le nombrara secretario de Estado de Asuntos Exteriores. Cuando Nixon hubo de dimitir, forzado por el escándalo Watergate (un suceso en el que el presidente fue encontrado culpable de espiar al partido demócrata en vísperas electorales, en el hotel Watergate, donde estaba reunida la cúpula de dicho partido para preparar sus políticas y estrategias electorales), y le sucedió el vicepresidente Gerald Ford (1974-77), éste mantuvo a Kissinger al frente de la política exterior.

LA DISTENSIÓN

En la era Ford dirigió la diplomacia norteamericana, impulsando una estrategia de distensión que se plasmó en la Conferencia de Helsinki (1975) en la que se buscó un acercamiento a la URSS y un intento de desarme. Realizó múltiples viajes por los paísers comunistas (China, Vietnam, Yugoslavia) y pactó con el bloque soviético un reparto del mundo por el que ambas potencias se comprometían a no realizar ningún tipo de actividad en la esfera de influencia de la otra (aunque, en secreto, cada una financió guerrillas y actividades insurgentes en el terreno de su adversario), buscando además acuerdos económicos, entre los que destacan la exportación de la conocida bebida refrescante Pepsi (cuyo presidente era, casualidades de la vida, Nixon) a la URSS.

Sus esfuerzos por impulsar lo que hoy se conoce como globalización se orientaron hacia dos escenarios principales, que constituían dos «puntos calientes» de fricción entre las superpotencias: Vietnam, en donde negoció el fin de la guerra y la retirada del Ejército americano (1973); y Oriente Medio, en donde medió para restablecer un alto el

En 1973 RECIBIÓ el Premio Nobel de la Paz. Desde su retirada, Kissinger se ha dedicado a los negocios y a la redacción de sus memorias; su inmenso prestigio le ha mantenido, sin embargo, como un consejero habitual de los posteriores presidentes americanos sobre temas y conflictos de política internacional.

fuego entre Israel y sus vecinos árabes, poniendo fin a la guerra de Yom Kippur (1973).

Actualmente, pese a su reconocida y reputada carrera en busca de la paz, Kissinger se ha visto involucrado en una serie de denuncias hechas ante la Corte Suprema inglesa, que le acusan de haber promovido el genocidio y la deforestación en varios países africanos durante el tiempo que ocupó el cargo de secretario de Estado para la seguridad nacional, sirviendo al propósito de la defensa de los intereses nacionales de los Estados Unidos. Además su reputación se vio aun más comprometida, cuando, en 2001, el juez de la Audiencia Nacional española, Baltasar Garzón, en el marco del proceso contra el dictador chileno Augusto Pinochet, quiso interrogar a Kissinger como presunto autor de un delito de colaboración con el genocidio que se llevó a cabo en el país andino; esta petición fue rechazada sin más explicaciones por el Gobierno de Estados Unidos y la Corte Suprema inglesa. Hasta el momento, no ha habido ninguna sentencia condenatoria contra Kissinger, aunque tales sucesos han empañado enormemente su imagen (cabe recordar que recibió el Nobel de la Paz en 1973) y le han traido numerosos problemas. Ante esta serie de truculentos y dolorosos hechos, lo único que Kissinger ha alegado en su favor ante la opinión pública fue una lacónica y polémica frase: «Nunca ha habido gobierno alguno que no cometiera errores».

95

FIDEL CASTRO

La revolución cubana

¿Quién es?

Fidel Castro (1926), político y dirigente comunista cubano que en 1956 lideró junto al Che Guevara, Raúl Castro y Camilo Cienfuegos una revolución de corte socialista-democrática que, una vez en el poder en 1959, se convertiría progresivamente en una dictadura autoritaria de corte marxista-leninista, con la proclamación en 1961 oficialmente de un régimen prosoviético a escasas 90 millas de los Estados Unidos.

Desde entonces el régimen de Castro no ha dejado de ser un quebradero de cabeza para los diferentes gobiernos norteamericanos, al privar a Estados Unidos del control económico de la isla, convertida en su estado satélite desde 1898.

Cuba ha provocado entre otras situaciones políticas la crisis de los misiles en plena Guerra Fría y sufre desde 1964 un embargo económico que ha repercutido duramente en un país que, pese a su falta de libertad (por otra parte no mucho mayor que en otros países denominados democráticos) ha conseguido grandes logros sociales y económicos.

EL INTELECTUAL QUE SE CONVIRTIÓ EN COMANDANTE

Castro procede de una familia de terratenientes gallegos asentados en Cuba, lugar donde nació. Estudió derecho y en 1949 se afilió al Partido del Pueblo y comenzó a implicarse en actividades políticas en el ámbito de partidos democráticos contra el régimen del dictador Batista y contra Trujillo en Santo Domingo. Llegó a colaborar brevemente con la CIA, creyendo que ésta estaba interesada en derribar la dictadura de Batista, cuando lo único que en realidad perseguía era asegurarse una tranquila transición ante una hipotética

En 1965 EL PARTIDO de Castro (Partido Unido por la Revolución Social, antes Partido del Pueblo) cambió su denominación por la de Partido Comunista de Cuba. El propio Castro fue elegido secretario general. La presión norteamericana y sus aliados marxistas le habían convertido en el primer dictador comunista de toda América.

caída del régimen. Al saber esto, Castro rompió con la central de inteligencia y se exilio en México en 1952.

Desde allí conspiró para derribar el gobierno cubano e instaurar, en principio, una democracia de corte socializante. Para ello entró clandestinamente en Cuba y dirigió en 1953 el asalto al cuartel de Moncada, pero el asalto fracasó y Castro pagó con dos años de cárcel (tras los cuales fue indultado de su condena de 15 años).

De nuevo, en 1955 se exilió en México, donde conoció al Che Guevara y a Camilo Cienfuegos, con quienes preparó el desembarco en Cuba que desencadenaría la revolución. Éstos convirtieron a Fidel y a su hermano Raúl al marxismo-leninismo y en 1956 invadieron Cuba, desencadenando una actividad guerrillera a la que se sumarían otras fuerzas (democráticas, marxistas, anarquistas, socialistas moderados, sindicalistas...) a las que, cuando llegó al poder en 1959, purgaría discretamente.

En el año de la victoria se proclamó comandante y comenzó una reforma agraria que irritó a Estados Unidos, quienes le declararon la guerra (en un sentido genérico, no sólo militar pues nunca ha habido hostilidades militares abiertas entre la Cuba castrista y Estados Unidos) en 1961 cuando, aliándose con la Unión Soviética, proclamó Cuba república socialista y nacionalizó los medios de producción, expropiando a la United Fruit, auténtica dueña de la isla.

En 1962 negoció con la URSS la instalación de misiles en la isla, dando lugar a la crisis de los misiles entre Cuba, URSS y Estados Unidos y en 1964 sufrió un embargo, que aún persiste, además de una invasión de mercenarios financiada por la CIA que fue frustrada.

En este año sufrió la pérdida del miembro más destacado de la revolución, el Che Guevara, quien fue a realizar su sueño de la revolución mundial, siendo asesinado en 1967. Con altibajos, y cada vez peor de salud, el régimen de Castro continúa, con episodios periódicos de tensiones con Estados Unidos. Tras la caída del bloque soviético, Castro se negó a poner en práctica la «perestroika cubana», siendo junto con China (y ésta cada vez menos), Laos y Corea del Norte, los últimos regímenes marxistas-leninistas que quedan en el mundo.

96

MIJAIL GORBACHOV

EL FIN DEL COMUNISMO

¿QUIÉN ES?

Mijail Sergueievich Gorbachov (1931) ha sido último dirigente de la Unión de Repúblicas Socialistas Soviéticas. Siguiendo la intención de democratizar la URSS y de llevar a cabo políticas realmente socialistas (es decir, un socialismo tanto económico, como político, donde los ciudadanos también pudieran participar en la elección de sus dirigentes) para combatir la degeneración de las tesis originales de Lenin, implementó una política conocida como «Glasnost» (apertura) en la que destacaba la famosa «perestroika» (o liberalización), por la cual establecía elecciones, la posibilidad (que no tuvo tiempo de poner en práctica), de que hubiera varios partidos políticos concurriendo a las mismas y la privatización de los pequeños sectores de la economía (dejando en manos del Estado el suelo, la industria y el comercio exterior, así como los servicios básicos de salud, educación…). Su política produjo la caída del muro de Berlín, en un efecto dominó contagiado a la mayoría de países del telón de acero y un golpe de Estado en la URSS, obra de los sectores inmovilistas, que trajo como consecuencia una revuelta ciudadana pacífica que derribó el socialismo en la URSS y su desmembramiento como país.

ESPECTACULAR CARRERA POLÍTICA

De origen humilde (procedía de una familia campesina del Caúcaso), estudió derecho en Moscú, licenciándose en 1955. Debido a su origen y a sus cualidades políticas tuvo una carrera meteórica como líder de las juventudes comunistas y dirigente regional. Hizo frente en 1968 con éxito a una brutal sequía en el Caúcaso, por lo que en 1970 entró en el Soviet Supremo (gobierno de la URSS), ocupando varias carteras ministeriales con éxitos impactantes en su gestión (en un país acostumbrado a la burocracia y a la ineficiencia del funcionariado).

A la muerte del líder soviético Chernenko (1985) fue elegido secretario general y en 1988 jefe del Estado, obteniendo el máximo poder de una potencia declinante. Cabe destacar que en la URSS, aunque habitualmente estaban ostentados por una misma persona, los cargos de Secretario General del Soviet Supremo (presidente del Gobierno) y jefe del Estado, estaban separados, por lo que quien ostentaba ambos (lo que no siempre fue así) tenía el máximo poder en la URSS, gozando de plenos poderes dictatoriales.

LA PERESTROIKA

La llegada de Gorbachov trajo como consecuencia una renovación generacional y política, ya que el nuevo jefe de Estado encarnaba la corriente reformista que proponía una apertura liberalizadora para sacar a la URSS del estancamiento económico, político y cultural en el que se encontraba el gigante soviético. Desde 1990 puso en marcha un programa político extremadamente audaz que no sólo acabaría con la dictadura comunista en la URSS, sino con la propia existencia de aquel Estado, transformando profundamente el escenario internacional.

GORBACHOV se ganó el apoyo de los gobiernos y de la opinión pública occidental, tanto por sus reformas interiores (acabó con la censura, puso fin a la represión de disidentes, desmontó el Estado policial, liberalizó sectores de la economía y permitió la libertad informativa) como porque practicó una política exterior pacifista.

Entre sus obras, a parte de las ya mencionadas liberalizaciones económicas en los sectores secundarios y el intento de legalizar partidos políticos y sindicatos, destaca la política exterior: retiró las tropas de Afganistán, firmó con Reagan tratados de desarme nuclear (por lo que ambos fueron galardonados con el Premio Nobel de la Paz) y retiró al ejército rojo de los países satélites del telón de acero (produjo liberalizaciones y/o revoluciones que hicieron caer todo el bloque).

En 1991, con la URSS al borde del colapso, un golpe de Estado quiso restaurar el régimen; Gorbachov fue secuestrado por los militares golpistas (sector inmovilista del poder) y el pueblo salió a la calle en una reacción que produjo la liberación de Gorbavchov y el fin de más de 70 años de dictadura comunista, surgiendo un nuevo protagonista político, el alcalde de Moscú, Boris Yeltsin, quien se convertiría en el nuevo presidente de la democrática Rusia. Actualmente Gorbachov vive retirado de la política como escritor y analista político, asentado en su Caúcaso natal.

97

TED KACZYNSKI

UNABOMBER

¿QUIÉN ES?

Theodore John Kaczynski, más conocido como Unabomber (1942), anarquista estadounidense de origen polaco que intentó luchar contra el progreso tecnológico (concretado en el sistema capitalista y tecnológico-industrial) y sus efectos malignos. Fue condenado en 1998 por realizar varios atentados con carta bomba durante un período de casi 18 años, con un resultado de tres personas muertas y 29 heridos. En el momento de su detención, en 1996, era el hombre más buscado por el FBI.

Fue el FBI quien le puso el apodo de «Unabomber», acrónimo de universidad, aerolínea (sus principales objetivos, con los que se dio a conocer en 1972) y *bomber*, vocablo que en inglés significa terrorista que usa bombas, «bombardero».

EL TERRORISMO AUTÓCTONO EN ESTADOS UNIDOS

La intención original de Kaczynski era que los principales periódicos estadounidenses publicasen por entregas el opúsculo *La sociedad industrial y su futuro* (más conocido como «El manifiesto Unabomber»), en el que expresaba sus ideas anarquistas primitivas, y criticaba duramente la civilización, en especial en su forma capitalista y tecno-industrial. Kaczynski, nacido en Chicago e intelectualmente superdotado, había sido durante muchos años profesor de matemáticas e investigador científico en la Universidad de Berkeley (California) y conocía bien el entramado del sistema científico y tecno-industrial. Cuando los periódicos se negaron (en una clara restricción del derecho a la libertad de expresión) a publicar el opúsculo (por otra parte una crítica totalmente teórica sin incitaciones a la subversión o la violencia), Kaczynski comenzó una serie de ataques con explosivos contra personas e instituciones que alimentaban el aspecto más tétrico del sistema tecnológico (investigadores que experimentaban con animales, directivos y científicos de compañías fabricantes de armamento pesado, como Lockheed Martin, empresas que diseñan material informático para el ejército, como IBM e INDRA…).

Lo QUE DISTINGUÍA a Kaczynski de otros terroristas era que, siguiendo la tradición anarquista, atacaba directamente a sus objetivos (aunque fuesen personas) excluyendo cualquier daño «colateral».

Era la primera vez que en Estados Unidos había terrorismo «doméstico» (representado por la banda Weather Underground y por el propio Unabomber) y la primera vez que se empleaban cartas bomba o se atacaban aeropuertos o universidades, lo que llevó a que este país desplegara unos sistemas de seguridad en aeropuertos y compañías de correos, que si bien hoy pueden parecer normales, en su época fueron toda una sensación. Grupos terroristas de otras latitudes (como ETA o el IRA) imitaron las formas de actuar y los objetivos de Kaczynski, por lo que en parte se extendió su método, aunque no su ideología.

Las ideas que inspiraron el terror

El anarquismo primitivista o anarcoprimitivismo es una crítica anarquista de los orígenes y progresos de la civilización que a la vez forma parte del ecologismo radical Los anarcoprimitivistas mantienen que el cambio de caza-recolección hacia la agricultura dio lugar a la estratificación social, coacción y alienación. Abogan por volver a una vida no-civilizada a través de la desindustrialización, la abolición de la división del trabajo o la especialización, y abandonar la tecnología. Los anarcoprimitivistas apuntan hacia varios hechos históricos como un problema, tales como la religión, el patriarcado, la Revolución industrial (algunos más radicales a la escritura y el pensamiento simbólico), etc.

Algunos anarquistas tradicionales rechazan esta crítica de la civilización mientras que otros la apoyan, aunque no se consideren a sí mismos primitivistas.

98

STEPHEN HAWKING

El genio de la astrofísica

¿Quién es?

Stephen William Hawking (1942), astrofísico y teórico británico, centró sus investigaciones en la teoría de la relatividad y en la antimateria, elaborando nuevas teorías sobre la naturaleza de los agujeros negros, lo que ha contribuido en una mayor comprensión del universo.

Sus estudios han sido importantes para la elaboración de la teoría del caos y para el cambio de paradigma científico operado a finales del siglo XX.

UNA VIDA DEDICADA A LA CIENCIA

Estudió matemáticas y física en el University College de Oxford, donde se licenció en 1962. En 1966 se doctoró en el Trinity Hall de Cambridge. En 1974 entró a formar parte de la Royal Society. Fue nombrado en 1977 profesor de física gravitacional en Cambridge, donde dos años más tarde obtuvo la cátedra Lucasiana de matemáticas, la misma que ocupó Isaac Newton.

Además de sus estudios, ha escrito varias obras de divulgación de su teoría entre las que destacan *The Large Scale Structure of Space-Time* (1973), *The Very Early Universe* (1983) y el best-seller *Historia del tiempo: del Big Bang a los agujeros negros* (1988).

LOS AGUJEROS NEGROS

Desde el principio de su carrera, Hawking ha centrado su trabajo en el campo de la relatividad general, en particular en la física de los agujeros negros. En 1971 sugirió que tras el Big-Bang se habrían formado los agujeros

A PRINCIPIOS de la década de 1960 tuvo los primeros síntomas de esclerosis lateral amiotrófica (ELA), enfermedad degenerativa neuromuscular que no le ha impedido progresar en su actividad intelectual. Su trabajo sigue siendo incesante y viaja por todo el mundo para dar conferencias y divulgar su conocimiento.

negros y otros objetos denominados «miniagujeros negros», de mil millones de toneladas métricas de masa, pero de tan sólo el espacio de un protón, lo que provocaría enormes campos gravitatorios que trastocarían por completo las teorías gravitacionales conocidas y actuarían como campos de fuerza sobre el universo.

Posteriormente a esas primeras afirmaciones, Hawking estableció que los agujeros negros emiten partículas subatómicas hasta agotar su energía, para finalmente estallar.

LA NUEVA REVOLUCIÓN DE LA CIENCIA

Las tesis de Hawking han producido toda una revolución científica, sobre todo en astronomía y astrofísica.

Muchas investigaciones se han dirigido a confirmar las teorías de Hawking en el estudio de los agujeros negros y de la antimateria, estudios realizados, entre otros medios, por telescopios y satélites, además de otros mecanismos, como el Hubble, una de cuyas misiones es remitir información de galaxias lejanas para analizar su estructura molecular.

Pero no es sólo la gravitación, los estudios de materia y los agujeros negros donde Hawking ha destacado, sino también en la teoría de la relatividad y en los estudios sobre el tiempo y el espacio, dando un espectacular vuelco a la teoría de Einstein, y, sin desdecirla, manteniendo un pulso estimulante con la teoría física, que ha hecho posicionarse a la inmensa mayoría de los físicos.

De momento, la razón, a tenor de los últimos descubrimientos, es para Stephen Hawking, aunque, ahondando en las investigaciones más punteras (pese a que la mayoría siguen la línea Hawking, en su contribución a la teoría del caos), parece ser que las tesis de Einstein aún no han dicho su última palabra.

Hubiese sido interesante que estos dos genios, Einstein y Hawking, hubieran coincidido en el tiempo.

99

BILL GATES

El hombre que revolucionó la informática

¿Quién es?

William Henry Gates III (1955) es informático y empresario estadouniden-se. Colaborando con su amigo Paul Allen, creó desde el garaje de su casa y con su propio ordenador, un sistema operativo informático que revoluciona-ría la informática, mejoraría los sistemas y la haría accesible para cualquier usuario, permitiendo además la difusión civil de la red telemática conocida como internet (hasta la década de 1990 era de desarrollo y uso exclusivo mi-litar). Gates dio un vuelco al mundo de la comunicación, cambiando total-mente nuestra forma de comunicarnos e incluso relacionarnos.

Un joven emprendedor

Nacido en el seno de una familia acomodada, tuvo una educación de élite en centros exclusivos como la Escuela de Lakeside y la Universidad de Harvard. Se introdujo en el mundo de la informática con su amigo Paul Allen, con el que formaría un pequeño equipo dedicado a la realización de programas que luego vendían a empresas o administraciones públicas.

Microsoft

En 1975, contratados por la compañía MITS, se instalarían en Alburquerque (Nuevo México) para trabajar en programas para el primer microordenador.

Debido a su éxito, en 1976 fundaron en Alburquerque su propia empresa de producción de *software* informático, Microsoft Corporation, con Bill Gates como presidente y director general. Vendían programas informáticos a empresas más baratos que si los hubiesen desarrollado ellas mismas. Desde ese momento, Microsoft no ha parado de crecer.

Desde 1980, sufrió una increíble expansión cuando llegó a un acuerdo con IBM para suministrarle un sistema operativo adaptado a sus nuevos ordenadores personales, el MS-DOS. Pero la cosa no quedaría ahí, porque en 1983 Gates volvió a revolucionar la informática personal con la introducción del «ratón» y de un nuevo programa que sustituiría al MS-DOS: el Windows. En ese año Allen dejó Microsoft por problemas de salud.

En 1986, la empresa salió a bolsa con un éxito tal en la cotización de las acciones que Gates se convirtió en el hombre más rico del mundo. Además en 1993 irrumpió en el mundo telemático, siendo imprescindible prácticamente Windows para la difusión civil de internet y alcanzando la empresa un monopolio sobre el mundo virtual nunca conocido por ninguna empresa de ningún sector. En la década de 1990 la empresa continuaría lanzando nuevas versiones de Windows, como 95, 98, 2000 o XP.

Además de su enriquecimiento, fruto de sus actividades empresariales al haber gestionado las finanzas y los dividendos que le proporcionaban sus hallazgos informáticos e invenciones telemáticas, Gates ha destacado por un discurso visionario y optimista sobre el futuro, con la pretensión de transformarlo introduciendo los ordenadores en todas las facetas de la vida cotidiana, y de hacer realidad su frase: «un ordenador personal en cada casa y en cada puesto de trabajo». El presidente Bush reconoció la importancia de la obra de Gates otorgándole la Medalla Nacional de Tecnología en 1992.

EL ÉXITO incontestable de Microsoft ha tenido un inesperado revés con la aparición del LINUX, un sistema creado por los propios usuarios. Y además, por una resolución judicial para evitar el monopolio, Bill Gates ha tenido que deshacerse de una parte de sus empresas satélite.

100

OSAMA BEN LADEN

El nacimiento del terrorismo global y masivo

¿Quién es?

Osama Ben Laden, o también Osama Bin Ladin (1957), terrorista internacional islamista y presunto líder del supuesto grupo radical musulmán Al-
Qaeda, a quien se atribuye, entre otros actos de terrorismo, los ataques al
World Trade Center (más conocido con el popular nombre de «Torres Gemelas») de Nueva York y al Pentágono, en septiembre del año 2001. Actualmente Ben Laden es la persona más buscada del mundo y se supone que desde su
escondite, en algún lugar del mundo (tal vez Afganistán, donde se le ubicó
tras los ataques del 2001), dirige operaciones y actividades terroristas contra
países occidentales, en especial Estados Unidos, Israel y algunos miembros
de la Unión Europea (como Reino Unido o España, entre otros) que partici-
pan o participaron en la guerra de Irak o en otros conflictos relacionados con
los países islámicos.

Juventud privilegiada

Osama es el séptimo hijo de 11 de una familia saudí de origen sirio-yeme-
ní, que representa la segunda mayor fortuna de Arabia Saudí y una de las
diez mayores del mundo. Su padre, el jeque Muhamad Ben Laden, era un
inmigrante de Yemen que en la década de 1920 se instaló en Arabia Saudí,
donde, aprovechando sus conocimientos de arquitectura e ingeniería (según unas fuentes, conocimientos obtenidos de forma autodidacta, pues era
un simple estibador, pero según otras, poseía una buena formación univer-

sitaria) consiguió convertirse en contratista y constructor. Muhamad, tuvo 11 esposas, una de ellas la madre de Osama Ben Laden, de origen sirio, con las que tuvo 54 hijos (11 con la madre de Osama Ben Laden, de los cuales él es el séptimo). Poco a poco Muhamad Ben Laden se forjó una carrera en el sector de la construcción inmobiliaria, llegando a ser el mayor contratista de obras de Arabia Saudí, en estrecha colaboración con los negocios de la familia real saudí. Gracias a este puesto importante y a la fortuna que se labró, extendió sus actividades empresariales al mundo del petróleo, asociándose con petroleras estadounidenses, en concreto con Arbusto Oil, S.A., propiedad de George Bush, por lo que se convirtió en uno de los magnates del petróleo más ricos del planeta, por detrás de los príncipes saudíes.

En 1957, mientras su padre se convertía en multimillonario, nacía Osama, que fue educado por preceptores privados, tuvo una infancia y juventud dorada, codeándose con los hijos de los príncipes saudíes.

EL FUNDAMENTALISMO ISLÁMICO

En 1968 el padre de Osama murió en un accidente, pasando toda su inmensa fortuna a manos de sus hijos (Osama heredó 80 millones de dólares a la edad de 13 años). Mientras tanto, Osama comenzaría estudios universitarios de ingeniería en 1974 en la Universidad de Djedda (Arabia Saudí). Durante sus estudios se vio influenciado por uno de sus profesores, el fundamentalista islámico Sheik Abdullah Azzam, partidario de la causa islámica, comprometido en la liberación de la dominación extranjera y alentador de la juventud musulmana para volver a los estrictos postulados de la fe islámica. Cada vez más, Osama daba una mayor importancia a la religión, al mismo tiempo que se incorporaba como ingeniero en una de las múltiples empresas petrolíferas de su familia.

DE AGENTE DE LA CIA A TERRORISTA ISLÁMICO

El mismo año que Osama terminó sus estudios universitarios ocurrieron dos acontecimientos significativos: por un lado, la Revolución islámica del Ayatolá Jomeini derribó en Irán el régimen anglófilo del Sha de Persia; y por otro, los soviéticos invadieron Afganistán.

Ante estos hechos Osama abandonó la empresa para integrarse en el movimiento armado que combatía la presencia militar rusa en Afganistán, siguiendo la llamada de la *Yihad* (guerra santa).

Aprovechando los contactos de su familia con la familia de George Bush, en ese momento director general de la CIA, en 1980 Osama Ben Laden recibió formación militar y táctica para luchar contra los soviéticos en Afganistán, pero a cambio debería adiestrar a las tropas de *mujaidines* (guerreros islamistas) y facilitar al servicio secreto norteamericano toda la información posible relativa a la Unión Soviética y a las fuerzas afganas.

Así Osama cumplía sus deseos de combatir la invasión a Afganistán y la CIA se servía de sus actividades. Su misión principal en Afganistán consistía en recoger dinero para financiar la resistencia de los movimientos islamistas contra las tropas de ocupación soviéticas.

Entrenado por la CIA, aprendió cómo mover dinero a través de sociedades fantasmas y paraísos fiscales; a preparar explosivos; a utilizar códigos cifrados para comunicarse y, sobre todo, a ocultarse. Estados Unidos aportaba su ayuda incondicional (en armas, logística, dinero...) a los grupos afganos en la guerra contra la URSS.

En 1988 se funda Al-Qaeda. Ben Laden habría organizado dicha red, dirigiéndola en virtud de sus conocimientos de insurgencia y contrainsurgencia y financiándola con los fondos recibidos de la CIA y destinados a la Guerra Fría que en la década de 1980 parecía renacer con la tensión entre Estados Unidos y la URSS (antes del gobierno Gorbachov). El motivo último de la ruptura se produjo en agosto de 1990, cuando, en su combate contra Irak, Estados Unidos desplegó tropas en Arabia Saudí.

Desde entonces, Ben Laden multiplicó sus llamamientos para derrocar a la monarquía saudí, por su «indigno servilismo a las potencias extranjeras». Esta decisión le acarreó primero el destierro, en 1991, y, dos años después, la pérdida de la ciudadanía saudí.

El terrorista más buscado del mundo

En 1996, regresó a Afganistán, donde comenzó entonces una estrecha colaboración entre el jefe talibán, el «mulá» Muhammad Omar, quien llegó a contraer matrimonio con una de las hijas de Ben Laden.

Ese mismo año la CIA fue autorizada a asesinar a Ben Laden y a destruir Al-Qaeda. En represalia por estos intentos y como modo de lucha contra el imperialismo estadounidense Ben Laden a través, supuestamente, de su organización Al-Qaeda, estableció como objetivos prioritarios el ataque a Estados Unidos y sus aliados en Oriente Próximo.

Ben Laden es el presunto responsable de numerosos atentados contra intereses americanos. Además Estados Unidos le acusa del ataque a las Torres Gemelas de Nueva York del 11 de septiembre de 2001, donde fallecieron miles de personas. A día de hoy, tras la invasión norteamericana de Afganistán en octubre de 2001, alegando que el régimen talibán no quería entregar al responsable de los atentados de las Torres Gemelas, Ben Laden sigue siendo la persona más buscada del mundo y sigue, supuestamente, dirigiendo su organización y realizando atentados contra el mundo occidental (como los de Madrid, presuntamente cometidos por islamistas, o Londres) y apoyando a la resistencia iraquí contra la invasión estadounidense ocurrida en 2003.

Osama Ben Laden envía mensajes intimidatorios a Occidente y su actuación terrorista ha supuesto un cambio radical en la concepción actual del universo político.

Como anécdota, es necesario recordar que Ben Laden es popularmente conocido como Bin Laden, pero este nombre es una incorrecta pronunciación del árabe, por error de George W. Bush, quien popularizó la forma incorrecta del apellido de Osama, que en realidad es Ben Laden o Bin Ladin, pero no esa extraña combinación de Bin Laden.